KB112648

어느
샐러리맨의
{마지막 강의}

어느 샐러리맨의 마지막 강의

발행일   2015년 9월 11일

지은이   박 영 철
펴낸이   손 형 국
펴낸곳   (주)북랩
편집인   선일영   편집   서대종, 이소현, 권유선
디자인   이현수, 윤미리내, 임혜수   제작   박기성, 황동현, 구성우, 이탄석
마케팅   김회란, 박진관, 이희정, 김아름
출판등록   2004. 12. 1(제2012-000051호)
주소   서울시 금천구 가산디지털 1로 168, 우림라이온스밸리 B동 B113, 114호
홈페이지   www.book.co.kr
전화번호   (02)2026-5777   팩스   (02)2026-5747

ISBN   979-11-5585-715-1 03320(종이책)   979-11-5585-716-8 05320(전자책)

이 도서의 국립중앙도서관 출판예정도서목록(CIP)은 서지정보유통지원시스템 홈페이지(http://seoji.nl.go.kr)와
국가자료공동목록시스템(http://www.nl.go.kr/kolisnet)에서 이용하실 수 있습니다.
(CIP제어번호 : CIP2015024382)

박영철 지음

어느
샐러리맨의
{마지막 강의}

1만 시간의 법칙으로는 부족하다!
1만 일의 법칙으로 **완생**을 꿈꾸는
순도 100% 샐러리맨의 인생 프로젝트!

북랩 book Lab

들어가면서

『인생이 그림 같다』(생각의 나무, 2005)에서 손철주 씨는 "'인생이 그림에서 나왔소, 그림이 인생에서 나왔소?' 묻지 마라. 그러니 그림아, 헤프지 마라. 세상 버리고 내 마음에 와 닿아라"라고 자신의 업의 대상인 그림을 멋드러지게 묘사한다.

책을 시작하면서 남의 글부터 적으며 시작하려니 왜 마음이 불편하지 않겠는가? 허나 어찌 하겠는가?

지식이 짧은 것은 동네가 다 알지만 두보杜甫가 읊은 남아수독오거서男兒須讀五車書는 아닐지라도 그래도 집에 책은 좀 되는지라.

미치지 않고서는 자기가 하는 일을 이렇게 절절히 표현한 글은 익히 보지 못했다. 손철주 선생께 머리를 숙인다.

선생은 그림에 대한 평론을 써서 먹고살지만 난 화장품을 팔아서 먹고 산다.

'인생이 화장품 같다', '인생이 화장품에서 나왔소, 화장품이 인생에서 나왔소'. '그러니 화장품아, 헤프지 마라, 세상 버리고 내 마음에 와 닿아라'.

화장품도 갖다 붙이니 제법 어울리는 것을 보니 화장품과 함께한 10,000일이 더욱 가슴에 와 닿는다.

나는 샐러리맨이다. 봉급쟁이다. 대학을 졸업하고 화장품 회사에 입사하여 28년째 한 회사에서 화장품을 파는 봉급쟁이로 일해 왔다. 이러닌이 이야기하는 미생未生으로, 아직 살아 있지 않은 상태로, 언젠가 완생完生을 꿈꾸며 말이다. 오는 2015년 10월 17일은 입사한 지 10,000일이 되는 날이다.

물론 안다. 세상에 완생은 없다는 것을. 하지만 손철주 선생과 같은 완생을 꿈꾸는 자들은 많지 않지만 틀림없이 존재하기 때문이다.

또한 사오정(45세 정년)이니 오륙도(56세까지 다니면 도둑놈)니 하는 말이 샐러리맨들 사이에 떠도는 마당에 이 나이까지 안 잘리고 "나 잘났다"고 하는 것 같아서 마음이 많이 불편한 것도 사실이다.

특히 취업 유목민으로 살아가고 있는 젊은이들을 생각하면 가슴이 먹먹하다.

그래서 책을 쓰는 이유를 더 분명히 하려고 한다.

내가 책을 쓰는 이유는 다음과 같다.

첫 번째는 10,000일 동안의 경험을 샐러리맨들과 함께 공유하고 싶어서다.

앞이 안 보일 때는 '가장 어두운 시간은 바로 해 뜨기 직전'이라는 파울로 코엘료(Paulo Coelho)의 말을 믿으며 그 긴 시간을 견뎌 왔다. 그러다 보니 어느새 화장품 파는 일을 천직으로 여기게 되었고 이렇게 언감생심焉敢生心 책까지 내려고 하는 나의 당돌함이 샐러리맨 누군가의 자기 개발 의지에 불길을 지피는 마중물이 되는 데 도움이 된다면 함께하고 싶다.

두 번째는 앞에서도 언급했지만 10,000일을 기념하고 위로받고 싶어서다.

좋은 기억이든 나쁜 기억이든 내 삶이 아니겠는가? 그간의 내 삶에 대해 국기에 대한 경례를 하듯이 엄숙한 존경을 표하고 싶고

또한 "오류도가 위로는 무슨 위로냐?"고 할지 모르지만 10,000일 동안 '살아 있지 못한 자'로 살기 위해 얼마나 많은 날들을 가슴 졸이며 살았겠는가. 한번 봐주기를, 그리고 "수고했다."는 격려의 한마디를 부탁한다.

세 번째는 10,000일을 맞으며 화장품을 파는 내 일에 대하여 '내 일의 기저에 흐르는 본질은 이런 것이다'라고 나만의 언어로 토해내어 그것으로 사람들에게 도움을 주고 싶어서다.

인문학자 최진석 교수는 가치 표준에 의해 인도되지 않고 자신에게만 있는 고유의 비밀스런 힘에 의해서 움직일 때 비로소 창조적일 수 있다고 설파했다. 소명까지는 아닐지라도 투박하지만 진정성 있는 내 언어로 피부관리와 화장품을 이야기하고 싶고 나아가 그것이 아름다워지고자 하는 사람들에게 조금이라도 도움이 되는 상상을 해 본다.

나는 이 책을 쓰기 위해 회사에서 5분 거리에 있는 곳으로 이사를 했다. 간편한 가재도구와 집에 있던 2,000여 권의 책 중에서 집필에 도움이 될 것 같은 300여 권을 끌고서 말이다. 눈을 감고 그려 본다. 300여 권의 책들이 도배되듯 빙 둘러 쌓여 있는 작은 방 한 켠에 앉아서 쉽게 채워지지 않는 원고지와 씨름할 때 그 녀석들이 달려들어 나의 살바에 칭칭 매달려 힘을 보태는 그 즐거움을 말이다.

끝으로 고백한다. 많이 부족하다. 이 녀석들의 도움이 없었으면 이 책은 세상에 나올 수 없었을 것이다. 도움을 준 한 놈 한 놈에게 박수를 부탁한다. 제2차 세계대전 당시 아우슈비츠 수용소에서 기적적으로 살아남은 심리학자 빅터 프랭클(Viktor Frankl) 박사는 삶의 의미론에서 타인과 함께할 때 비로소 자신의 삶의 의미가 완성된다고 하지 않았는가. 무엇보다 먼저 현재의 나를 있게 한 회사의 선후배 여러분께 충심 어린 감사를 드린다.

마지막으로 나의 사랑하는 아내 승희, 나의 분신 다명이와 다을이의 끊임없는 믿음이 삶의 의미임을 전하고 싶다.
그리고 없다는 것을 알면서도 완생을 향한 나의 날갯짓은 앞으로도 계속될 것이다.

2015년 가을

PART **TWO** · 샐러리맨의 마지막 강의

PART ONE
생각하는 샐러리맨

10,000일에 대한 예의

●

10,000일, 240,000시간, 14,400,000분

1만 시간만 투자하면 전문가가 된나는 1만 시간의 법칙. 24만 시간이 | 이미 용으로 승천해도 몇 번을 해야 하지만 아직 난 영혼 없는 전문가인 것을….

벤치에 앉아서 사랑 싸움을 한다. 애국가가 울려 퍼진다. 싸움을 멈추고 가슴에 손을 얹고 국기에 대한 경례를 한다. 올해 관객 수 1천만을 돌파한 영화 '국제시장'에서 주인공 덕수와 영자가 만들어 내는 명장면이다. 비록 영혼 없는 향락인일지라도 삶은 살아온 그 자체에 의미가 있다고 외치는 덕수와 영자의 진지함에 용기를 내어 본다.

"10,000일에 대한 경례!"
"충성!"
"지금 이 순간 완생을 위한 끊임없는 날갯짓을 명 받았습니다.
이에 신고합니다."
"충성!"

●

D-290일

D-290, D-289, D-288, D-287··· D-4, D-3, D-2, D-1.

D-DAY는 제2차 세계대전 중 연합군이 프랑스 노르망디 해안 상륙을 위한 작전 개시일인 1944년 6월 6일을 카운트다운 하던 것에서 유래되었다고 한다.

사무실 책상 모퉁이에 놓여 있는 2015년 책상 다이어리에는 매일 일자 별로 빨간색 플러스 펜으로 선명하게 D-DAY를 향한 카운트다운 숫자가 적혀 있다.

1월 1일에는 D-290이라고 적혀 있다.

1988년 6월 1일에 입사하여 2014년 12월 31일이 입사한지 9,709일이고 1월 1일이 9,710일째 되는 날이다.

10,000-9,710=290. 그래서 1월 1일이 D-290일이고 2015년 10월 17일이 내가 샐러리맨으로 살기 시작한 지 10,000일이 되는 날이다.

10,000일이 뭐 그렇게 대단한 일이라고 카운트다운까지 하면서 요란 법석을 떠느냐고 지나가는 이들이 한마디씩 던지며 지나간다.

"10,000일 동안이나 회사를 다녔다니 대박이다! LUCKY GUY!"

"다람쥐 쳇바퀴 돌듯 28년이니 속이 썩어 문드러졌겠군."

"온실 안에 잡초로군. 나와봐야 맛을 알지."

"요즘 세상에 28년이라니 운이 좋네."

"미생으로 살아오느라 얼마나 고생했겠어"

"기계가 아닌 부품으로 산 인생이니 목표가 있겠어? 정년이 꿈이겠지!"

"아직 세상 어려운 맛 보려면 아직 멀었네."

모두 다 맞는 말이기도 하고 그에 대해 하고 싶은 말이 있지만 입 안에서 맴돌 뿐이다.

2년 전이다. 한 선배로부터 며칠 후가 자신의 만데이(회사 생활 10,000일째 되는 날)이니 직원들과 함께 술 한잔 하자고 연락이 왔다.

별 생각 없이 알았다고 하고서 그날 한잔 하면서 축하해 드려야 했지만 일정상 바쁜 일이 생기는 바람에 그렇게 하질 못했다. 그런데 그로부터 1년 후 나 또한 만데이를 앞두게 되었다. 잠시 생각해 본다. 직장 생활 10,000일에 술 한잔 하고 지나가도 되는 것인지. 물론 그 선배도 술 한잔이 전부이지는 않았을 것이라고 생각하지만 말이다.

거창하게 "나는 생각한다. 고로 존재한다."는 데카르트(René Descartes)의 말을 빌리지 않더라도 지난 10,000일을 존재로서의 샐러리맨으로 거듭나는 계기로 삼고자 지난해 말에 두 가지 정도를 계획하게 되었다.

그중 한 가지는 올 한 해 지금까지 샐러리맨으로 살아온 28년 중 가장 많은 시간을 현장에서 보내겠다는 것이다. 다른 한 가지는 생각하는 샐러리맨으로서의 존재감을 확인하기 위해서 내 언어로 내 업에 대한 책을 한 권 내기로 했다. 58일이 지난 지금 계획한 것보다 다소 늦었지만 내 인생의 노르망디 상륙을 위한 D-DAY 카운트다운은 그렇게 시작되었다. 그리고 2015년 1월 4일, 서문을 썼다.

10,000일이 되기 전에 위의 두 가지를 꼭 해야겠다고 생각한 것은 나만이 간직하고 있는 나름대로의 철학이 있기 때문이다.

현장에서 보내는 시간을 가장 많이 확보하겠다는 것은 28년간의 샐러리맨 생활 중 단 한 번도 영업 현장을 떠난 적이 없다는 것에서 비롯된 나름의 고집이 있기 때문이다.

'정통 순수 영업맨'이라는 자부심이 나를 지탱해 주는 버팀목이기 때문에 10,000일을 맞는 2015년은 원 없이 현장에서 나를 불사르다가 10월 17일, 10,000일을 맞고 싶기 때문이다. 물론 아쉬운 점이 없는 것도 아니다. 연초부터 시작된 거침없는 현장 활동과 일과 후 집필 작업으로 건강에 이상이 와 3월초에 갑작스런 병원 입원으로 현장 활동의 강도를 유지하지 못한 것은 아쉬움으로 남는다.

앞으로 이 책에서 '생각하는 샐러리맨'이라는 말이 많이 나올 것이다. 생각하는, 다시 말해 영혼 있는 직업인은 자기가 하는 일에 자부심을 갖는 것이 매우 중요하다. 그렇지 않으면 세월이 흐를수록 당혹

스러움을 느끼게 된다.

그리고 내 언어로 내 업에 대한 책을 한 권 내고자 하는 또 하나의 이유는 30년이 조금 안 되는 10,000일이 길다면 긴 세월이기에 한 권의 책으로 정리하고 싶었기 때문이다. 아쉬웠던 부분은 사실대로 고백하고 아파했던 기억에 대해서는 내 스스로 위로하며 내 업의 기저에 흐르는 기본적인 의미를, 투박하게나마 내 언어로 주장도 하고 싶기 때문이기도 하다.

7년 전에 화장품 관련 책을 출판한 적이 있기는 하지만 생각보다 완성도에 자신이 없는 것이 사실이다. 그래도 살아보려고 노력한 본질적인 흔적은 올곧게 묻어 있는 책이 될 것이다.

격려를 부탁한다.

이사를 하다

아직 미완의 미래를 가지고 있다. 나의 미래는 뻔한 것이 결코 아니다. 내가 있고 싶은 곳으로 가서 낯선 아침을 맞이하고 싶다. 흥분과 긴장이 있는 곳, 불안과 더불어 떠나왔다는 해방감과 자유가 있는 곳, 그곳에서 나는 나와 마주하고 싶다.

－『낯선 곳에서의 아침』 구본형 지음. 생각의 나무(1999)

지금은 작고하신, 샐러리맨들에게 그대 스스로를 고용하라고 외치던 변화경영전문가 구본형 선생의 『낯선 곳에서의 아침』이라는 책에 나오는 글귀다.

책을 쓰기로 한 후 나는 이사를 했다.

10,000일을 앞두고 계획은 거창하게 세웠지만 삶의 구석구석에 자리한 타성들이 나를 향해 죽창을 들고 달려드는 형국이었다. 부하 직원들과 카운슬러 분들에게 올해는 책 한 권 쓰면서 28년 중 가장 현장에 많이 나가는 한 해로 만들겠다며 큰소리를 쳤으니 묘수를 찾지 못할 경우 해야 할 뒷감당을 생각하면 잠이 제대로 오겠는가?

그리고 또 하나, 생각하는 샐러리맨으로 살기 위한 의식 같은 것이 필요하다는 생각을 할 때쯤의 일이다. 책장 속에 누워 있던 두 권의 책 『익숙한 것과의 결별』과 『낯선 곳에서의 아침』이 내게로 와 무작정 새로운 곳으로 가라고 졸라대는 지경에 이르렀고 이사를 결심하게 되었다.

회사와 가까운 곳으로 이사를 함으로써 시간도 절약할 수 있고 새로운 곳에서 아침을 맞으면 무언가 달라질 것 같다는 설렘에 마음이 급해졌다. 그리고 일요일이던 지난 2014년 12월 20일, 대전 둔산동에는 "마트가 몇 개 있고 맛집이 몇 개 있다."에서부터 시작해 "정말 좋은 곳이다."를 연발하면서 아내의 결재를 얻는 데 성공했다.

22일 월요일, 출근하자마자 동료와 함께 회사에서 차로 5분, 걸어서 30분 이내, 전세 5천 이내라는 필요충분조건에 맞는 집을 찾기 시작했다. 결국 1.5룸이라고 표현할 만한 방 2개짜리 집으로 이사를 하게 되었다.

2015년이 오기 전에 이사를 해야 했는데 아내가 손 없는 날이라며 이사 날짜를 12월 31일로 정해왔다. 하는 수 없이 모두들 한잔 하는 2014년의 마지막 날, 우리는 이삿짐을 날라야 했다.

우여곡절 끝에 회사에서 차로 3분, 도보로 13분 거리에 위치한 지금의 집에 베이스캠프를 치고 10,000고지를 향한 공격을 시도하게 되었다. 대망의 10,000일을 위한 카운트다운, D-290일은 그렇게 시작되었다.

2+52계단

> 철학자　단적으로 말해 '자유란 타인에게 미움을 받는 것'일세.
> 청년　네? 무슨 말씀이신지?
> 철학자　자네가 누군가에게 미움을 받는 것. 그것은 자네가 자유롭게 살고 있다는 증거이자 스스로의 방침에 따라 살고 있다는 증표일세.
>
> －『미움받을 용기』 기시미 이치로 · 고가 후미타케 공저, 인플루엔셜(2014)

요즘 서점가를 강타하고 있는 사람은 단연 1937년 세상을 떠난 심리학자 알프레드 아들러(Alfred Adler)가 아닌가 싶다. 두 사람의 일본인이 아들러의 심리학을 대화체로 풀어 쓴 책인 『미움받을 용기』가 교보문고 베스트셀러 1위에 올라있으니 말이다.

살아 있을 때는 지그문트 프로이트(Sigmund Freud)와 칼 구스타브 융(Carl Gustav Jung)에 가려 심리학자로서 제대로 평가받지 못했지만 심리학에 조금이라도 관심이 있는 사람이라면 그를 세계 3대 심리학자로 부르는 데 주저하지 않는다.

프로이트는 우리가 느끼는 불안과 열등감은 우리 탓이 아니라고 위로하지만 아들러는 우리가 느끼는 불안과 열등감은 우리가 선택한 것이고 모두 우리 책임이라고 나무란다.

인간을 사회적 동물이라고 하는 것은 서로 관계를 맺으며 살아가기 때문이디. 삶을 고달프게 하는 거의 내부분은 인간관계에서 출발하며 행복해지기 위해서 무엇보다 중요한 것은 타인과의 관계로부터 자유로워지는 것이다. 현대를 살아가는 사람들은 주변 사람들의 기대에 부응하고자 눈치를 살피느라 자신의 소중한 것들을 희생하면서 살아간다. 하지만 진정한 행복을 위해서는 타인에게 미움 받는 것을 두려워하지 말고 용기를 내라고 조언한다.

즉 모든 것은 타인과의 관계에서 미움 받을 수 있음을 인정하는 '용기'의 문제일 뿐 개인 능력의 문제가 아니다. 그렇기 때문에 마음을 내려놓는 용기를 갖는 순간 행복해질 수 있다는 아들러의 가르침에 충실하기 위한 것이 나의 2+52의식이다.

앞에서도 언급했지만 나는 지난 2014년 12월 31일, 회사에서 가까운 원룸촌으로 이사를 와 아내와 신혼살림(?)을 차렸다. 4층이라 이삿짐을 나르는 데 고생했던 기억이 새롭다. 계단이 너무 많아 힘든 나머지 옮길 때마다 "하나, 둘, 셋…." 하고 자동으로 계단의 수를 세었는데 항상 52개를 세면 4층에 도착하고는 했다. 52계단을 내려가 짐을 가지고 다시 52계단 오르기를 반복하다 보니 계단이 2개 더 있어서 오르내리는 계단의 수가 불교에서 번뇌의 수를 의미하는 108개였더라면 하는 생각을 무심코 했던 것 같다. 두 개를 더 올라가면 54계단으로 자동적으로 54×2는 108이라는 계산을 한 것이다.

그래서 1월 2일, 올해 첫 출근 날부터 바로 3층으로 내려가는 것이 아니라 5층으로 두 계단을 먼저 올라갔다가 내려가는 2+52의식을 지금껏 해오고 있다.

출근하기 위해 집을 나서면서 108배를 생각하며 항상 모든 것을 내려 놓고 아웅다웅하지 말고 타인과의 경쟁이 아닌 나와의 경쟁이라는 의식으로 "오늘도 열심히!"를 외치며 말이다.

…그러나….

오늘 서울 본사에서 전국 영업사원들을 대상으로 올해 첫 영업 컨벤션을 실시하는데 나는 어제 퇴원하여 안정이 필요했기 때문에 참석하지 않았다. 그런데 하루 종일 마음이 불편한 것은 왜일까? 용기가 부족하기 때문이라는 아들러의 충고가 제대로 들어맞은 한 예가 아닐 수 없다. 내 스스로 무엇인가 타인으로부터 인정받으려는, 소위 인정욕구에 지나치게 매달린 결과가 아니겠는가? 다시 한번 우리는 타인의 기대를 충족시키기 위해 사는 것이 아니라는 아들러의 가르침에 고개가 끄덕여진다.

아주 특별한 리추얼(Retual)

돌탑에 꽂힌 철제 기둥에 붉은색, 노란색, 파란색 등 형형색색의 깃발들이 을씨년스럽게 나부낀다. 제단에 놓인 과일, 육포, 과자 그리고 그는 여러 명의 산사나이들과 함께 엎드려 절을 올린다.

3,000m 수직 빙벽의 로체샤르가 그 앞에 서 있다.

그리고 2007년 5월 31일 오후 6시 50분, 그는 로체샤르 정상에 오른다. 이로써 1988년 9월 히말라야 등정을 시작한 이후 19년만에 세계 최초로 8,000m 이상 히말라야 고봉 16좌를 완등하는 기록을 세운다. 정상 정복의 소감을 묻는 기자에게 "정상은 정복하는 것이 아니다. 산은 경외의 대상으로, 자연과 하나되는 경험을 할 뿐"이라고 말한다.

그 주인공, 엄홍길 선생의 경이로운 도전 정신에 박수를 보낸다.

나는 엄홍길 선생이 등반 전 대원들의 안전과 정상 등정 성공을 위해 올리는 라마제와 같은 의식에 대하여 이야기하려고 한다.

엄홍길 선생처럼 역사에 길이 남을 일은 아니지만 내 인생에서도 10,000일은 딱 한 번뿐이기에 하루하루를 좀 다르게 보내고 싶어서다.

내가 리추얼(Retual), 즉 의식을 찾는 가장 큰 이유는 올해는 깨어 있는 시간에 항상 10,000일을 기억하고 싶고 기억함으로써 변화된 나를 확인하고 싶어서이다.

조프리 발레단, 뉴욕시티 발레단, 파리오페라 발레단, 런던로열 발레단, 아메리칸 발레시어터 같은 유명 발레단의 안무, 영화 '백야'의 안무, '타프 안무의 바르쉬코프'를 감독하여 에미상 수상, '사랑은 비를 타고'의 연극 버전 안무. '무빙 아웃'으로 토니상 수상, 1977년 '문학 예술 아메리칸 아카데미' 명예회원.

얼핏 보아도 꽤나 유명한 사람의 약력임을 쉽게 파악할 수 있다.

바로 세계적 안무가이자 살아 있는 현대 무용의 전설인 트와일라 타프(Twyla Tharp)의 그것이다. 그러나 나는 무용과 안무에 문외한일뿐더러 안무가, 무용가로서의 그녀의 경력에는 별로 관심이 없다. 다만 그가 쓴 한 권의 책에 주목할 뿐이다.

그녀의 리추얼에 관한 명저에 대하여 이야기하고자 한다.

화려한 명성 때문에 안무나 무용에 관한 책으로 유명하지 않을까 생각한다면 헛다리를 짚은 것이다. 그녀는 이 책에서 '리추얼', 그러니까 의식에 관한 몇 가지 아주 중요한 사실에 대하여 언급한다.

『천재들의 창조적 습관』(문예출판사/2013)에서 트와일라 타프는

> "내 의식은 매일 아침 두 시간 동안 헬스장에서 하는 스트레칭과 웨이트 트레이닝이 아니다. 내 의식은 바로 택시다. 운전사에게 목적지를 말하는 순간, 내 의식은 끝난다."라고 말한다.

온몸에 소름이 쫙 돋는다.

어떻게 몸으로 말하는 무용가가 정신을 지배하는 방법을 이렇게 정확하게 이야기할 수 있을까?

왜 타프는 무용가이면서 아침에 매일 하는 스트레칭을 포함한 두 시간의 운동이 아닌 택시를 타고 운전사에게 퍼스트 애비뉴 91번가로 가자고 말하는 것을 세계적 무용가의 위치를 유지하게 해 준 '리추얼'이라고 말한 것일까?

이제 이해가 가는가?

우리는 살아가면서 무엇을 하겠다고 결심하는 순간 정신을 먼저 움직인다. 그리고 행동이 정신을 따라가는 구조다.

올해 들어 담뱃값 인상으로 인해 금연이 화제다. 새해부터는 담배를 끊겠다고 다짐을 했지만 작심삼일이 되기 십상이다. 왜냐하면 우리는 항상 정신으로 먼저 결심하고 몸으로 움직이려고 하지만 몸은 항상 비웃기 때문이다.

그래서 타프는 무용가로서 매일 아침 두 시간씩 운동을 해야겠다고 정신에 말하지 않고 그냥 몸에게 헬스장으로 가자고 명령하는 것이다. 그렇게 했기 때문에 수십 년 간 빠지지 않고 아침의 운동량을 확보함으로써 전설로 살아남을 수 있었던 것이다.

만약 그녀가 매일 아침 두 시간씩 운동을 하겠다는 결심을 먼저 했다면 실패했을 것이라는 이야기다. 난 그렇게 이해한다.

그래서 나는 10,000일이 되는 2015년은 계획한 책을 쓰고 가장 열심히 현장에 가겠다는 나의 결심을 정신에다 먼저 이야기하지 않고 특별한 의식으로 몸에다 먼저 명령하는 타프의 방식을 따르기로 했다.

결심만 하면 항상 비웃는 마음을 움직이기 위해 몸을 먼저 움직여서 마음을 사로 잡는 방법을 쓰기로 한 것이다.

나는 올해 1월 1일부터 매우 중요한 나만의 리추얼을 실행해 오고 있으며 가능하다면 앞으로도 계속 지금의 리추얼을 지속할 생각이다.

나는 매일 아침 4시 50분에서 5시 10분 사이에 일어나 하루를 시작하면서 첫 번째 리추얼을 시작한다. 다름 아닌 아침 정진이다.

일어나면 먼저 이불을 반듯하게 정리하여 바닥에 깔고 108배는 아니지만 절을 몇 번 한 다음 가부좌를 틀고 2~3분 정도 가만히 앉아서 명상의 시간을 갖는다. 처음에는 108배를 하려고 시작했으나 협심증으로 인한 통증 때문에 20번 이내로 하고 있다.

두 번째 리추얼은 나의 삶을 기록으로 남기기 위한 '간편 일기'를 쓰는 것이다. 왜 그렇게 하며 그것이 왜 두 번째 리추얼인지는 묻지 마라. 그것은 원리가 아니라 일리이니….

내가 하루하루의 생활을 리추얼과 함께하는 의미는 다음과 같다.

아침 정진

평생 5시간을 자고 살아온 터라 새벽 5시 전후로 일어나 하루를 시작한다. 눈만 뜨면 달린다.

비가 오나 눈이 오나 밤새 술을 마셨거나 아니거나 어떤 경우라도 단 한번의 예외도 없이 자리에서 일어나기가 무섭게 욕실로 달려가 대충 씻고 아침밥을 먹는 둥 마는 둥 하고는 집을 나선다.

샐러리맨으로 10,000일을 살아오면서 언제 어느 때고 항상 골치 아픈 문제는 머릿속을 떠나지 않았기에 잠자는 시간을 빼 놓고는 언제나 몸도 달리고 마음도 달린다.

앞에서도 이야기했듯이 남들은 웃을지 모르지만 나에게 10,000일은 엄홍길 선생의 16좌 마지막 봉우리인 로체샤르보다 더 큰 의미를 갖는다. 왜? 그것은 이 세상에 단 하나밖에 없는 내 삶이기 때문이다.

그래서 나는 올해부터 눈을 뜨면 이부자리를 정리하고 절을 하고 앉아 3~5분 정도를 무념의 정지 상태로 두는 리추얼을 행하고 있다.

내가 아침마다 눈만 뜨면 달리기 시작하는 몸과 마음을 짧은 시간이지만 정지 상태로 두는 데는 나름대로의 몇 가지 이유가 있다.

하나는 올해 세운 두 가지 계획, 28년 중 가장 많은 시간을 현장에서 보내겠다는 것과 정신적으로 나의 삶과 궤적을 같이 해온 샐러리맨 생활과 화장품에 대하여 내가 생각하는 바를 나만의 언어로 세상에 내뱉어 보자는, 다시 말해 10,000일 동안 쌓은 나의 내공을 한 권의 책으로 출간하기 위해서는 결연한 의지가 필요하기 때문이다. 그렇지 않고서는 도저히 해낼 수 없음을 알기 때문에 아침마다 앉아서 심오하게 용을 한번 쓰고 하루를 시작하는 것이며, 다른 하나는 자신의 삶에 획기적인 변화를 바란다면 잠시 멈추는 것이 필요하다는 것을 주장하는 피터 브레그먼(Peter Bregman)에게서 많은 영향을 받았다.

> 바쁘게 돌아가는 세상에서 길을 잃지 않고 원하는 삶을 사는 방법은, 더 빨리 달리는 것이 아니라 핵심에 집중하는 것이다.
> 잠시 정지해 있어야 한다. 그래야 앞으로 달려 나가는 대신 높이 날아 올라 자신이 살고 있던 세상 위를 맴돌며, 자신이 원하는 곳에 정확히 내려앉을 수 있다.
> － 『인생을 바꾸는 시간 18분』 피터 브레그먼 지음. 쌤앤파커스(2011)

피터 브레그먼은『인생을 바꾸는 시간 18분』에서 '멈춤'이 생산적인 삶을 사는 데 엄청난 도움을 준다고 주장한다.

그는 아침에 일어나서 5분, 그리고 회사에 있는 8시간 동안 매 한 시간 마다 10분씩, 그리고 저녁에 자기 전에 5분, 그렇게 하루 18분을 잠시 멈추어 자신이 지금하고 있는 일이 정말 해야 될 일인지 그렇다면 제대로 돌아가고 있는지, 가는 방향이 맞는지를 장 단기적 관점에서 잠시 멈춰서 바라보는 것이 삶을 바꾸는 데 무엇보다 중요하다고 말한다.

나는 그의 이론 전체를 찬양하고 싶지는 않다.

다만 살아가면서 멈춤의 시간을 갖는 것 자체가 변화를 시도하는 사람에게, 특히 아침에 확보하는 멈춤의 시간 3~5분은 그 위력이 가히 절대적이라고 맹신한다.

이유는 올해부터 시작한 아침 정진이 나를 완전히 바꿔 놓았기 때문이다. 현재 시간은 2015년 3월 11일 저녁 8시 26분이다.

지금 이 시간에 그 좋아하는 술, 담배를 다 버리고 작년 말에 해야겠다고 계획한 책 쓰기를 차질 없이 실행에 옮기고 있지 않는가. 또 다른 계획인 현장 활동도 연초부터 지역별로 조찬 간담회를 포함하여 너무 의욕적으로 강하게 밀어붙이다가 심장에 문제가 생기는 바람에 수술을 하고 안정기를 갖고 있다. 이렇게 강한 추진력과 실행력이 가능한 것은 아침에 실행하는 대략 3~5분 정도의 아침 정진이 절대적인 역할을 했음은 두말할 나위가 없다. 물론 8월까지 6개월간의 절대 안정 기간이 지나면 다시 현장에 죽고 현장에 사는 TOUTCH POINT를 향한 진군은 계속될 것이다.

간편 일기

1967년 10월 7일

12시 30분 우리가 야영을 하고 있는 협곡으로 한 노파가 염소 떼를 몰고 왔다. 곧바로 체포했다. 노파는 정부군에 관한 믿을 만한 정보를 하나도 주지 않았다. 한동안 그리로 가지 않아서 사신은 아는 것이 선혀 없다고만 대답했다. 근처 길에 대한 정보는 그나마 도움이 되었다.

— 『일생에 한번은 체 게바라처럼』, 최진기 지음, 교보문고(2012)

혹시 밑의 참고문헌 표시를 보지 않고 이 글이 누가 쓴 어떤 글인지 아는 사람이 있을까? 쉽게 짐작이 어려웠을 것이다.

이 글은 혁명가 체 게바라(Che Guevara)가 1960년대 볼리비아 좌익 혁명을 위한 게릴라로 참여했을 때 전장에서 쓴 일기다. 비운의 혁명가는 이 일기를 마지막으로 다음 날 볼리비아 정부군에 체포되었으며 잠시 구금되어 있다가 처형되었다. 그로부터 30여 년 후인 1995년, 프랑스에서 그의 일대기가 책으로 나오면서 전 세계를 체 게바라 열풍으로 몰아 넣었다. 그리고 지금도 세계 어느 곳이든 정당성 확보를 위한 시위 현장은 그의 영혼이 지배하고 있다.

이 글을 최진기 선생의 『일생에 한번은 체 게바라처럼』에서 처음 접했을 때 삶을 영위하는 주체로서 위태롭기 그지 없는 백척간두 전장에서 혁명가와 같이 자기의 삶을 그토록 진중하고 책임감 있게 마주할 수 있을까 하는 생각을 한 적이 있다. 그리고 시간이 흐르고 작년

말 10,000일을 준비하면서 일기를 써야겠다고 마음먹고 올해 1월부터 매일은 아니지만 중요한 일이 있는 날은 내 삶의 역사를 기록해 가고 있다.

내 삶의 혁명가로서 내 인생을 진지하고 책임감 있게 바라보자는 것 외에도 간편 일기를 쓰는 이유는 몇 가지 더 있다.

하나는, 다시 언급하겠지만, 아침 정진과 금주를 위한 내 의지의 표현이다. 간편 일기를 보면 대부분이 '아침 정진, 술 안 먹었음.' 이런 식으로 아침에 정진한 것과 술을 먹었는지 안 먹었는지를 써 놓으며 항상 주의하면서 살아가고 있다.

그리고 다른 이유는 조금 창피한 이야기지만 며칠 전 일도 생각이 나지 않아서이다.

세월이 한참 지나고 나서도 언제나 지나간 즐거운 기억들과 함께하고 싶은 욕심 때문이다.

10,000일에 대한 예의

10,000일에 대하여 경례!

샐러리맨들이여! 자신의 삶에 대하여 경례를 하자!
샐러리맨들이여! 자신의 삶과 진중하게 마주하자!
부둥커 안고 가야만 하는 것이 내 삶이라면,
한없는 사랑으로! 함께 가자!

얼핏 보면 비관, 부정, 시기, 질투, 비겁, 야합, 절망, 욕심, 순응, 척만 있는 것 같지만 찾아보면 낙관, 긍정, 사랑, 배려, 용기, 희망, 도전, 꿈도 많다.

이러하든 저러하든 내게서 일어났고 일어나고 있고 앞으로 일어날 모든 것들이 내 삶이다.

지나간 삶에 대해서 보듬고 격려하는 것이 앞으로 다가올 삶에 대한 도전과 희망으로 연결된다는 것을 잊지 않으려고 10,000일 동안의 직장 생활에 대한 예의로서 다시 한번 의미를 부여하기로 한다.

과한 자기애의 본능이 불편해도 어찌하겠는가? 참고 읽어 주시기 바란다.

정체성으로서의 현장, 정체성으로서의 화장품

몇 년 전의 일인 것 같다. 부문장으로 진급하고 얼마 되지 않아서 신입사원 20여 명과 점심식사를 함께했다. 그 자리에서 24년 회사생활 중 단 한번도 영업 현장을 벗어난 적이 없다고 이야기하면서 영업맨으로서의 긍지와 자부심을 갖는다는 말을 했던 기억이 난다.

그들에게 자신의 일에 대한 자존감을 지키는 선배이고 싶고 나 자신의 정체성을 확고히 하고 싶어서였을 것이다.

> 2015년 2월 5일
> 아침 정진. 술 안 먹었음. KTX를 타고 부산역에 내리니 아침 8시 18분.
> 근처 식당으로 이동. 사장님 두 분과 아침 식사 하면서 올해의 전략과 당부의 말을 전하고 시장의 소리를 듣고….
> 10시부터 A대리점으로 옮겨서 50명의 카운슬러 분들에게 올해의 전략과 새해 소망 이루기를 주제로 1시간 30분간 교육함.
>
> 점심은 B사장님과 하고 C대리점로 이동하여 당부의 말씀과 AP동향에 대하여 들었음. 외국인 등록에 대한 건의 사항이 있었음.

2015년 2월 5일 간편 일기 내용이다.

연초부터 상반기 중에 내가 관장하는 225개 대리점을 다 돌아보겠다며 부산이든 여수든 의욕적으로 출장을 다녔다. 도착하자마자 시간

절약을 위해 아침부터 몇몇 대리점 사장님들과 조찬 회동을 하고 바로 이동하여 카운슬러 분들 교육을 하고 또 대리점을 순회하는 강행군을 펼쳐 왔다. 그러던 중 2월 말경 가슴 통증이 시작되어 평소 다니던 순천향대학병원에 예약을 하고 정밀 검사를 받게 되었다. 그 결과 혈관에 경련이 오는 증상과 관상 동맥이 좁아져 혈액이 잘 통하지 않는 등 두 가지 증상이 동시에 발견되어 시술을 받은 후 이틀간 중환자실 신세를 지고 퇴원하였다.

이처럼 몸에 무리가 오는 것도 모를 정도로 내가 현장을 아끼고 사랑하는 것은 그곳에 가면 영업에 관한 답이 있기 때문이다. 또한 대한민국을 대표하는 여성인 화장품 카운슬러 분들에게 아름다워지는 방법에 대한 강의를 할 때면 짧지 않은 시간인 1시간 30분 동안 신들린 사람처럼 흠뻑 빠져들 수 있어서다.

내가 신들린 사람처럼 몰입할 수 있는 것은 화장품을 파는 내 일, 세상 사람들을 아름답게 만드는 내 직업 정체성의 속살을 볼 수 있는 곳이 현장이기 때문이다. 그리고 그들과 함께하는 매개가 화장품이기에 현장과 화장품은 나를 가장 잘 특징지어주는 나의 정체성이다.

누군가 나에게 무슨 일을 하냐고 묻는다면 "나는 사람을 아름답게 하는 근본을 탐구하는 화장품 장사꾼입니다."라고 힘주어 말할 수 있다.

샐러리맨들, 특히 신입사원들은 본부, 마케팅부, 해외 연구소 등 일반적으로 힘 있는 부서라고 생각되는 곳에서 일하지 못해 안달하기보다는 자기 일에 대한 철학이 있는 직업인이 되기 위한 사유思惟가 필요하다. 물론 그 부서에서 근무해 보지 않았기 때문에 그 일의 기저에 의미 있는 무엇인가가 흐를지 모르지만 말이다.

정리하면 봉급쟁이가 아니라 직업에 대한 정체성을 추구하는 '생각하는 샐러리맨'이 되어야 한다는 것이다.

TOUCH POINT

2010년에 부문장으로 진급했으니 햇수로는 벌써 6년차!

세월이 많이 흐른 것 같다.

매년 새해를 맞으면 리더들은 누구나 자기 조직을 어떤 방향으로 끌고 가야겠다는 계획을 세운다.

나도 카운슬러 분들까지 포함하면 8,000여 명의 사람들을 관리해야 하기 때문에 거대한 조직을 의도하는 목적지로 견인해 가기 위한 전략과 전술 그리고 조직의 문화를 어떻게 가져갈 것인지 생각하는 데 많은 시간을 할애한다. 그리고 특히 올해는 영업맨으로 맞는 10,000일에 대한 예의를 갖춰야 하는 해이기 때문에 그 작업이 감히 성스럽기까지 했다.

영업 관련 부서 리더들은 대부분 현장이 답이라는 사실을 알기 때문에 어떻게든 현장 실행력을 높이기 위해 집중한다.

그래서 고민 끝에 선택한 것이 오래전에 읽은 『터치 포인트(TOUCH POINT)』라는 책의 이론인 터치 포인트 전략이다.

캠벨수프 컴퍼니(Campbell Soup co.)의 회장인 더글라스 코넌트(Douglas Conant)가 세계적인 베스트셀러 『미운 오리 새끼의 출근』의 저자이며 전문 컨설턴트인 메트 노가드(Mette Norgaard)와 함께 집필한 이 책을 현장 리더십의 바이블이라고 말하고 싶다. 그만큼 가슴에 와 닿았다는 이야기다.

이런 이유로 직원들에게 구입해 읽게 함으로써 현장 활동의 중요성에 대한 다양한 궁금증을『터치 포인트』를 통해 풀도록 했다.

핵심 한 문장을 필사한다.

> 그들은 거창한 사업 전략이나 계획을 세우고 업무의 우선순위를 결정하는 일이 더 중요한 '진짜' 일이라고 생각한다. 그러나 터치 포인트의 순간이야말로 '진짜' 일이다. 그 순간이 바로 전략과 우선순위를 결정하는 순간이요, 비로소 생각이 행동으로 옮겨지는 순간이기 때문이다.
>
> -『터치 포인트』 더글라스 코넌트 · 메트 노가드 공저, 이찬 옮김, 크레듀(2012)

우리는 회사 생활의 대부분을 미팅과 회의, 보고, 회식 등을 비롯해 복도에서 마주치는 사람, 현장에서 부딪치는 고객 등 수많은 사람들과 만나고 대화하고 소통하면서 보낸다. 터치 포인트는 리더와 구성원, 또는 구성원 간, 나아가 고객과 서로 접촉하는 순간을 말한다.

나는 입사 초 적응하는 데 어려움을 조금 겪었다. 하찮은 보고서 하나를 쓰더라도 보고서 본연의 용도와 목적은 간데없고 온갖 미사여구를 다 갖다 붙여 좀 더 있어 보이려 하는 조직문화가 광부 생활하던 태백 촌놈에게는 따라가기 버거웠던 것이 사실이다. 차석용 부회장님께서 CEO로 오시면서 '1page 리포트'를 강조하시고 한 페이지가 넘으면 읽지 않으신다고 해서 많이 없어지긴 했지만 말이다.

『터치 포인트』에도 나와 있지만 영업부서에 있는 사람들 중 책상에 앉아서 거창한 전략이나 이론만으로 사업하는 탁상공론이 똑똑하고 수준 높은 일이라고 생각하는 경우가 있는데 심하게 표현하자면 나는 그들을 경멸한다.

이것이 내가 『터치 포인트』를 직원들에게 권하는 첫 번째 이유다.

두 번째 이유는 올해 사업을 전개해 나가는 데 머리, 가슴, 손의 삼 박자가 빚어내는 터치 포인트 리더십이 가장 효율적이라고 판단했기 때문이다.

변화를 위해서는 먼저 사람들이 변화에 대해 인식하고 변화로 이끌어 줄 논리적인 근거를 갖추는 것이 필요한데 그것이 머리다. 뚜렷한 목표를 가지고 다른 사람들과 호흡하는 진정성을 의미하는 가슴, 그리고 능력을 겸비한 실행력을 의미하는 손이 함께 해야 한다.

책에서도 이야기하지만 이 세 가지 핵심 요소가 리더십의 정답은 아닐지라도 리더가 자신의 조직 내 브랜드와 고유의 터치 기술을 만들어내기 위해 필요한 구조화된 방식으로는 부족함이 없다.

세 번째는 올해를 그 중요한 현장 활동을 체질화하는 원년으로 삼겠다는 욕심이 깔려있다.

이를 위해 3월부터 영업사원들 중에서 한 달 동안 가장 많은 사람을 만난 사원, 즉 터치를 가장 많이 한 사원을 이달의 터치 포인터로 시상하고 있다. 무식한 방법이지만 '양도 많이 쌓이면 질이 된다.'는 일본 유니참 CEO인 다카하라 게이치로의 말에 전적으로 공감하기 때문에 추진할 수 있었다.

네 번째는 회사 내에서 내가 맡은 방문판매 사업이 몇 년간의 침체를 털고 턴 어라운드하여 급성장의 궤도에 진입했지만 이럴 때일수록 조직 구성원들이 자칫하면 타성에 젖어 다가오는 위험을 간과하거나 지속 성장을 위한 준비에 소홀할 수도 있음을 알고 있기 때문이다. 이 시기에 현장 실행력을 높임으로써 시장의 미묘한 변화도 놓치지 않는 것이 중요하다.

다른 이유를 다 떠나서 나는 현장에서 마음으로 사람을 터치한다는, 그것이 가슴 저리도록 좋다.

'TOUCH POINT'는 그렇게 나의 10,000일 이벤트에 초대되었다.

내 목소리로 내 일을 말하다: 책 쓰기

벌써 시계가 새벽 5시를 알린다.

오늘도 일찍 일어나 힘은 들지만 내 역사에 대한 기록에 전념한다.

고요한 정적이 흐르는 새벽 시간에 말이다.

나의 10,000일을 맞는 마지막 이벤트는 내 일에 대하여 내 목소리로 말하는 책을 한 권 내는 것이다.

> 나이 들어가면서 지속적인 삶의 보고서를 쓰는 일은 15년 전 〈서른 잔치는 끝났다〉라는 도발적인 선언을 남겼던 시인을 포함한 우리 모두의 의무입니다.
>
> ─ 『늦지 않았다』 한명석 지음, 북하우스(2009)

『늦지 않았다』의 저자 한명석 씨는 여느 사람들과 다르지 않게 30~40대에는 가사와 일을 병행하며 열심히 살았다. 그렇게 50이 되었고 아이들이 성장하고 독립하면서 공허함에 방황도 했다. 하지만 이내 정신을 차리고 중년과 관련된 책들을 탐독한 후 자신의 생각을 담은 책 한 권을 세상에 던지며 한마디 한다.

"쉰 잔치는 끝나지 않았습니다!"라고.

나도 용기를 낸다. 그렇다. 난 10,000일이라는 훌륭한 재료가 있지 않는가? 거기에 2천여 권의 책, 몇 년간 천안에서 서울로 통근하며 술 마신 채로 기차에 실어 보낸 자료까지 합치면 수집한 자료만 족히 몇 만 컷은 될 것이다. 그렇다. 벌써 이만큼이나 쓰지 않았는가? 자료는 사라져도 내공은 살아 있는 것이 확실하다. "아자! 할 수 있다!".

내가 이렇게 초등학생처럼 "아자!"를 외치는 것은 책을 쓴다는 것 자체도 쉽지 않은 일이지만 나 스스로 만든, 하늘이 두 쪽 나도 꼭 출판을 하지 않으면 안 되는 이유에 대한 부담 때문이다.

올 한 해를 시작하면서 나는 만나는 사람마다 10,000일 이벤트로 책을 쓰고 있다고 떠벌리고 다녔다. 만약 올해 책이 출간되지 않는다면 난 꼼짝없이 말만 앞서는 허풍쟁이가 되는 수밖에 없다.

나는 꼭 해야 하는 일이 있을 때 주저 없이 사람들에게 먼저 소문을 내어 하지 않으면 안 되는 상황을 만드는, 조금은 잔인한 방법을 가끔 이용한다.

지금 써내려 가고 있는 이 책의 내용은 1부와 2부로 나누어 기술할 예정이다. 1부에는 10,000일 동안의 샐러리맨 생활에 대한 소회를 중심으로, 어찌 되었건 내 삶이기에 예의를 다하여 10,000일을 맞으면서 진행하고 있는 리추얼에 대하여 기술할 것이다. 한편으로는 그 동안 가슴 졸이며 전전긍긍했던 사연들을 솔직 담백하게 고백하고 위로 받았으면 한다. 또한 아쉬웠던 부분에 대해서는 혹여 후배들에게 작은 도움이라도 되었으면 하는 바람의 차원에서 나름대로 직장 생활에 대하여 정리한 생각 몇 가지를 언급하는 것으로 채워 나갈 계획이다.

2부는 마지막 강의라는 주제로 7년 전 집필한 『살갗 혁명』을 보완, 증보하며 써갈 것이다. 대학 교수들이 정년 퇴임 시 평생 연구한 학문적 업적을 토대로 연구 강의라는 이름으로 진행하는 마지막 강의처럼 나도 10,000일 동안의 내공을 바탕으로 내 업인 화장품을 이용한 피부 건강에 대하여 투박하게나마 내 언어로 써 나가려고 한다.

회사 생활하랴, 집필하랴 바쁘다. 다시 한번 격려를 부탁한다.

그리고 하나 더. 샐러리맨들의 자기계발에 대하여 쓴소리 하나 하려 한다. 나도 처음에는 마찬가지였지만 영어에 한이 맺힌 것처럼 영어를 입에 달고 살거나 한 달에 책 한두 권 읽는 것이 자기계발이 아니라는 사실을 알아야 한다.

사회에서의 공부는 단기적으로 필요한 어학도 중요하지만 독서를 통해 지혜를 넓혀주는 인문학 또한 그 무게가 결코 가볍지 않다.

그리고 마지막으로 강조하고 싶은 점은 직장인 스스로 자기가 하는 일의 기저에 흐르는 본질에 대한 공부의 중요성을 알아야 한다는 것이다. 설령 몇 개월의 직장생활을 하더라도 내 일에 대한 호기심을 채우는 노력을 게을리해서는 안 된다.

그래야 세월이 지나고 경험 분야가 많아지면서 자연적으로 쌓이는 그 내공이 당신을 지혜롭게 만든다는 사실을 기억하기 바란다.

나는 나를 위로한다

●

일요일 아침 7시 기상! 오랜만에 느껴보는 꿀맛 같은 늦잠이다. 평일 정상 출근이면 4시 50분 기상이니 2시간이나 더 잔 것이다. 거울 앞에 섰다. 누군가가 거기 서 있다. 돌아가신 아버지다. 돌아가신 아버지가 거기 서 계신다.

10,000일, 240,000시간, 14,400,000분

지친 가슴을 부여잡고 즉사를 언급하는 의사의 충고를 넘어
입학식, 졸업식을 한번도 보지 못했거늘 딸아이가 대학 졸업반이라네.

이제 돌아가셨지만 자주 찾아뵙는 것도 아니면서 하루 더 자고 갔으면 하는 어머니의 절절한 아쉬움을 그렇게도 매몰차게 뒤로 하고….

수만 가지 감정에 가슴이 먹먹하다.
어이 샐러리맨! 자네 수고 많았네.

●

갑자기 찾아온 즉사의 순간

2013년 7월 27일 토요일 아침.

9시 30분에 긴급 회의가 있다는 연락을 받았다. 한두 군데 전화 돌려보니 모두가 실적 부진에 따른 목표 달성 관련 회의라고 수근 댄다.

부문 실적이 모든 라인 중에서 최하위니 내가 제일 답답할 노릇이다. 가슴이 답답하다.

토요일 아침이지만 일어나자마자 몸과 마음이 함께 달린다.

7시 50분 기차를 타려고 주차를 하고 역사 계단을 급하게 오르는데 갑자기 왼쪽 가슴이 조여오면서 타는 듯한 통증에 숨이 멎을 것 같다. 곧 죽을 것 같은 느낌에 경황이 없어서 그냥 엎드려 있었다. 그렇게 15분 정도 흐른 것 같다.

나중에 알고 보니 살아 있는 것이 천운이란다. 다음 기차를 타고 회의장소로 갔는데 동료들이 창백한 몰골을 보더니 빨리 병원으로 가라며 등을 떠민다. 병원으로 가 진찰을 받으니 협심증이란다.

그날 이후 1년 반 정도 흉통과의 불안한 동거가 시작되었고 올해 초 현장 활동 등 일의 강도를 높이자 한계에 이르러 3월 첫 주, 결국 중환자실 신세를 지게 되었다.

여기서는 샐러리맨 생활 10,000일을 지나 오면서 꿋꿋하게 나를 지탱해 준 내 몸에 대하여 그동안 말하지 못한 사연들을 고백하며 위로받으려고 한다.

남들보다 과하게 마셨던 술과 그로 인한 좋지 않은 기억들.

심장과 같이 아프지만 아프다고 말 못하고 견뎌내느라 수고한 내 몸에 대한 위로 말이다. 내 육신에게 수고했다는 따뜻한 한마디를 전하고 싶다.

적에게 나의 죽음을 알리지 마라

"적에게 나의 죽음을 알리지 마라!"

이순신 장군은 마지막으로 이 한마디를 남기고 전사하셨다.

아마 장군은 돌아가시면서도 자신의 죽음이 적에게 알려지면 왜적의 사기가 충천할 것을 우려했음이 분명하다. 그렇게 마지막 가시는 순간에도 같이 싸운 부하들을, 나아가 나라를 생각하면서 눈을 감으셨다.

앞에서 이야기했지만, 협심증과의 악연은 갑자기 시작되었다.

그렇게 한번 심하게 통증이 오고 난 다음 약으로 치료해 보자는 의사 선생님의 처방을 믿고 1년 7개월이 흘렀다. 담배도 끊고 정말 중요한 자리가 아니면 술도 마시지 않으면서 약으로 치료하고 있었는데 조금씩 통증이 심해졌다. 그러다가 올해 들어 새벽부터 조찬을 포함한 현장 활동의 강도를 높이자 하루에도 몇 번씩 통증이 오더니 결국 중환자실 신세까지 지는 지경에 이르고 말았다.

샐러리맨들이 다 그렇듯이 몸이 아파도 생명이 왔다 갔다 하지 않는 이상 조금 아플 때마다 병원에 가는 강심장은 아니라 하더라도 이번 경우는 정도가 심한, 무모한 대응이었다는 생각이 든다.

회사 생활을 오래 하다가 부문장 직급까지 오다 보니 동료들에게 몸이 아프다는 것을 내보이는 순간 모든 것이 완벽해야 하는 정글과 같은 기업에서 핸디캡이 된다는 것을 익히 잘 알고 있기 때문이다.

이순신 장군께서는 나라를 위해 죽음을 알리지 말라고 했거늘 나는 무엇인가? 비겁하게 자신의 약점을 숨기기 위해서 강한 척하면서 소중한 건강을 망가뜨렸단 말인가?

공자께서는 '신체발부 수지부모身體髮膚受之父母'라 하여 몸은 부모로부터 받았기 때문에 소중히 관리하는 것이 효의 시작이라고 하였다.

효도는 이미 물 건너갔다고 치더라도 최소한 처자식은 건사해야 하지 않는가.

다명, 다을아! 걱정 끼쳐서 미안하구나.

지금부터라도 항상 건강을 염두에 두고 생활할게. 깊이 반성한다. 앞으로 잘할 테니 응원을 부탁한다.

2015년 3월 6일

아래 글은 2015년 3월 6일 아침에 병실에서 쓴 간편 일기다.

심장 수술을 받고 중환자실에서 일반 병실로 이동하여 중환자실에서 있었던 이틀간의 일들이 너무나 생생하여 간편 일기에 남기기로 했다.

시간대별로 너무 충격적이고 많은 것을 보았다. 그래서 느낌 중심으로 정리했다. 병실 침대에서 핸드폰으로 작성했으며 조금 다듬어 정리했다.

3월 6일 간편 일기

아주 차고 매우 맑음. 아침 정진 못함. 술 안 먹었음.

갑자기 입원하여 내 의지대로 움직이지 못하고 기저귀 차고 꼼짝 못 하는 내 의지 밖의 48시간이었음.

아침 정진을 하지 못했고 간편 일기도 쓸 수 없었음.

살면서 지난 이틀처럼 길게 느껴지는 시간은 없었던 것 같음.

4일 아침 8시 40분 시술을 위해 양쪽 사타구니를 면도함.

기도하는 마음으로 대기자 명단에 이름을 올림.

9시 30분 혈관 조영술 시작됨(대정맥이 지나가는 사타구니에 관을 넣어 심장을 검사 및 치료하는 시술임).

나의 심장에 무언가 들어왔다는 것을 느낌.

"많이 심하네.", "초기 자극에도 반응하는 것을 보면 즉사할 수도 있었는데.", "여기는 CT에서 안 보이던 곳인데 많이 좁아져 있네.", "밖에 보호자 좀 부르세요."

그렇게 1시간 30분 동안의 시술이 끝나고 "많이 심하네요. 술, 담배는 절대로 안 됩니다. 스트레스 받지 마시고 약 철저히 먹고 관리 잘하세요."라는 의사의 훈시를 뒤로 하고 11시 중환자실로 이동.

내 머릿속은 상황이 상황인지라 겨울날 얼음 밑을 흐르는 계곡물처럼 맑다 못해 현기증이 남. 그로부터 29시간의 중환자실 체험이 시작됨.

나를 제외하고 모두가 상황이 안 좋아 보이며 특히 앞 침상의 할아버지 한 분과 할머니는 거의 산소 호흡기로 이승에서의 삶을 하루하루 연장하는 슬픈 상황임. 확률은 낮지만 심장이기 때문에 나도 안 좋은 상태로 갈 수도 있는 상황이라 함.

11시부터 시작된 체험은 하반신을 꼼짝하지 않고 7시간을 견디는 것이었음. 다리 쪽에서 심장으로 올라가는 대동맥을 통해 스턴트라는 얇고 가느다란 관을 경련이 일어나는 심장 부분에 연결하기 위해 대동맥을 인위적으로 뚫었기 때문에 시술 후 정맥이 정상적인 제 기능을 하기 위해서는 절대적 안정이 필수적. 상처 부위에 돌덩이 같은 무거운 팩을 올려놓고 최소 5시간 정도를 움직이지 않고 있는 것이 치료에 절대적이라 하여 산송장 상태로 6시까지 견딤.

그렇게 꼼짝 못하고 누워 있는데 그 시간 동안 중환자실 상황은 차마 어떻게 표현해야 할까?

"아이고, 아이고, 나 죽는다! 영숙아, 영숙아! 영민아, 영민아!" 고통을 참지 못해 아들과 딸의 이름을 부르며 절규하는 할머니.

"…." 아무 말 없이 머리 위로는 셀 수 없을 정도로 많은 수의 링거에 소변 주머니를 끼고 누워 자세히 보아야 숨을 쉬는지 확인이 가능한 할아버지.

그리고 그 옆의 또 다른 할머니. 면회 시간도 아닌데 침상 옆에 매달리듯 앉은 아들의 너무나도 간절한 외침.

"엄마! 엄마! 엄마! 엄마! 조금만, 조금만, 누나 거의 다 왔어! 엄마! 엄마!"

그리고 어떻게 표현해야 하나. 건너편 베드에 차마 눈 뜨고 볼 수 없을 정도로 얼굴까지 포함해 몸 전체가 온통 검게 타 들어가고 있고, 기도가 막히지 않도록 간호사가 쉴새 없이 "크르륵 크르륵…." 가래를 제거해 주는, 정말 어떻게 형언할 수 없을 정도로 슬픔 그 자체인 여인네.

나는 지금까지도 없었지만 앞으로도 영원히 7시간 동안 기저귀를 차고 무의지의 상태로 삶의 서쪽 끝과 동쪽 끝을 경험하는 그런 일은 없게 해 달라고 기도할 뿐이다.

"신이시여! 이 첫 번째 체험은 당신이 부린 심술 맞죠? 건강을 주머니 속 껌처럼 생각하는 나에게 부리는 고도의 계산된 심술 말입니다!"

그렇게 긴 하루가 지나가고 있었다.

그렇게 길고 긴 4일이 지나가고 5일 새벽 1시를 조금 넘기면서 갑자기 수술 부위에 통증이 왔다. 조금이라도 움직이면 칼로 베는 듯 아파 오는 것이 아닌가?

'오늘 수술한 그 왼쪽 가슴이 분명 잘못된 거다. 간단한 수술이라 했는데 중환자실로 옮긴 것도 그렇고. 심장은 다리나 팔과 같은 데가 아니고 잘못되면 그냥 가는 것 아닌가?'

불길한 생각이 꼬리를 물고 옆에서는 "엄마! 엄마! 엄마! 엄마! 조금만. 누나 오고 있어!"라는 아들의 절규가 들려온다.

간호사는 아프다는 나의 말에 혼비백산. 새벽 3시인데 의사에게 긴급 상황 보고. 니트로글리세린 긴급 투약.

그런데 이 통증은 협심증으로 인한 가슴 통증과는 분명히 다른 것 같다. 평상시 근육을 많이 쓰면 오는 담이라는 확신이 든다.

어제 7시간 가까이 오른쪽 사타구니에 무거운 팩을 올려놓고 꼼짝 못하고 누워 있으면서 왼쪽 상체에 자꾸 힘을 주어 평소에도 많이 오던 담일지도 모른다는 생각이 고개를 든다.

하지만 오늘 수술한 왼쪽 가슴 심장과 같은 위치인지라 무언가 잘못되고 있다는 생각이 아직 지배적이다.

"생즉사 사즉생." 이럴 때 쓰는 표현인가?

간호사를 불러서 내가 평상시에도 담이 많이 걸리는데 혹시 담일지 모르니 상반신을 일으켰다 눕혔다 하는 운동을 좀 시켜 달라고 부탁한다.

맞다! 내 판난이 맞은 기다!

그렇게 누웠다 일어나기를 반복하면서 왼쪽 어깨를 풀어주는 동작을 함께하니 말끔하게 흉통이 사라지는 것이 아닌가!

아무리 긴박한 상황이라 해도 당황하지 말고 침착하게 대처하는 것이 얼마나 중요한지 새삼 깨달았다.

만약…. 만약 겁에 질려 "아프다."만 연발했다면 의사 선생이 내게 무엇을 처방했겠는가? 그분도 분명 그날 수술과 관련된 그 무엇인가가 잘못되었는지 살펴보는 데 많은 노력과 시간을 들였을 것이다. 그리고 재수술의 가능성마저 배제할 수 없는 상황으로 갔을 수도 있지 않았겠는가?

새벽 5시다.

그렇게 두 번째 체험이 끝나갈 무렵 아들의 애끓는 절규를 뒤로 하고 좌측 침대에 계시던 할머니를 서쪽 끝 저승으로 배웅했다. 쉰다섯 살까지 살아오면서 단 한번도 누군가 죽어가는 모습을 본 적이 없다. 어머님과 아버님의 임종도 지키지 못한 불효자다. 누군가의 살아 있는 상태와 죽어가는 그리고 죽는 상황을 10평 남짓의 같은 공간에서 가슴 졸이며 지켜 봤다. 이것이 세 번째 체험이다.

"엄마! 엄마! 엄마! 누나 왔어, 누나 왔어. 엄마! 엄마! 엄마!"

인간은 위대하다. 그렇게 자기 의지로 최소한의 삶을 연장한다.

딸이 도착하자 할머니는 먼 길을 떠났다.

간호사들도 잠시 침묵한다. 그러나 그 침묵은 오래지 않아 다급한 외침으로 바뀐다.

"할아버지! 할아버지! 성함이 뭐에요?" 정신을 잃어가는 할아버지를 마구 흔든다. 바람 앞의 등불처럼 훅 불면 꺼져 버릴 것 같이 조마조마하다. 그러나 간호사들은 죽음을 다루는 데 조금의 망설임도 없다.

나는 중환자실에서 그렇게 샐러리맨을 보았다.

"너는 누구냐? 무엇을 위해 사느냐?"

"…."

침묵이 흐른다.

나는 나를 쳐다본다. 슬픈 샐러리맨이 거기 있다.

내가 세 번째 체험에 대하여 이렇게 횡설수설하는 것은 내 삶에 대한 진지한 질문과 대답이 그만큼 절실하기 때문이다.

죽음을 포함한 나의 삶에 대하여 정말 진지하게 고민하고 정리하여 나 자신의 삶에 대한 정체성을 뚜렷하게 하는 것이 현 시점에서 가장 중요한 일이라는 생각을 해 본다. 나를 어르신이라고 불러준 간호사 아가씨! 미안하지만 나는 어르신이 아니랍니다

이렇게 일주일 간의 병실 체험을 뒤로 하고 퇴원했다.

앞으로는 좀 더 나 자신을 뚜렷하고 뾰족하게 정리해 나가야겠다.

광부 시절부터 함께한 애증의 '술'

최악 겨울 황사에 삼겹살 '불티'… 판매 3배로

(서울=연합뉴스) 신호경 기자=역대 '최악' 수준의 겨울철 황사가 며칠째 한반도를 뒤덮자 엉뚱하게 마드나 온라인쇼핑사이트에서 삼겹살을 찾는 사람들이 크게 늘었다.

― 연합뉴스, 2015년, 2월 24일자

2015년 2월 24일 YTN 인터넷 뉴스 내용이다.

몇 년 전부터 부쩍 중국발發 황사에 관한 뉴스를 자주 접하게 된다.

황사 이야기만 나오면 삼겹살 가격이 천정부지로 뛴다.

'황사' 하면 떠오르는 삼겹살. 하지만 나에게는 의미가 다르다.

1981년이니 34년 전의 일인 것 같다. 나는 강원도의 조그만 광산에서 첫 직장 생활을 시작했다. 짧은 기간이나마 '탄 파는 광부'라는 직업으로 봉급쟁이 생활을 했기 때문에 나에게 와 닿는 느낌이 다르다는 말이다.

그때는 퇴근길에 막장에서 마신 탄 가루를 씻어낸다는 생각으로 돼지 비계를 안주 삼아 매일 소주 한 병씩을 마시고 집으로 돌아가는 것이 의식처럼 되어 있던 것 같다.

아직도 눈을 감으면 검은 장화에 시커멓게 탄 가루를 뒤집어 쓴 채 힘겨운 하루 일을 마치고 '저벅저벅' 갱구를 걸어 나오는 내 모습이 눈에 선하다. 55세인 내가 이력서를 내고 취직해 본 곳이 광산과 지금 다니고 있는 화장품 회사가 전부라서 설득력은 떨어질지 모르지만 지하 수백, 수천 m 광산에서 탄을 캐는 광부들이 가장 힘들다는 생각이 든다.

함몰의 위험은 둘째치고 지하로 내려가면 갈수록 높아지는 온도, 한 사람이 겨우 오르기에도 좁은 꽉 막힌 오르막을 그 무거운 동발[1]을 등에 묶어 지고 기어올라 발파하면 앞이 안 보일 정도의 자욱한 그 탄 가루, 어쩌다 수평갱구 쪽으로 일이 떨어지면 마스크를 쓰라고 하지만 마스크를 쓰고 어떻게 그 힘든 삽질을 할 수 있겠는가?

여전히 어려운 이웃들의 아랫목을 따스하게 덥혀주는 그분들의 노고에 머리를 숙입니다.

광산 생활에 대한 소회를 쓰려고 한 것은 아닌데 그 시절 이야기만 나오면 이야기가 길어진다. 내 삶의 한 부분이자 소중하고 자랑스러운 시간이기 때문이다.

감히 추측하건대 황사의 미세먼지를 삼겹살로 씻어낸다는 속설은 광산에서 탄 가루를 씻어낸다는 핑계로 돼지고기 한 점에 소주 한잔 기울인 것에서 유래되지 않았나 싶다. 물론 믿거나 말거나다.

광부 시절 이야기로 서두가 길어졌지만 내가 진짜 하고 싶은 이야기는 '술'이다. 더 정확하게 이야기하면 '술버릇'이다.

광부로 일하면서 술과의 악연은 시작되었고 그때부터 술은 내 삶의 전부를 관통하는 애증의 키워드가 되었다.

알프레드 아들러가 살아 있었다면 기가 찰 노릇이겠지만 지금 다니

---

1) 갱을 지탱해 주는 지주목으로 쓰는 길고 굵은 나무.

는 회사에서도 수많은 날들을 동료들과 한잔 술로 전의를 불태우며
우리의 울타리를 굳건히 했다. 때때로 위로 높이 날거나 아래로 심하
게 처박히기라도 하면 어깨를 걸고 밤새 마신 다음 한두 시간 자고 나
서 남보다 먼저 출근하여 업무 보는 것을 자랑스런 DNA로 여기며 여
기까지 왔다.

제목처럼 '애증의 술'이다.

앞에서도 언급했지만 의사 선생이 즉사를 언급할 정도로 심각한 상
태까지 와 버린 건강에 가장 많은 영향을 끼친 요인이 스트레스와 술
이 아니었나 싶다.

영업 부서에서 10,000일을 보내다 보니 과거에는 '영업=술'이라는
공식 아닌 공식이 있었다. 지금 생각하면 박물관에나 있을 법한 사고
방식이 지배하던 시절이 있었던 것도 사실이다.

요즘은 술을 거의 마시지 않지만 그 수많은 날 동안 나와 함께 먼 길
을 함께한 애증의 술이다. 술에게 죄를 물을 순 없다. 문제는 나다.

초승달 마냥 가늘어진 내 건강에 엄숙하게 머리 숙인다. 절제로 이
해해도 좋다는 뜻이다. 사과의 뜻으로 김수영 시인의 시 '봄밤' 일부를
헌정한다.

애타도록 마음에 서둘지 말라

강물 위에 떨어진 불빛처럼

혁혁한 업적을 바라지 말라

개가 울고 종이 들리고 달이 떠도

너는 조금도 당황하지 말라

그리고 하나 더 고백해야 할 것이 있어서 마음이 무겁다.
먼저 조선시대 과거 시험 문제 하나 풀고 가자.

> 술의 폐해를 논하라.
> 1516년. 중종11년. 별시 문과
> 술의 폐해는 오래되었다. …(중략)… 술에 빠져 일을 하지 않는
> 사람도 있고, 술에 중독되어 품위를 망치는 사람도 있다. 흉년
> 을 만나 금주령을 내려도 민간에서 끊임없이 술을 빚어 곡식이
> 거의 다 없어질 지경이다. 이를 구제하려면 어떻게 해야겠는가?
> —『책문』 김태환 지음, 소나무(2004)

예나 지금이나 술에 대한 폐해가 많은 것이 사실이다.

단도직입적으로 말하겠다. 나에게도 좋지 않은 술버릇이 있다. 술
취한 상태에서 진실과 진정성이 이슈가 되는 순간 나는 내가 아닌 또
다른 나로 변하는 경우가 있다. 어렵게 고백한다. 그리고 내 술버릇
때문에 불편을 느낀 분들께 진정으로 사과한다. 어려운 놈을 집까지
데려다 주신 택시 기사 분들, 40년 만에 만난 소꿉친구들, 말도 안 되
는 소리 들어주느라 고생한 회사 동료들, 애꿎은 식당 주인들까지 내
가 마신 술과 관련하여 조금이라도 불편함을 느꼈다면 모두에게 미안
하다는 말을 전한다.

일과 삶의 불균형에 대한 고백

『시간가게』, 이나영 글, 윤정주 그림, 문학동네(2013)

제13회 문학동네 어린이문학상 수상작 『시간가게』라는 책의 표지
이다.

이 얇은 판타지 동화책 한 권이 내 가슴을 후벼 판다.

아빠가 암으로 일찍 돌아가시고 엄마와 둘이서 살아가는 공부 1등
초등학생 윤아가 주인공인 상상 속 이야기의 동화책이다. 엄마는 아
빠 없는 윤아를 잘 키우기 위해 돈 버는 데에 열을 올리고 윤아도 매
순간이 힘겹지만 엄마를 기쁘게 하고 싶어서 참고 열심히 공부하는
기특한 딸이다. 그러나 경쟁이 치열한 곳으로 이사를 하면서 1등 하기
가 힘들어지자 윤아는 초초해지기 시작한다. 이때 거리에 떨어진 광

고물 속에서 시간가게를 만나게 되고 자기가 가지고 있는 행복한 기억 한 개를 주면 10분을 사는 거래를 하게 되는 이야기다.

시계 버튼을 누르면 10분 동안 다른 모든 것이 멈춰버리고 자기만 깨어서 활동하게 된다. 1등 수영이의 수학 문제 해답을 커닝하여 1등을 하고 영어인증 시험에서도 시간가게 덕분에 1등을 하게 된다. 엄마의 즐거움은 커져가지만 반대로 윤아의 머릿속에서는 엄마, 아빠와의 행복했던 기억, 할머니, 친구들과의 추억 등 아름다운 기억들이 점점 지워져 간다는, 판타지지만 소름 돋는 내용이다.

동화책이지만 보는 내내 나 자신을 반추하게 되는 것은 무슨 연유일까?

맞다! 당신들이 생각하는 것이 맞다!

아들, 딸 입학식이 어떠했는지, 엄마 환갑 여행이 어떠했는지, 장인 팔순 가족 여행이 어떠했는지, 여행은 몇 번 갔는지, 친구들과 놀면서 몇 번이나 자빠졌는지 등 아무리 뒤적여도 기억이 없다.

오늘은 없었다. 오직 내일만을 위해 몸과 마음이 달릴 뿐이었다.

어머니. 죄송합니다. 정말 죄송합니다.

다명아, 다을아! 미안하다. 많이 미안하다.

친구들아! 미안하다. 많이 미안하다.

여기서 아쉽고 아프던 기억들을 더듬어서 고백하고 한없이 위로받고 싶다.

사모곡思母曲

11일(경인) 흐리나 비는 오지 않았다. 어머니를 뵈오려니 아직 주무시고 계시어 일어나지 않으셨다. 소리가 시끄러우므로 놀라 깨어 일어나셨으나 기운이 쇠진하시어 잎이 멀지 않으신 것 같다. 오직 눈물이 흐를 뿐이다.

　　　　　　　　　- 『난중일기』, 이순신 원저 이민수 옮김, 범우사(2004)

『난중일기』 중 갑오년 정월 열하루(1394년 1월 11일)의 일기다.

어머니에 대한 장군의 효심이 절절하다.

나 또한 내 어머니 돌아가시기 전날이 생각나서 가슴이 메어온다.

2011년 6월 6일이었다. 5일이 일요일이라 연휴였다.

어머니는 강원도에 홀로 계시면서 50대 이후에는 평생 지병인 만성 기관지염으로 기침과 가래를 달고 사셨다. 연세가 여든을 넘기시면서 약간의 치매 증상까지 보이며 건강이 악화되어 가고 있는 상황이었다.

집에서 쉬면서 연휴를 보내고 있었는데 6일 오후 3시쯤 누나에게 전화가 왔다. 어머니께서 평상시와 달리 씻지 않으려 하시고 치매 증상이 심해지신데다 기침, 가래도 갑자기 악화되어 근력마저 최악의 상태라는 이야기였다.

연휴에 내려가 뵙지 않은 것에 대한 후회가 밀려왔다.

일단 누나에게 다음 날인 7일에 힘들겠지만 모시고 올라와서 평소 다니시던 분당 재생병원에 입원하시면 시간 내서 올라가겠다고 하고 전화를 끊었다.

전화를 끊고 TV를 보는데 영 마음이 편하지 않다.

오후 4시. 벌떡 일어나 옷을 챙겨 입고 태백으로 차를 몰았다. 도착하니 7시다. 나를 보시니 쇠하신 기력에도 반가워하시는 모습이 가슴에 와 닿는다. 모처럼의 연휴에 내려오지도 않고 피곤하다는 핑계로 집구석에서 빈둥거린 아들 놈을.

여느 때처럼 마당에서 삼겹살을 굽고 사 가지고 간 전복죽과 평소 좋아하시던 요구르트를 마지못해 조금 입에 대시는 것이 평소와는 뭔가 다르셨다. 저녁을 먹고 누나와 이런저런 이야기를 하고 있는데 누워 있는 것조차 힘드신지 엎드려 계속 기침에, 가래를 뱉으신다.

어머니의 그 가래와 기침 소리를 들으며 자는 둥 마는 둥 하다 보니 어느덧 새벽 3시 30분이다.

대전 사무실에 제시간에 출근하려면 4시 전에는 출발해야 한다.

"돈… 있냐?" 뜬금 없는 돈 걱정이시다. "왜요?" "…." "왜 그러시냐니까요?" "…그냥….' '그냥'이라는 헛심 빠지는 대답이 힘들게 돌아온다. 그리고 "…죽으면… 묻지 말고… 태워라… 화장하라고… 산에… 뿌려…."

연신 기침에 '크르륵 크르륵' 가래가 말씀을 잘라먹는다.

"왜요! 왜 그런 소리를 하시는 거예요? 참내, 참내." 그런 말씀 못하도록 압력을 보낸다.

그러면서 누나에게 오늘 모시고 재생병원에 입원을 하라고 당부하고 어머니께는 누나 힘들지 않게 말 잘 듣고 하자는 대로 하시라고 단단히 일러두고 일어서는데 "…조심… 가래이…." 하신다. 못 들었다.

겨우 까닥이시는 손을 보고 지레 짐작할 뿐.

떠나보내는 아쉬움에 파르르 떠시는 손잔등을 뒤로 하고 올라왔다.

연휴가 끝난 후에 시작하는 한 주라 바쁘게 마무리하고 오후 5시쯤 다음 날 목포에서 강의가 있어서 광주로 이동했다. 새벽 4시, 태백에서 출발해 대전을 거쳐 저녁 7시에 광주에 도착한, 그렇게 긴 하루였다. 누나가 어머니를 모시고 저녁에 분당 재생병원에 도착했는데 어머니께서 형님 집에서 좀 씻고 가시겠냐고 하여 그렇게 형님 집에 가셨다. 씻으시고는 하루 주무시고 입원하시겠다 하셔서 일정을 하루 연기하기로 했단다.

다음 날 새벽 4시, 어제와 비슷한 시간에 휴대전화가 급하게 운다.

털썩, 가슴이 내려앉는다. 형님의 다급한 목소리가 들려온다.

"자넨가? 어머님이 주무시다가 숨을 안 쉬시네. 병원으로 이동하네."

"네엣? 왜요?"

"씻고 저녁 좀 드시고 거실에 주무셨는데 그렇네. 일단 올라오게! 거의 상황 종료인 것 같네."

"알겠습니다."

문제는 여기서부터다.

'어차피 어머니는 임종을 앞두셨고 아침부터 사람들이 교육 받으러 올 텐데.' 하는 생각이 마음속에서 설득력을 얻고 있었다.

그렇게 망설이기를 30~40분. 막내로부터 어머니께서 돌아가셨다는 연락을 받았다.

광주 팀장에게 전화하고 어차피 못 본 임종, 교육을 마치고 올라가겠다고 하니 나중에 후회하지 말고 올라가란다. 또 갈등했다. 이러면 내가 잘난 척한다고 사람들한테 욕먹을지도 모른다는 생각이 들자 그제야 서울로 향했다.

이순신 장군은 전장에서 적을 토벌하러 가시는 중에서도 아픈 모친께 새벽 문안을 하셨는데⋯. 연휴에도 뭐 그리 피곤하다고, 그리고 무슨 독립운동하는 것도 아니고 돌아가실지도 모른다는데 갈등이라니⋯.

> 지금도 슬픈 생각에 고요히 귀 기울이면 우리 어머니의 기침 소리가 은은히 여태도 귀에 들려온다. 황홀하게 사방을 둘러봐도 기침하는 내 어머니의 그림자는 또한 볼 수가 없다. 이에 눈물이 솟구쳐 얼굴을 적신다.
>
> ─『청춘의 문장들』 김연수. 마음산책(2010)

김연수 작가가 책만 보는 바보, 간서치 이덕무의 어머니에 대한 글을 『청춘의 문장들』에 옮겨 놓은 것이다. 모친에 대한 애절함이 느껴진다.

나는 오늘 어머니가 몹시 그립다. 눈으로 생각하면 시커먼 도계 장터 한 켠에서 묵이 담긴 큰 대야를 앞에 놓고 언 손 불어가며 묵 파시는 모습이고, 귀로 생각하면 하루를 시작하는 새벽부터 잠자리에 드실 때까지 "콜록⋯ 콜록⋯ 크르륵⋯ 크르륵⋯." 기침과 가래 소리가 어머니다.

내 어머니의 기침 소리. 그것과 너무 닮은 글이라 한 소절 초서해 보왔다.

어머니! 그립습니다. 보고 싶습니다.

가족에 대한 고백

> 어느 때에는 내가 무엇을 짓다가 마음에 맞지 아니하여 쓰던 것
> 을 집어 던지고 화를 낼 적에 "왜 마음을 조급하게 잡수세요! 저
> 는 꼭 당신의 이름이 세상에 빛날 날이 있을 줄 믿어요." 우리가
> 이렇게 고생하는 것이 장차 잘될 근본이야요." 밤이 깊도록 다
> 듬이질을 하다가 쓸어져 곤하게 자는 그의 파리한 얼굴을 들여
> 다보며, "아아, 나에게 위안을 주고 원조를 주는 천사여!"
>
> – 『빈처』 현진건 지음. 삼성출판사(2005)

1921년 〈개벽〉에 발표된 현진건의 단편 소설 『빈처』의 내용이다.

작가는 자신의 삶을 반추하면서 가난한 작가 곁에서 빈곤한 살림을
꾸려 가면서도 남편의 성공이라는 풋풋한 꿈을 간직한 채 묵묵히 뒷
바라지하는 애틋한 아낙네로 아내의 모습을 그려낸다.

순간 내 아내의 모습이 교차되어 떠오른다.

앞에서도 언급했지만 그놈의 술, 2580, 뇌경색, 강등, 돈, 부문장 등
길고 거칠었던 그 길을 함께했다.

대부분 술과 함께 돌아오거나 아니면 일거리를 지고 초인종을 누른
다. 그런 날은 늦은 시간까지 함께 달린다.

아이들 입학식과 졸업식 한번 못 가 봤는데 벌써 딸이 대학 졸업반이란다. 술 먹고 들어와 툭 던지는 "애들은?" 이 한마디가 애들 교육의 전부였다.

애들 어렸을 때는 한 놈 업고 한 놈 걸리고 문화센터에, 유치원에 데리고 다녔고 학교에 들어간 뒤부터 고등학교 졸업할 때까지 거의 입시 전문가가 된 내 아내.

그렇게 25년이 흘렀다.

지금 이 순간도 아내는 내 걱정을 이고 산다.

잘릴까 봐 걱정이요. 책 잘 안 나올까 봐 걱정이요. 쓰러질까 봐 걱정이요. 모든 게 다 걱정이다.

아내에게 꼭 한마디 해야겠다.

승희야, 미안하다. 그리고 사랑한다. 많이 많이.

태안에 계신 장인어른 이야기를 아니할 수 없다.

지난 2월 말, 일본으로 떠난 3박 4일간의 직계 가족 팔순 기념 가족 여행에 나만 가지 못했다. 그런데 오히려 어르신께서는 당신들만 다녀왔다며 미안해 하신다.

장인 어른께서는 구본무 회장님 일정과 근황을 포함하여 차석용 부회장님. 회사 실적 등 그룹 돌아가는 상황을 나보다도 더 훤히 꿰고 계신다.

신문에 나오는 우리 회사 관련 기사는 모조리 외우시는 것 같다.

어르신 생신이나 명절에 뵙게 되면 줄줄 관련 기사들이 쏟아지니 말이다.

그것이 다 사위에 대한 믿음이고 사랑이라는 것을 왜 모르겠는가?

"장인 어른! 죄송합니다."

몸이 불편하시면서도 가족들에게 용기와 힘을 주시는 우리 형님, 겉으로는 항상 웃으시지만 몸의 반쪽을 평생 짊어지고 다니시려니 얼마나 답답하시겠습니까? 자주 찾아 뵙지도 못하고 항상 기슴에 죄송함을 품고 삽니다. 형님, 죄송합니다

끝으로 나의 DNA 다명이와 다을이.

먼저 대학 졸업식에는 꼭 갈게. 많이 미안하데이.

잘 커줘서 고맙데이.

한마디 더 하자면 모든 일에 '정직'이 답이란다.

너희들이 가고 싶은 길을 가거라.

그리고 너희들만의 스토리를 써라!

친구에 대한 고백

2014년 2월 24일 월요일 밤 9시 7분

전화벨이 울린다. 친구 찬이가 고속도로란다.

갑자기 내가 보고 싶어서 천안으로 내려온단다.

다른 이유는 없단다.

그런 친구의 전화를 나는 이렇게 받았다.

"야, 인마! 안 돼! 나 바쁘다. 내일 부산 출장인데다가 지금 보고서

쓰고 있다. 돌아가래이!"

친구는 내려오겠다고, 난 안 된다고 서로 옥신각신했다.

결국 내가 이겼다.

아내와 딸아이의 지원 사격이 컸다. 눈치를 봤다는 이야기다.

머저리 같은 놈! 자랑이라고.

삶이 그믐달처럼 오그라들었다는 글귀가 턱밑에 와 닿던 『그들은 소리 내 울지 않는다』의 저자이자 이 시대를 대표하는 사회학자 송호근 교수의 조언이 떠오른다. 그는 자신의 휴대전화 전화번호부에 수록된 750명에 대하여 친밀도에 따라 네 가지 관계망으로 분류하고 퇴직하면서 관계망의 중요도가 변화하는 것에 대해 담담하게 대처하는 지혜를 언급했다.

첫 번째가 가장 친밀도가 높은 가족과 혈연으로 구성된 경제적·심리적·정서적 안정을 생산하는 가장 중요한 관계망으로 30명 정도라고 한다. 나도 그 정도는 되는 것 같다. 두 번째가 친구, 친한 동료 등 친하게 이야기할 수 있는 관계다. 표현이 적당할지 모르겠지만 의기투합해 모든 것을 잊고 자빠질 수 있는 아주 친밀한 관계망으로, 50명을 꼽았다. 여기서 구멍이 뚫린다. 밤새 한잔 하고 자빠질 수 있는 사람이 그리 많지 않다는 것이다. 세 번째가 친구처럼 속에 있는 이야기는 할 수 없지만 그런대로 한잔 하고 사업 이야기도 할 수 있고 공적 담론, 조언과 충고를 서로 주고받는 친근 관계망으로 100명을 꼽았다. 나도 그럭저럭 머릿수는 맞출 수 있는 것 같다. 마지막 네 번째가 직장 생활이나 사회 생활을 하면서 맺었던 공적 관계로 형성된 집단이다. 이는 퇴직하면 거의 와해되는 공적 관계망으로 나머지 500명을 여기에 분류해 놓았다. 굳이 사돈 측보다 손님 수에서 밀리고 싶지 않은 마음처럼 비정하게 만든다고 하면 나도 못 만들 리 없겠다.

송호근 교수는 대놓고 한발 더 나아가 친밀 관계망은 두 번째란다. 앞만 보고 달리다 보면 아내가 '낯익은 타인'으로 다가오는 황혼이혼이 뉴스에만 나오는 이야기가 아니라는 것이다. 제목에 낚였지만 그 제목 하나가 나에게 큰 울림을 준 심리학자 폴 퀸네트(Quinnett, Paul G.)의 『인생의 어느 순간에는 반드시 낚시를 해야 할 때가 온다』라는 책의 제목과 같은 상황은 누구에게나 반드시 온다.

공적 관계망, 친근 관계망 모두 소중하지만 나처럼 자칫 친하다는 이유로 친구와 같은 친밀 관계망을 스스로 걷어차는 일은 없어야겠다.

"찬아! 미안하데이!"

야박하고 계산적으로 꼭 퇴직 후를 위한 적금 차원이 아니라 친구親舊는 다른 각도로 봐야 한다는 생각이 든다.

논어의 첫 세 문장을 초서한다.

學而時習之, 不亦說乎
有朋自遠方來, 不亦樂乎
人不知而不, 不亦君子乎

학이시습지, 불역열호
유붕자원방래, 불역락호
인부지이불온, 불역군자호

배우고 때때로 익히면 이 또한 기쁘지 아니한가?

벗이 있어 먼 곳에서 찾아온다면 이 또한 즐겁지 아니한가?

남이 나를 알아주지 않더라도 성내지 아니하면 이 또한 군자가

아니겠는가.

-『논어』「학이 편」

『논어』는 전 20편, 482장, 600여 문장으로 알려져 있다.

그런데 그 수많은 문장들 중에서 왜 유독 이 세 문장이 가장 앞에 놓여 있을까? 600여 문장 모두 다 금과옥조金科玉條이나 그중에 가장 중요한 의미를 갖기 때문이라고 나름대로 해석해 본다.

첫 번째 문장은 인간의 자기 완성을 위한 끊임없는 공부와 수행을 강조했고 두 번째 문장은 사회적 동물로서의 인간 관계를 본능적 차원에서 언급한 것이라는 생각이 든다. 세 번째 문장은 인간으로서 가장 고귀한, 한 단계 승화된 경지를 우회적으로 이야기하고 있는 것 같다.

옳고 그름에 대한 조언은 사양한다. 쓰면서 느껴진 대로 내뱉었을 뿐이다.

친구들이 보고 싶다.

애빌린 패러독스와 루브 골드버그 장치

기온이 40도까지 올라가는 더운 여름, 어느 일요일 오후에 하비 교수는 처가에서 선풍기를 틀어 놓고 느긋하게 쉬고 있었다.

그런데 장인이 뜬금없이 '애빌린에 가서 외식이나 할까?' 하고 건의한다. 식구들 모두 이 더운 날 80킬로미터나 떨어진 애빌린까지 가는 것이 내키지 않았지만, 다들 별다른 반대 없이 따라 갔다.

－『독수리의 눈, 사자의 마음, 그리고 여자의 손』, 이춘성 지음, 쌤앤파커스(2012)

서울아산병원 정형외과 이춘성 교수의 책 『독수리의 눈, 사자의 마음, 그리고 여자의 손』을 보면 직장인들이 수없이 겪는 '애빌린 패러독스(Abilene Paradox)'에 관한 이야기가 나온다.

특히 조직 생활을 하다 보면 남들이 다하니까, 높은 사람이 하니까, 분위기가 그러니까 등 여러 가지 이유로 인해 당신도 밥 한 끼 얻어먹으려고 무더운 날 80㎞를 달린 하비 교수처럼 아내와의 약속을 뒤로 하고 아니면 먹고 싶지 않은 자장면을, 그것도 아니면 부장님 입맛에 따라 별로 맛도 없는 맛집 순례에 초대를 받은 적은 없는가?

요즘은 모두 사라졌지만 10여 년 전만 해도 고약한 선배들 때문에 겪었던 고충들이 생각난다. 그리고 나도 배운 도둑질을 하듯 거의 같은 수준으로 부하 직원들에게 몇 번 직위만 믿고 생각 없는 샐러리맨 짓거리를 한 것 같다. 무한 반성한다.

'루브 골드버그 장치(Rube Goldberg Machine)' 하면 무엇이 제일 먼저 생각나는가? 당연히 고양이 톰이 항상 제리에게 골탕을 먹는 만화영화 '톰과 제리'일 것이다.

루브 골드버그 장치는 최소한의 단순한 결과를 위해 최대의 노력을 기울이는 인간을 풍자하는 말로 알려져 있다. 특히 직장 생활을 하면서 곳곳에서 그런 요소들을 많이 발견할 수 있다.

처음 입사했을 때 우리 회사도 보고서 하나를 작성하는 데 가능한 한 페이지 수를 늘리기 위해 온갖 논리와 가정에 가정을 붙이기 일쑤였다. 한마디로 일을 위한 일이었고 보고를 위한 보고서가 주류를 이룬 시절이었다. 차 부회장님께서 1페이지 이상인 보고서를 읽지 않겠다고 선언하면서 그 후 보고서를 만든다고 시간을 허투루 보낸 기억은 없다.

그리고 끝으로 잠시 부끄러운 경쟁심으로 나 스스로에게는 물론이고 부하 직원들에게도 불편한 모습을 보인 것에 대하여 KBS 드라마 '불멸의 이순신' 88회분에 나오는 대사로 미안함을 대신한다.

> 조선의 이름으로 우리는 모두 하나임을 명심해야 할 것이다. 내가 전장을 벗어날 수 있는 것은, 오직 그대들 한 사람 한 사람 조선수군의 저력을 믿기 때문이니. 그대들이 먼저 마음을 열고 통제사 원균에게 이 나라 조선에 대한 충심을 보이라.
>
> – KBS 드라마 '불멸의 이순신' 2005년 7월 3일 방영분

수많은 날들을 지나 오면서 조직을 위해서 희생한 나의 욕망이여!
인내와 고통의 순간들을 지나 모두 털고 일어선 당신이여!
샐러리맨의 이름으로 당신의 불편한 진실들을 이해하고 위로한다.

생각하는 샐러리맨

●

"To be or not to be that is question!"
"To be or not to be that is question!"
…
"To be or not to be that is question!"

수십, 수백 번 읽는다….

"있느냐! 없느냐! 생각이 문제로다!"
"소유냐! 존재냐! 그것이 문제로다!"
"자아(ego, 自我)를 묻고 욕망을 흐르게 하라!"

'To be'인가? 'Not to be'인가?
거피취차去彼取此.

"어이, 샐러리맨! 당신의 결정이 'To be'다."

●

일의 의미

혼자가 된 늙은 사자 한 마리

늙은 숫사자가 지긋한 표정으로 멀리 세월을 본다.

숨가쁘게 달려온 지난 세월이 눈가에 묻어나고 꽉 다문 입가에는 다가올 운명을 마주하는 비장함이 흐른다.

언젠가 늙은 사자의 굴욕을 보았다.

사자는 초원에서 힘센 숫사자를 중심으로 집단 서식한다. 세월이 흐르면 조직에서 서열 다툼이 시작되고 싸움에서 이긴 젊은 사자에게로 무리가 이동한다. 그리고 깊은 상처를 입은 늙은 사자는 조직을 떠나 홀로 초원으로 나선다. 상황 파악이 빠른 하이에나 무리들이 어느새 늙은 사자에게 달려든다. 안간힘을 쓴다. 서럽지만 그렇게 숫사자는 최후를 맞는다.

인간의 치열한 삶을 사자들의 서열 다툼이 설명해 준다.

50대 중반을 넘기고 직장 생활 10,000일을 바라보면서 지긋이 입을 다문다. 목숨이 다하는 그날까지 사자가 먹이를 사냥하듯 내 일을 하겠다고 다짐하며 주먹에 불끈 힘을 준다.

먹이를 차지하기 위한 사자의 싸움은 인간에게는 일이다. 밥으로서의 일 말이다.

여기서 잠시 파스칼(Blaise Pascal)의 이야기를 들어보자. 그는 『팡세』에서 '인간은 생각하는 갈대'라고 일갈한다. 자연적인 존재로서의 인간은 약하지만 생각하는 존재로서의 인간은 강하고 위대하다는 것이다.

나름대로 해석해 본다.

자연적인 존재로서의 자신을 유지하기 위해서는 단지 밥을 확보하기 위한 일이 필요하다. 하지만 생각하는 존재로서의 실체를 완성하기 위해서는 자기만의 정체성을 갖춘 욕망이 흐르는 몰입 가능한 일이 필요하다는 생각을 가지고 있다.

『그대 스스로를 고용하라』의 저자이자 변화경영전문가인 고故 구본형 선생은 일에 대하여 툭 터놓고 '밥이요, 존재.'라고 했다. 밥으로서의 일은 너무나 진지하고, 존재로서의 일은 태도로 거듭난다는 것이다

일의 가치는 객관적으로 주어지는 것이 아니라 일에 대한 태도가 곧 그 일의 가치를 결정한다.

예를 들어 병을 고쳐 사람을 기쁘게 하는 일이라고 생각하면 의료업은 좋은 일이지만 매일 아픈 사람들과 살아야 한다고 생각하면 고된 일이며 말 그대로 직업이 된다는 것이다. 누군가를 처음 만나면 으레

상대방이 무슨 일을 하는 사람인가를 탐색하기 위해 명함을 주고받는다. 서로 친근한 사람들끼리는 "일은 잘되어 갑니까?"라며 마치 일과 직업이 그 사람인 양 묻고는 한다.

어쩌면 내가 하는 일은 바로 나인지도 모른다. 그러기에 내 일에 대하여 깊이 생각하고 고민하는 것은 나의 본질에 가까이 가는 것이라는 해석이 가능하다.

생각하는 샐러리맨이라면 지금까지 살면서 바쁘냐는 이유로 생각해 보지 못한 것들에 대하여 생각을 한번 해 보자는 것이다. 무슨 정답을 찾자는 것은 아니다.

일과 직업에 대하여 소유와 존재의 관점에서 바라보고 의미 있는 일이란 따로 존재하는 것인지 아니면 의미를 부여하겠다는 의지의 문제인지에 대해 생각해 보자는 것이다. 나아가 삶에 있어서 직업과 일은 어떤 의미인지 그리고 내 못난 직업도 스토리를 입히면 내세울 만한 멋진 직업이 될 수 있는지 등 나의 일에 대한 답 없는 논쟁에 당신을 초대한다.

여기에 응한다면 이미 당신은 '생각하는 샐러리맨'이다.

경마장 가는 일

일과 직업을 이야기하면서 이 친구를 빼놓을 수는 없다. 앞에서 언급한 것처럼 내가 보고 싶다며 서울에서 천안으로 저돌적으로 대시(Dash)했던 바로 그 친구다. 나와는 무덤까지 같이 갈 놈이기에 프라

이버시 같은 것은 따지지 않고 그와 관련된 에피소드를 소개하고자 한다.

그 친구는 경마장 가는 일이 일이고 경마장이 직장이다.

마쓰시다가 말한 천직을 갖고 있는 친구다. 주말이면 경마장에서 말 궁둥이를 쳐다보며 어떤 녀석이 잘 뛸지를 판단하여 알려주고 먹고사는, 남이 보면 신선놀음하면서 돈 버는 경마 애널리스트(Analyst)다. 그런데 중요한 것은, 놀라지 마시길. 그 일로 한 달에 몇천만 원을 번다는 것이다.

몇 년 전, 친구가 그 일을 해 보겠다고 했을 때 모두들 쌍수를 들고 반대했다. 도박이 직업이 될 가능성을 염두에 둔 만류였다. 그러나 지금은 상황이 많이 달라졌다. 원래부터도 친구라고 하면 자다가도 벌떡 일어나는 놈이기는 했지만 요즘에는 건강이나 경제적 어려움으로 힘들어하는 친구들을 찾아다니며 돈 쓰고 함께 시간을 보내며 사람답게 산다는 것이다.

어제 모처럼 전화 한 통화 했다. 잘 지낸단다. 그런데 "넌 좋겠다. 윗사람 눈치 안 봐도 되고 보고서 안 써도 되고 늘그막에 돈도 많이 벌고 명퇴 걱정도 없고…."라는 나의 부러움에 가득한 넋두리에 해 보지 않고는 말을 말라는 답이 돌아온다. 돈은 되지만 매일 새벽 4시부터 수백 마리의 말이 운동하는 것부터 챙겨야 하고 그곳에도 고객 관리가 있는지, 10번 잘 맞히다 한번 실수하면 엄청나게 쏟아지는 고객들의 항의가 장난이 아니란다.

그리고 마지막 한마디가 비수처럼 날아온다. "아직 우리나라는 경마에 대한 인식이 안 좋아. 외국은 레저로 완전히 정착했는데…."

우리는 편하게 일하면서 돈을 번다고 부러워하지만 또 다른 것이 있다는 듯하다. 다시 말해 일하는 의미가 '밥' 외에도 같이 사는 사람들의 인정과 그 인정을 넘어 자신의 '존재'에 대한 확인과 인식, 깨달음 같은 것이라는 뉘앙스가 전화기를 타고 흐른다.

흔히 내가 하는 일을 단순한 밥벌이로 생각하기 일쑤지만 개념을 조금 확장 또는 포장해 보면 도전과 성취라는 도구를 이용한 목표의 달성과 실적, 그로 인해 나온 보수나 수익에 따라 자신이 삶에 충실한지 아닌지, 일을 열심히 하는지 아닌지를 판단한다. 그러나 이런 식의 일에 대한 이해와 자세는 한계가 있다.

이해를 돕기 위해 나의 경우를 예로 들어 보겠다. 회사에서 하는 업무 목표와 직책 그리고 그로 인해 나오는 봉급과 성과급만으로 내 일을 이해하기에는 무언가 1% 부족하다는 생각이다. 다시 말해 화장품을 파는 내 일을 매출을 포함한 업무 목표 달성과 대기업 간부라는 자부심(?), 바라는 직책으로의 승진 그리고 그에 따라 나오는 연봉과 성과급, 퇴직금만으로 설명해 보자. 그럴 경우 내 삶에서 생각하는 존재는 미미하고 자연적인 존재만이 덩그러니 자리를 독차지하게 된다는 것이다. 다음에 자세히 풀어보겠지만 한마디를 하고 가자면, 세월이 지나 퇴직하고 누군가에게 "당신은 젊어서 뭐했소?"라는 질문을 받았을 때 침 튀겨 가면서 군대 무용담을 들려주듯 부하 직원들이 내 말한마디면 벌벌 떨었다느니, 몇천억의 매출을 했다느니, 중국 특수로 화장품 도매업을 하기 위해 줄을 대는 사람들이 수없이 많다는 등….

이런 이야기가 나의 전부라면 얼마나 서글프겠는가?

그래서 나는 8년여 전이기는 하지만 내 전공인 화장품과 건강한 피부 관련 책을 냈었고 이렇게 또 한 권을 준비하고 있다.

나는 내 일, 즉 화장품에 대하여 나만의 의미와 내공을 깊게 입힘으로써 생각하는 존재에 대한 갈증을 푼다

일본의 금융그룹 SBI 회장이지만 기업가보다 오히려 일에 대한 멘토로 유명한 기타오 요시타카 씨는 생각하는 존재로서의 일이 자연적인 존재로서의 일보다 우선한다고 멘토링 한다. 일에서 정신적인 자아의 완성과 보람을 염두에 두고 순수하게 접근하다 보면 그 일이 천직이 되고 그렇게 되면 경제적인 문제들은 순차적으로 자연스럽게 따라오게 된다는 것이다. 답답한 고전이지만 너무 세상이 물질로만 흐르다 보니 귀가 솔깃한 것도 사실이다.

나는 중환자실에서 샐러리맨 고수를 보았다

내 일에 대한 선서
나는 일생을 의롭게 살며
내 일에 최선을 다할 것을
하느님과 여러분 앞에 선서합니다.

나는 인간의 생명에 해로운
일은 어떤 상황에서나
하지 않겠습니다.

나는 내 일의 수준을 높이기 위해
전력을 다하겠으며 일하면서 알게 된
개인이나 가족의 사정은
비밀로 하겠습니다.

나는 성심으로 함께 일하는 사람들에
협조하겠으며 내 일의 서비스를 받는
사람들의 안녕을 위해 헌신하겠습니다.

자기 일에 대한 엄숙한 다짐이다.

대학교 1학년 때 이렇게 선서식을 하고 본격적으로 자기 일에 대한 배움을 시작한단다. 맞다. 눈치챘을 것이다.

간호학과 학생들이 1학년 때 나이팅게일 선서식 때 읽는 선서문 중 '간호'라는 단어를 '내 일'로 바꿨을 뿐이다.

"나는 중환자실에서 샐러리맨을 보았다."

앞서 즉사의 고비를 맞이했던 이야기를 할 때 언급하기는 했지만 제목이 다소 생뚱맞게 들릴지 모르겠다.

지난 3월 협심증으로 병원 신세를 지고 난 다음부터 간호사들에 대한 나의 인식이 근본적으로 바뀌었다. 중환자실에 있는 이틀 동안 환자를 간호하는 일은 그냥 돈 벌기 위한 수단으로만 생각해서는 도저히 할 수 없는 일이라는 것을 알게 되었기 때문이다. 움직일 수 없는 환자들의 대소변을 받아 내고, 호흡이 곤란해 "크르륵, 크르륵…." 소리를 내는 환자들의 가래를 일일이 제거해 주고, 내가 봐도 한 대 쥐어 박아주고 싶을 정도로 말 안 듣고 고집 부리는 환자들을 돌보고, 그날 밤 내 옆 침상 할머니의 죽음처럼 수많은 죽음들을 봐야 하는 직업. 연봉이 얼마나 많은지는 모르지만 간호사는 나이팅게일 선서문의 내용 중 "일생을 의롭게 살며 내 일에 최선을 다할 것을 하느님과 여러분 앞에 선서합니다."라는 문구를 정신에 깊이 조각했기 때문에 가능한 직업이라고 생각한다. 시간이 지날수록 자연스럽게 느낄 수 있었다. 그들의 타인에 대한 배려와 베풂의 정신에 대한 자긍심을 말이다.

간호의 본질이 환자를 돌보는 배려와 베풂이기에 대소변과 가래를 받아 내고 죽음을 지키는 등 고통스러울 수밖에 없는 일을 아무 거리낌 없이 해낼 수 있는 게 아닐까?

이와 같이 중요한 것이 본질이다. 본질에 충실함으로써 간호사들은 백의의 천사로 자신의 일에 아름다운 스토리를 입힐 수 있는 것이다.

좀 엉뚱하지만 일의 본질을 이야기할 때 이 사람도 한몫한다.

미 항공 우주국 나사(NASA)의 전설적인 우주비행사 딕 슬레이턴(Deke Slayton)이다.

그는 1959년 동료 몇 명과 함께 나사의 우주비행사 1기로 선발되었다. 그리고 1962년 동료들 중 두 번째로 인공위성을 타고 지구를 도는 우주비행사가 될 예정이었으나 예정일을 2개월 앞두고 심장에 문제가 생겨서 낙마하고 만다. 그 후 슬레이턴은 데스크 업무인 우주비행사실 실장으로 근무하게 된다. 그리고 우주비행사의 채용 면접 및 합격자 중 우주선의 승무원을 선발하는 것을 포함하여 우주비행사에 관한 한 최고의 권력을 가지게 된 것이다. 그러나 슬레이턴이 원했던 것은 권력이 아니라 우주비행사의 본질인 우주비행이었다.

자신이 원하는 것을 이루기 위해 슬레이턴은 실장으로서의 직무를 수행하면서도 비행에 문제가 없도록 심장을 관리하며 기회를 엿보게 된다. 그리고 13년이 흐른 뒤 우주비행사실 실장이라는 권력을 뒤로 하고 평범한 우주비행사로 비행 훈련에 참가해 드디어 1975년, 그의 나이 51세에 '백발의 우주비행사'라는 아름다운 기억을 미국 국민들에게 선사하게 된다.

이야기가 길어졌지만 정리하자면 지상에 있는 모든 일에는 본질이 있다 는 것이다. 예를 들면 대학 교수들에게 본질은 학문이지 보직이 아니기에 권력에 접근하는 교수는 미래를 기약할 수 없다.

화장품 파는 일을 하는 나도 단순하게 매출과 이익, 조직관리 등 일반적인 업무만을 내 일이라고 생각했다면 10,000일 가까이 샐러리맨으로 살아오기 힘들지 않았을까 한다. 근본적으로 화장품의 본질은 인간의 신체 기관 중 하나인 피부를 건강하게 함으로써 세상을 아름답게 한다는, 내 일에 대한 자부심이 있었기에 회사 생활을 하면서 매우 힘들지만 이렇게 책도 쓰는 것 아니겠는가?

또 한 가지 더 있다.

간호사들에게서 또 하나의 인자를 본 것이다.

온통 병원 이야기라서 소독약 냄새가 나는 듯 코가 간지럽다. 마찬가지로 중환자실에서의 일이다.

"A라인 잡았다, A라인!" 하는 소리가 무거운 침묵이 흐르는 중환자실의 정적을 깬다. 마치 심마니가 "심봤다!"를 외치듯 간호사 한 분이 사경을 헤매는 할아버지의 왼쪽 발목에 주사 바늘을 꽂고 거의 팔

짝깍짝 뛰는 수준이다. 잠깐 설명을 더하면 A라인은 동맥을 뜻하는 'Artery'의 이니셜에서 비롯된 것으로 혈액 채취 시 주사 바늘을 동맥에 꽂았을 때 'A라인을 잡았다.'는 표현을 쓴다. 정맥에 꽂으면 'Vein'의 이니셜을 따서 V라인을 잡았다고 한다. 그런데 A라인은 피부 가까이에 있는 V라인보다 깊숙한 안쪽에 위치하고 있어 오랜 내공이 있어도 쉽게 찾기 힘들다. 그런데 그 간호사 분이 그날 처음으로 A라인을 잡은 것이다. 중환자실은 베테랑 간호사 분들만 근무한다는 것을 감안하면 그 기쁨을 이해할 수 있을 것 같다. 그나저나 생사의 갈림길에 있는 환자 앞에서 대체 A라인이 뭐길래 그토록 반가워하며 팔짝팔짝 뛴단 말인가?

또 하나의 인자가 바로 이것이다. 환자가 옆에서 죽어가도 웃을 수밖에 없게 만드는 그 무엇. 그것은 힘들게 노력하여 성취하는 순간이다. 물론 작게는 목표 달성과 승진 같은 것도 포함되지만 A라인을 잡은 간호사처럼 순수하게 자기 실력이나 역량이 향상되었다는 것을 스스로의 잣대로 인정하게 될 때, 그 기쁨은 느껴본 사람만이 알 수 있다.

나도 회사 생활하면서 어렵게 내 전공인 화장품과 피부 관리에 대한 첫 책을 출간했을 때의 기쁨이 부문장 승진했던 날의 그것보다 더 컸던 것 같다. 그것은 승진이나 아파트 등과 같은 돈과 직결되는 것과는 분명 다른, 오묘한 무엇인가를 내포한다. 빙빙 돌아왔지만 그것이 바로 소유가 아닌 존재 아니겠는가? 'To be' 말이다.

좋아하는 일을 찾으셨습니까?

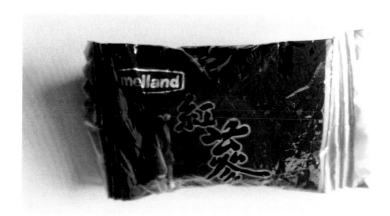

어느 택시 기사 분이 주신 사랑의 사탕 하나

나는 한동안 이 사진 속 사탕을 놓지 못하고 며칠을 양복 주머니 속에 넣고 다니며 만지작거리며 전의(?)를 불태웠다. 그리고 영원히 남기기 위해 카메라에 담았다. 이렇게 그 기사 분의 일에 대한 사랑은 내 책 속에서 영원한 삶을 시작하게 되었다.

나는 LG생활건강 방판 지방 부문을 맡고 있기 때문에 근무지가 대전이다. 그래서 광화문에 위치한 본사에서 회의나 교육이 있을 때마다 서울을 수시로 들락거린다. 서울에서 회의라도 있는 날이면 서울역에 내려서 주로 택시를 타고 본사가 있는 광화문까지 이동하는 경우가 많다.

그러나 매번 택시를 탈 때마다 나는 죄지은 사람처럼 주눅이 든다. 왜냐하면 서울역은 택시들이 승강장에서 줄지어 서 있다가 기차가 도착하면 차례대로 손님을 태우고 출발하는데 나한테 걸린 택시는 운이 지독히 없는 케이스라 할 수 있기 때문이다.

나의 목적지인 광화문까지는 거리가 짧아 요금이 3,500원 정도 나오기 때문에 택시 기사 분들 입장에서는 장시간 줄을 서서 기다리다가 탄 손님이 "광화문이요."라고 하면 김이 빠질 만도 하다. 그래서 택시만 타면 소심하게 안절부절이다.

그날도 여느 때와 같이 잔뜩 주눅이 들어 택시를 탔다.

"어서 오십시오! 문을 못 열어드려 죄송합니다. 어디로 모실까요, 손님?"

"아, 네. 광화문 흥국생명이요."

"네! 고맙습니다, 손님. 염천교를 지나 서대문 방향으로 경유하여 모시도록 하겠습니다. 그리고 작은 거지만 여기 사탕 하나 드세요."

주눅이 잔뜩 든 내게 밝은 목소리로 인사를 건네던 택시 기사 분이 내민 것이 바로 사진 속의 사탕이다. 그리고 10분 남짓 이동하는 동안 무슨 일로 오셨냐는 등 가볍고 즐거운 대화가 오갔다.

의미 있는 일이란 따로 존재하는 것이 아니라 순전히 의미를 부여하겠다는 의지의 문제라는 사실과 어떤 직업이라도 스토리를 입히면 내세울 만한 멋진 직업이 된다는 것을 깨끗한 한방으로 알려준 택시 기사님! 고맙습니다. 오늘도 파이팅입니다!

요즘 강연이나 TV에서 자주 듣게 되는 멘토링이 젊은이들에게 하고 싶은 일을 하라는 것이다. 좋아하는 일을 해야 효율적이고 몰입할 수 있으며 나중에 후회하지 않는단다.

부정하지는 않는다. 틀린 말은 아니기 때문이다.

하지만 긍정도 하지 않는다. 이 또한 쉬운 일이 아니기 때문이다.

같은 시대를 살아가는 동년배들은 같은 문화를 호흡하고 같은 교육을 받고 자라기 때문에 하고 싶은 것도 비슷하기 마련이고 시대가 달라짐에 따라 뚜렷한 치이를 보이게 된다. 우리 때는 상상도 못할 연예인이나 스포츠인들이 직업 선호도 상위에 당당히 이름을 올리는 것만 보이노 말이다.

그래서 이런 십계명을 가진 학교가 화제에 오르기도 한다.

1. 월급이 적은 쪽을 택하라.

2. 내가 원하는 곳이 아니라 나를 필요로 하는 곳을 택하라.

3. 승진의 기회가 거의 없는 곳을 택하라.

4. 모든 조건이 다 갖추어진 곳은 피하고 처음부터 시작해야 하는 황무지를 택하라.

5. 앞을 다투어 모여드는 곳은 절대 가지 마라. 아무도 가지 않는 곳으로 가라.

6. 장래성이 전혀 없다고 생각되는 곳으로 가라.

7. 사회적 존경 같은 것을 바라볼 수 없는 곳으로 가라.

8. 한 가운데가 아니라 가장자리로 가라.

9. 부모나 아내나 약혼자가 결사반대를 하는 곳이면 틀림없다. 의심치 말고 가라.

10. 왕관이 아니라 단두대가 기다리고 있는 곳으로 가라.

김난도 교수의 『아프니까 청춘이다』에 소개되어 유명세를 탄 경남 거창고등학교의 '직업 선택의 십계명'이다. 물론 거창고 학생들도 모두 십계명대로 사회 생활을 시작하는 것은 아니겠지만 한 가지는 분명한 것 같다. 블루 오션으로 가라는 것!

십계명 전체를 관통하는 의미처럼 남이 관심을 갖지 않는 블루 오션으로 가라는 말이다.

나는 젊은이들에게 하고 싶은 일을 하라고 하고 싶지는 않다. 지금 시대에 왠지 약 올리는 것 같기도 해서 말이다. 그보다는 힘들어도 남이 하지 않는 일을 하라고 조언하고 싶다.

이 문제에 대한 논쟁은 여기까지 하기로 하자. 그렇지 않아도 요즈음 젊은이들이 취업 전선에서 피어보지도 못한 채 어깨가 축 늘어져 있지 않는가? 좋아하는 일을 찾으라는 이야기는 어쩐지 부담스러울 것 같다.

기성 세대의 한 사람으로서 미안한 마음뿐이다. 하지만 누구처럼 쉬었다 가라고 위로하지는 않겠다.

> 무라카미 하루키의 에세이의 한 구절이었다. 계속 달려야 하는 이유는 아주 조금 밖에 없지만 달리는 것을 그만둘 이유라면 대형 트럭 가득히 있다. 우리에게 가능한 것은 그 아주 적은 이유를 하나하나 소중하게 단련하는 일뿐이다.
>
> – 정빈(건국대 경제학과), 중앙일보, 2012년 7월 28일자

그래도 진정한 자기 사랑과 담담함이 묻어나는 어느 대학생의 칼럼

이다.

그렇다. 자세히 보면 그들은 담담하다. 우리는 그들에게 좀 솔직할 필요가 있다. 난 그렇게 하기로 한다.

나는 여기서 학생의 말대로 솔직하고 담담하게 좋아하는 일에 대한 내 생각을 이야기하려 한다. 그렇게 하겠다.

물론 옳고 그름을 논하지는 않겠다. 이 책은 순전히 나의 생각을 담은 책이니 말이다.

희망의 증거

> 아버지는 파산하고, 무능한 엄마와 장애를 가진 언니를 제가 먹여 살려야 했습니다. 하는 일은 별로 맘에 들지 않았지만 밥벌이가 절실해 버티다 보니 여기까지 왔습니다.' 한마디로 먹고 사는 문제 때문에 할 수 없이 일을 했고 그러다 보니 지금의 성공을 거두었다는 것이다.
>
> ─『일생에 한번은 고수를 만나라』, 한근태 지음, 미래의 창(2013)

'살아서 전설이 되어버린'이라는 표현이 어울리는 명MC 바바라 월터스(Barbara Walters)의 거침없는 진솔한 입담이 부럽다. 충분히 "나는 타고난 천재다!"라고 외쳐도 의심할 사람이 없지만 그는 솔직하게 답한다. 좋아하는 일이 아니라 먹고살기 위해서, 식구들을 먹여 살려야 했기에 악착같이 일을 했다는 것이다.

그렇다. 주변을 돌아보라. 우리들의 아버지, 어머니, 누나, 동생이 아니겠는가? 나는 하기 싫은 일을 억지로 해야 한다고 몰아가는 시대에 뒤떨어진 사람은 아니다. 그러나 내가 좋아하는 일을 찾는다고 먼 길을 돌아 헤매는 동안 내 식구들의 안녕을 위해서는 누군가는 희망의 증거가 되기 위한 고초를 겪어야 한다는 기본적인 사실을 애써 외면하는 누는 범하지 말자는 것이다. 왜 가족이 아니고 '식구食口'란 말인가? 그만큼 우리 주위에는 밥으로서의 일에 익숙하고 절실한 사람들이 많다는 우회적 표현이다.

앞의 사모곡에서 엎드려 울었지만 40여 년이 흐른 지금도 어머니가 묵 팔러 다니실 때 쓰시던 큰 대야를 생각하면 목이 메인다.

항상 그렇게 그 자리에 계실 거라고 생각한 아둔한 머리를 어머니가 앉아 계시던 그 차디찬 아스팔트 바닥에 찧는다.

희생과 희망의 증거로서의 밥은 성스럽다. 사회적 동물로서 식구에 대한 배려와 식구들의 꿈과 관련된 밥은 감히 존재 이상의 것이다!

중풍으로 쓰러진 남편의 대소변을 12년이나 받아내며 올망졸망 다섯 자식들의 입에 풀칠이라도 시키기 위해, 시커먼 탄 가루 날리는 도로 한 켠에서 묵 대야를 앞에 놓고 입으로는 "자식들이 크게 되야 하는데, 크게 되야 하는데."를 달고 사신 김초월 여사, 내 어머니의 직업에 대한 스토리다.

지금까지의 이야기들을 정리해 보자.

좋아하는 일이 아니라도 극한의 배려를 바탕으로 하는 희망지기로서의 스토리가 있는 직업은 아름답다 못해 숭고하다.

자신의 직업에 아름다운 스토리를 입히자. 바바라 월터스나 내 어머니처럼 스토리를 입은 직업은 좋은 직업이 못될지언정 아름다운 직업으로는 손색이 없다. '직업에 대한 스토리' 하면 빠지지 않는 사람이 있다. 2011년 tvN '코리아 갓 텔런트'에 출연해 심사위원인 송윤아 씨와 박칼린 씨를 울리며 '한국의 폴포츠'라는 화려한 수식어를 달고 데뷔한 가수 최성봉이다. 그의 과거 직업은 껌팔이 소년이었다. 그러나 '오페라 가수를 꿈꾸는 껌팔이'라는 스토리가 입혀지자 전 국민이 감동의 눈물을 흘릴 만큼 아름다운 직업이 되었다.

지금 이 순간 내 직업에 희망지기로서의 스토리를 입히자.

근본으로 돌아가서 순수하게 바라보라

사진가이자 작가인 윤광준 씨는 자신의 책 『내 인생의 친구』에서 일과 직업에 대한 또 다른 사유의 단추를 제공한다.

2005년 이 책이 출간될 당시 윤 작가의 부모님은 연세가 일흔이 넘었는데도 음식점을 개업하고 파주 통일동산 근처인 집에서 꽤 먼 거리인 여의도까지 하루도 빠짐 없이 출퇴근하셨다. 무엇이 칠순이 넘은 노인들을 해장국집 사장님으로 내몬 것일까? 어느 날 윤 작가의 어머니가 꿈을 꾸었는데 "많은 사람들에게 맛있는 밥을 먹여라! 그것이 너의 길이니라."라는 계시를 받으셨다고 한다. 그리고 힘든 세상을 술힘으로 살아가는 평범한 우리네의 술에 지친 속을 풀어주고 값싸게 먹을 수 있는 해장국집을 내셨다. 이것이 이유란다. 장사는 여의도 3

대 맛집으로 사람들 입에 오르내릴 정도라니 물어보진 않았지만 잘되지 않겠나 싶다.

얼마나 순수한가? 사람들에게 맛있는 밥을 먹이기 위해 그 연세에 일이 힘에 부칠 법도 한데 50㎞가 넘는 거리를 하루를 마다하고 즐겁게 다니신다고 하니 말이다.

좋아하는 일은 이렇게 순수한 시각으로 볼 때 찾아지는 것이다.

세상에 모든 일은 그 일이 필요한 근본을 반드시 갖고 있으며 그 근본을 바라보는 순수성이 있어야 그 일이 즐거울 수 있고 세월이 지나면서 돈도 따라오게 된다. 식당을 운영하는 일의 근본 목적은 고객들에게 맛있는 밥을 제공하는 것이다. 이 노부부에게는 그 일의 본질인 맛있는 밥을 제공하는 것이 당신들의 길이라는 꿈이 있었고 그 꿈을 100% 믿는 순수함이 있었기에 노후에 돈도 벌고 하고 싶은 멋진 일을 갖게 된 것이다.

세상이 어떤 세상인데 순수하게 살라니 정신 나갔다고 하시는 분들도 많다. 우리는 언제부턴가 어떤 면에서 세상을, 아니 더 직설적으로 표현하자면 같이 살아가는 타인을 순수하게 보이는 대로 바라보지 않으려는 자기 보호 본능을 장착하고 살아가는 것 같다. 본질을 보지 않고 거기에 참가하고 있는 사람들의 심리까지를 고려 대상에 넣고 일을 바라본다는 것이다. 그리고 중요한 순수함은 믿음인데 그것이 없다는 것 또한 생각해 볼 문제다. 현대인은 믿지 못한다. 일단 의심하고 경우의 수를 고려하여 바라보기 때문에 하는 일과 타인을 순수하게 바라보지 못한다. 사람들이 좋다고 생각하는 직업들은 그만큼 갖기가 힘들뿐더러 그 직업을 유지하기도, 소위 말하는 뜨기도 쉽지 않다.

거창고 학생들의 직업 선택의 십계명 중에서 다른 것보다 유독 5번과 7번이 가슴에 와 닿는 이유도 바로 순수성 때문이다. 5번은 '앞을 다투어 모여드는 곳은 절대 가지 마라. 아무도 가지 않는 곳으로 가라.'이고 9번은 '부모나 아내나 약혼자가 결사반대를 하는 곳이면 틀림없다. 의심치 말고 가라.'이다.

이 두 개의 십계명이 제대로 맞아 떨어지는 분이 있다.

국립생태원장인 최재천 교수님이다. 얼마 전 들은 최 교수님의 통섭에 대한 강연이 생각난다. 특히 강연하면서 젊은이들에게 농담 반 진담 반으로 건네신 "줄이 짧은 곳으로 가라, 세계 최고가 될 수 있다."는 말씀이 매우 인상적이었다. '앞을 다투어 모여드는 곳은 절대 가지 마라. 아무도 가지 않는 곳으로 가라.'는 5번 조항과는 일치하다 못해 완전 100% 겹친다.

최 교수님은 강원도 강릉 출신으로 고등학교 때 공부를 잘했지만 서울대 의대에 두 번 떨어지고 2지망으로 서울대 동물학과에 진학했다고 한다. 의예과가 아닌 동물학과니 공부할 맛이 났겠는가? 그래서 그냥 의미 없이 어슬렁거리다가 우연히 자크 모노(Jacques Lucien Monod)의 『우연과 필연』이라는 책을 읽고 생물학에 전념하여 세계적인 생태학자가 되었다. 지금도 의예과에 떨어진 것을 천운이라고 생각하신단다. 의예과에 합격하여 의사가 된 친구들이 자신을 많이 부러워한다고도 한다. 매일 환자들과 실랑이하는 의사보다 생태학자가 훨씬 좋고 애착이 간다는 것이다. 나이 들어 정서적으로도 소독약 냄새보다는 풀 냄새가 한결 풋풋할 것 같고 몸에도 좋을 것 같아 그의 생각에 동의한다.

본론으로 돌아와 "줄이 짧은 곳으로 가라. 세계 최고가 될 수 있다." 는 것에 대해 이야기해 보자. 하버드에서 박사 과정을 밟고 있을 때 최 교수님은 다른 모든 생태학자들이 주로 하는 개미와 벌 대신 흰개미와 가까운 민벌레를 연구했다. 민벌레를 연구한다고 발표한 순간 자신이 세계 1인자가 되었다고 한다. 이제 감이 잡힐 것이다. 그때까지 세계적으로 민벌레를 전문적으로 연구하는 생물학자가 없었으니 1인자일 수밖에. 그래서 줄이 짧은 곳으로 가라는 것이다.

머리가 자동으로 끄덕여지는 대목이다. 돈 안 되는 민벌레를 붙잡고 이 험한 세상을 헤쳐 나가야 하니 순수한 마음이 아니고서야 가능했겠는가?

나도 이렇게 책을 쓰고 있지만 어찌 보면 미친 짓이다. 정말 특별한 회사 일이 아니고는 퇴근 후 6시부터 12시까지 식사 시간을 뺀 5시간 내내 원고를 쓴다. 그리고 주말에도 토요일 오후부터 일요일 저녁 11시까지 그야말로 강행군이다. 왜 이렇게 열심히 쓰겠는가? 돈? 아니다!

어쩌면 아직 확실하지 않은 내 일을 찾기 위한 무모하리만큼 순수한 도전이라고 주장하고 싶다.

자기가 하고 싶은 일이나 직업의 본질에 대한 깊은 내공은 기본이고 그것을 대하는 자세가 순수해야 한다는 이야기를 너무 길게 한 것은 아닌가 한다.

찾으려 하지 말고 준비하라

> 천직이나 적성은 눈앞의 일에 혼신의 힘을 다해 전력투구하는
> 사이에 자연스럽게 찾는 것이다. 즉, 사전적으로 존재하는 것이
> 아니라 자신이 조금씩 만들어 가는 사후적인 것이다. 처음부터
> 자신에게 100% 맞는 일은 존재하지 않는다.
>
> -『현장이 답이다』다카하라 게이치로 지음, 양준호 옮김, 서울(2007)

현장 우선 아니, 맹신주의자로 사업을 하면서 700여 권의 현장노트
를 적은 것으로 유명한 일본 유니참의 CEO 다카하라 게이치로 회장
의 말이다. 다카하라 회장은 젊어서 직장 생활, 건축 자재 사업 등 여
러 가지 일들을 경험했다. 그러던 중 미국에 출장을 갔다가 슈퍼마켓
에 버젓이 진열되어 있는 생리대를 보고 생리대 사업을 하기로 결심
하게 된다. 그때만 해도 일본에서는 생리대가 약국에서 판매되고 있
었고 그나마 사람들의 눈에 잘 띄지 않는 으슥한 곳에 진열되어 있었
다. 문화의 차이였다. 다카하라 회장은 그 현장을 보는 순간 가슴이
뛰기 시작한다. 일본에서 생리대를 슈퍼마켓의 밝은 곳으로 진열하
여 팔 수만 있다면 좋은 사업 기회가 될 것 같다는 직감을 한 것이다.
건설 자재 사업으로 자체 브랜드까지 개발하여 먹고살 만할 때였지
만 다카하라 회장은 과감하게 생리대로 사업 분야를 전환하여 여성들
의 고통을 덜어 주는 세계적인 생리대 회사 유니참을 탄생시킨다. 그
는 남성 연구원들에게 생리대를 차고 생활하게 하는 등 생리대 만드
는 일을 천직으로 삼고 최선을 다했다. 다카하라 회장의 논리는 좋아

하는 일을 찾기 위해 무작정 돌아다닐 수도 없고, 또 돌아다닌다고 찾아지는 것도 아니므로 지금 하는 일에 최선을 다하다 보면 좋아하는 일에 대한 실마리를 찾을 수 있는 기회는 분명히 온다는 것이다. 그냥 오는 게 아니라 매사에 최선을 다하는 일을 대하는 자세와 태도의 중요함을 강조하는 뉘앙스도 함께 느낄 수 있다.

> '순수한 마음'을 가져야 하고, 순수하게 받아들이고 최선을 다해 노력하는 과정에서 점차 일에 대한 매력을 발견하게 된다. …(중략)…
> 자신에게 주어진 일을 넓은 시야로 바라보고 가능한 것부터 철저하게 처리해 나간다. 그렇게 함으로써 자신의 천직을 알 수 있고, 그 천직을 통하여 아름다운 꽃을 피울 수 있다.
>
> – 『일』, 기타오 요시타카 지음, 이정환 옮김, 중앙books(2007)

자기가 하는 일에 최선을 다하는 것이 좋아하는 일을 찾는 최선의 방법이라고 이야기하는 일본인이 한 명 더 있다. SBI그룹 기타오 요시타카 회장이다.

그도 같은 논리다. 자신에게 주어진 일을 순수하게 받아들이고 넓은 시야로 바라보며 최선을 다하는 것이 그 방법이라는 것이다.

나는 기타오 요시타카 회장의 '자기 일을 순수하게 받아들이라.'는 것과 '넓은 시야로 바라보라.'는 두 마디의 조언에 대하여 좋아하는 일에 대해서는 아직이지만 지금까지의 진행 과정상 공감하는 부분이 많다.

별로 내세울 게 없지만 내 이야기를 잠깐 하려 한다.

이제 정년을 얼마 남겨 놓지 않은 시점에서 앞으로 퇴직하고 살아갈 날을 생각하면 남들은 자다가도 벌떡 일어날 지경일 것이다. 그런데 정년을 코앞에 두고 이렇게 태연하게(?), 퇴근하고 밤 12시를 넘기면서까지 하루 대여섯 시간씩 원고지와 씨름하는 나를 이해할 수 있는 사람이 과연 몇이나 되겠는가? 하지만 나는 10,000일을 바라보면서 너 열심히 내 일에 몰입하고 무언가 의미를 부여하기 위해 원고를 정리하는 내가 스스로 대견스럽다.

혹시 아는가? 여러분들이 이 책을 읽고 계실 즈음에는 베스트셀러 작가인 고故 황수관 박사처럼, 아름다워지고자 하는 사람들에게 도움을 주는 피부건강 강연가가 되어 있을지….

그냥 해 본 소리지만 마냥 즐겁다.

나는 회사 생활을 해오면서 요즘도 한 주에 한 권 이상의 책을 읽으려고 하고 있다. 나이 먹고 남자지만 내 직업인 피부와 화장품에 대해 과거에 책을 한 권 냈을 정도로 애착이 깊다. 그냥 순수하게 내 일이니까 파고 들고 싶고 그러다 보니 언감생심 두 번째 책까지 넘보게 되었다.

돌아보면 꿈 같은 일이다. 첫 직업이 광부였던 내가 우여곡절 끝에 화장품 회사에 입사를 하고 간부가 되고 어울리지 않게 피부 강연을 하고 피부 관리를 어떻게 하라는 책까지 냈으니 말이다.

이야기가 너무 겉돈다. 정리하자면 돌아 돌아왔지만 지금의 내 일은 꽤 매력 있는 일이라는 자부심을 갖고 있다는 말이다.

불확실한 자신의 재능만 보고 현실을 포기하는 사람이 간절한가, 아니면 현실을 챙겨가며 서두르지 않고 차근차근 멀리서부터라도 그 일을 향해 살아가는 사람이 간절한가.

- 『김이나의 작사법』 김이나 지음. 문학동네(2015)

작사가 수입 1위 김이나 씨의 현실적이며 야무진 꿈 관리법이 돋보인다. 그런 그도 자신의 의지와는 달리 작사가의 길에서 멀어질 수 있다는 것을 떠올리면 많이 두렵다고 인터뷰를 했다.

김이나 씨는 대학 졸업 후 모바일 콘텐츠 회사에서 휴대전화 벨소리 음원 차트 만드는 일을 하다가 작곡가 김형석 씨를 만나면서 작곡가의 길로 들어섰다고 한다. 청출어람인 셈이다.

자신이 하고 싶은 일이 정말 자기 적성에 맞기는 한 것인지 그리고 진짜 승부가 나는 것인지 아무도 모른다. 김이나 씨의 말에 귀 기울일 필요가 있다. 하고 싶다면 준비하자. 그것이 답이다.

끝으로 워런 버핏(Warren Buffett)의 말을 전한다.

"이 세상에 성공적인 직업과 그렇지 않은 직업은 없다. 다만 성공적인 직업인과 그렇지 못한 직업인이 있을 뿐이다."

아파트 한 채보다 평생 갈 한 사람이 중요하다

정약용이 제자 황상을 가르치던 강진의 다산초당

선군자께서 세상을 뜨실 때, 천리길에 발을 싸매고 엎어질 듯
이르러와서, 아버님을 위해 약을 달이고, 부축하며, 상복을 입
고서 돌아가니, 이는 신교神交라 하겠소.

– 『삶을 바꾼 만남』, 정민 지음, 문학동네(2011)

사진은 전라남도 강진에 있는 다산초당이다. 다산 정약용 선생이
전라도 강진에 유배되어 있으면서 책을 쓰고 제자들을 가르친 서당으
로 알려져 있다. 어린 학동들의 글 읽는 소리가 들리는 듯 귓전에 맴
돈다. 물론 잘 나서지 못하고 쭈뼛거리는 황상의 모습마저 눈에 잡히
는 듯하다.

위의 글은 다산 정약용 선생의 아들 정학연이 다산의 애제자 황상에

게 보낸 편지이다. 황상이 다산의 장례식 때 남양주로 올라와서 상을 치르고 상복을 입은 채 천 리 길 강진으로 내려가자 그를 그리워하며 쓴 글이다. 정민 교수의 책을 보면 다산 선생과 제자 황상 간의 애절함에, 과연 삶을 바꾼 만남이라는 제목을 붙일 만하다는 생각이 든다. 경기도 남양주에서 전남 강진까지 그 거리를 상복을 입고 걸어서 다시 내려 갔으니 부모인들 가능한 이야기인가. 가히 인간들의 관계를 초월했다고 해도 무리가 없을 듯하다.

다산 선생께서는 전라도 강진으로 유배를 간 18년의 긴 세월 동안 수많은 저서를 남기고 수많은 제자들을 두었지만 정민 교수가 표현한 것처럼 진심으로 스승을 섬긴 사람은 황상 '딱 한 사람뿐'이었다고 한다.

황상은 스승이 해배解配되어 남양주로 돌아간 후에도 그 먼길을 걸어 다산 선생을 뵈러 왔고 예순아홉에는 노구를 이끌고 마지막으로 스승 묘소에 예를 다하였다. 그것이 다섯 번째라고 한다.

지금처럼 100세 시대로 환산하면 당시 황상은 100세에 가까운 나이였다. 한평생을 청렴하게 살아 경제적으로도 넉넉하지 않았다고 하니 열흘 이상 걸리는 그 먼 길을 걸어 다섯 번이나 오르내렸을 것을 생각하면 상상만으로도 저절로 고개가 숙여진다.

이것을 보면 가히 압권이다.

임술년, 그러니까 1802년 황상이 열다섯 살 되던 해, 처음으로 스승인 다산 선생께 글을 배우기 시작하였고 7일째 되던 날 스승에게서 삼근계[1]를 받게 되는데 그 글을 한시도 잊지 않으려 평생 가슴에 품

---

1) '부지런하라, 부지런하라, 또 부지런하라.'고 적힌 부지런함을 강조한 정약용이 황상에게 내린 글.

고 살았다고 한다. 또 다시 60년이 흐르고 다시 찾아온 임술년, 나이 일흔다섯에 스승으로부터 받은 삼근계를 기념하여 글을 쓰니 이것이 「임술기」다.

지금 남아 있는 삼근계는 황상이 평생을 가슴에 품고 살아서 너덜너덜 해진 것을 남양주 다산 선생의 집에 올라왔을 때 선생의 아들 정학연이 다시 써 준 글이며, 황상은 이 글을 보고 그 감회를 「임술기」에 적었다고 한다. 아버지가 써 준 글을 52년이 지난 뒤에 아들이 다시 써 주고 이를 8년 뒤에 보고서 감회를 적으니 정민 교수는 그 모든 마음들이 모두 붉다고 표현했다.

관계의 아름다움은 일단 여기까지 보고 다음 단락에서 이어가도록 하자.

좀 더 현실적으로 다가서면 책의 중간중간에 흐르는 어두운 세상 이치를 빼놓을 수가 없다. 다산초당에서 함께 공부한 몇몇 제자들은 출세를 위해 다산의 문중을 떠나 추사를 포함한 힘 있는 사람들 밑으로 옮겨 가기도 했다. 왜 아니 그랬겠는가. 예나 지금이나 힘 있는 쪽에 붙어서 짧은 삶을 택하는 사람들이 많은 것이 사회의 이치인 것을.

다산 선생은 20년 가까이 귀양살이를 하고 성리학이 서슬 퍼렇게 세를 펼치던 당시 천주쟁이 사학邪學을 추종한 대역 죄인이 아니었던가? 글과 인품이 아무리 좋아도 그 길을 함께하기는 쉽지 않았으리라 짐작이 간다.

며칠 전 조선일보 토요 섹션에서 의미 있는 인물기사 하나를 보았다. 기사 타이틀이 '장관 퇴임식 다음 날 수십 년간 알던 사람 전화번호다 지웠다'였던 것으로 기억한다. 6년 5개월의 최장수 대사 기록을 갖고 있고 DJ정부 시절 통일부 장관을 지낸 김하중 씨의 기사다. 6년 5개월의 기록은 중국 대사로 있으면서 세운 기록이다. 황금 같은 인맥을 지우다니 그것도 요즘 대세인 중국의 대사 시절 인맥이 아니던가? 세상살이하는 사람이라면 도무지 이해가 가지 않는다.

"최고 중국 전문가이고 엄청난 인맥도 있어 기업이나 각 기관이 영입하려고 난리였을 텐데."라는 기자의 말에 그 대답이 가히 숨어서도 살아갈 만하겠다 싶다.

"연락이 많이 왔다. 하지만 국민세금 받고 나라 위해 살았다. 세금으로 얻은 지식과 경험을 회사나 특정 조직을 위해 쓰는 것은 안 된다고 생각했다. 그쪽으로는 딱 눈 감았다."고 대답한 것이 아닌가.

여기에서 내가 하고 싶은 이야기는 퇴직하면 전화번호 다 지우라는 것이 아니다. 시류를 좇는 100명의 사람들보다 우직한 한 사람이 낫다는 이야기를 하고 싶은 것이다. 그리고 한 가지 더. 다음에 쓸 아름다운 관계에서 다루겠지만 돈이 억만금 있은들 무슨 소용이냐는 것이다. 아름다운 관계는 돈에 우선한다는 이야기를 하고 싶다.

사회학자 송호근 교수가 말한 공적 관계망에 들어 있는 1,000명이 무슨 소용이겠는가.

"회사 생활하면서 당신을 바라보는 황상이 한두 명이라도 있다면 당신은 괜찮은 삶을 산 것이오, 샐러리맨!"

관계의 아름다움

어찌하면 이보다 더 격한 감동과 찬사의 표현이 가능할까?

나는 지금까지 수많은 격문들을 보아왔지만 이처럼 뜨거운 찬사는 보지 못했다. 위의 글은 알베르 까뮈(Albert Camus)가 스승 장 그르니에 (Jean Grenier)의 책『섬』의 서문에 남긴 주옥 같은 구절이다.

'제임스 딘이야, 까뮈야?' 그 모습이 그 모습 같을 정도로 영원한 반항아인 알베르 까뮈와 따뜻한 회의주의자가 어울리는 장 그르니에는 대학 입시를 준비하는 고3 교실에서 운명적으로 만나게 된다. 15년 차이 스승과 제자로 만나서 까뮈가 47세에 요절할 때까지 112통의 편지를 썼고 그르니에가 123통을 썼다. 그렇게 주고 받은 235통의 편지가『까뮈 그르니에 서한집』으로 나와 있다. 그르니에는 까뮈가 세상을 뜨고서도『까뮈를 추억하며』라는 책을 낼 정도 까뮈를 아꼈고 그르니에가 죽는 날까지 두 영혼은 함께한다. 나는 까뮈와 그르니에를 통해 나이를 초월한 아름다운 사랑을 보았다.

관계의 아름다움을 이야기하면서 『사기史記』에 나오는 관포지교管鮑之交를 언급하지 않을 수 없다. 좀 식상하지만 나는 아직 관포지교만큼 아름다운 관계는 보지 못했다. 짧게 설명을 곁들인다.

관중과 포숙아는 둘도 없는 친구 사이로 어린 시절을 보내고 두 사람은 벼슬길에 올라 각각 다른 왕자들을 모시게 된다. 결국 포숙아가 모신 소백이 왕위를 계승하게 되면서 반대파인 관중은 죽을 고비를 맞게 된다.

이때 포숙아는 주군에게 관중의 재능이 출중함을 어필하고 정사에 중요히 쓰일 것임을 진언하여 관중은 목숨을 구할 수 있었다. 후에 관중은 정사에 나가 재상의 자리에 오르고 능력을 발휘하여 주군인 환공을 춘추의 패자로 군림하게 만든다.

뒷날 관중은 포숙아에 대하여 아래와 같이 회고한다.

일찍이 내가 가난할 때 포숙과 함께 장사를 했는데, 이익을 나눌 때 나는 내 몫을 더 크게 했다. 그러나 포숙은 나를 욕심쟁이라고 말하지 않았다. 내가 가난함을 알고 있었기 때문이다. 또한 내가 사업을 하다가 실패하였으나 포숙은 나를 어리석다고 말하지 않았다. 세상 흐름에 따라 이로울 수도 있고 그렇지 않을 수도 있음을 알았기 때문이다. 내가 세 번 벼슬길에 나아갔다가 번번이 쫓겨났으나 포숙은 나를 무능하다고 말하지 않았다. 내가 시대를 만나지 못했음을 알았기 때문이다. 내가 싸움터에 나가 세 번 모두 패하고 도망쳤지만 포숙은 나를 겁쟁이라고 비웃지 않았다. 내게 늙으신 어머니가 계심을 알았기 때문이다. 나를 낳은 이는 부모님이지만 나를 알아준 이는 포숙이다.

— 네이버 지식백과, 고사성어랑 일촌 맺기

'네가 어떤 삶을 살든 나는 너를 응원할 것이다.'라고 쓰고 아름다운 관계라 읽는다. 어떤 책은 제목만 읽어도 다 읽는 책이 있다. 바로 공지영의 산문집 제목이다.

나는 가운슬러 분들을 교육하는 일을 하기 때문에 도움이 되는 TV 프로그램을 자주 시청하는 편이다. KBS에서 일요일 저녁 8시에 방영되는 '강연 100℃'라는 프로그램을 자주 본다. 그 중에 1년이 지난 지금도 가슴이 설렐 정도로 기억에 남는 아름다운 관계를 주제로 한 한 강연이 생각난다.

바로 중국집을 운영하면서 8년째 불우한 이웃들에게 20만 그릇의 자장면을 나눠준 조병국 사장에 대한 이야기다. 조 사장은 중학교를 중퇴하고 온갖 어려움을 겪으면서도 음식 만드는 것이 좋아 중국집을 전전하면서 홀 서빙과 음식을 만드는 기술을 배워 중국집을 열었다. 그러나 평소 남을 잘 믿고 베풀기를 좋아했던 터라 친구의 잘못된 빚 보증을 서게 된다. 빚을 갚기 위해 집도 팔고 사채까지 손대게 되면서 극한의 자살 시도까지 하게 된다.

진짜 하고 싶은 이야기는 지금부터다.

이렇게 최악의 순간에 조 사장은 일반적인 사람들은 상상할 수 없을 아름다운 관계를 경험하게 된다.

과거 중국집 종업원으로 있을 때 아기를 데리고 식사를 하러 온 젊은 부부가 있었다. 중국 음식을 좋아하는 부부를 위해 조 사장은 그들이 편안하게 식사를 할 수 있도록 아이들을 봐주며 기억에 남는 관계를 유지하였다. 그런데 세월이 흘러 조 사장이 어려움에 처했다는 이야기를 전해 들은 그 부부가 흔쾌히 경제적인 도움을 주게 되고 그 천금 같은 도움으로 다시 사업을 일으키게 되었다는 것이다. 그로부터 얼마 후 그들의 배려에 보답하는 마음으로 어려운 이웃에게 자장면을 나누는 일을 시작하게 되었다고 한다.

식사하는 동안 아이들을 봐줄 정도로 친절한 사람이라고는 하지만 가족도 친구도 아닌, 과거에 자주 가는 중국집의 종업원에게 경제적으로 선뜻 도움을 줄 수 있을까? 바로 이런 이유 때문에 가슴 설레는 아름다운 관계라고 한 것이다. 우리도 앞만 보고 달리지 말고 주위를 돌아보자. 혹시 그런 한 사람이 없는지 말이다. 물론 농담 섞인 말이지만 뼈 있는 이야기다. 시도지교市道之交, 즉 사기가 난무하는 세상살이에 이만큼 아름다운 관계를 찾는다는 것은 불가능하다고 단언한다

전쟁터와 같은 직장에서도 가슴 따뜻하고 진정성 있고 정신이 살아 있는, 그래서 평생 함께하고 싶은 그런 사람, 내 편이 아니고 내 사람이 아니고 진정으로 무한 신뢰를 보내 줄 수 있는 그런 아름다운 관계, 우리 모두 믿음이 배려를 낳고 배려가 나눔을 낳는 그 아름다운 관계가 나에게도 찾아오기를 소원하자.

그리고 부탁한다. 나도 잘 안 되는 것이 사실이지만 소유하려 하지 마라!

그것에서부터 문제는 생긴다. 그냥 그의 존재를 위해서 존재하라.

그래야 그가 당신을 더 큰 존재로 만들어 준다.

JP의 슬픔

시끄러운 국무총리 인사 청문회며 JP의 슬픈 아내 사랑 이야기며 올해는 연초부터 연일 충청도 사람들의 이야기가 신문지상을 독차지 한다.

5·16 혁명의 핵심 주도 세력이자 80년의 봄, 3당 합당, DJP연합 등 한국 정치사의 중심에 섰던 정치 9단 JP에게는 이원구 전 총리의 인사 청문회 파문이 그저 찻잔 속의 태풍 정도로 느껴지지 않았을까?

세월이 유수와 같다더니 그 김종필 전 국무총리가 아흔을 맞았다고 한다. 얼마 전에는 김 전 총리가 가까운 지인들과 아흔 축하연을 조촐 하게 열고는 병원에 입원한 부인을 간호하기 위해서 서둘러 식사를 마치고 병원으로 가는 길에 빵집에 들렀다는 소식이 전해졌다. "아내가 빵을 많이 좋아해." 풍운아, 정치 9단의 가슴은 온통 그렇게 마지막 한 사람을 향하고 있었다.

그리고 며칠 전 노老정객의 이승에서의 마지막 입술이 아내의 볼에 닿자 이내 아내가 먼 길을 떠났다는 기사가 또 한번 사람들의 가슴을 숙연하게 만들었다.

작년 봄인가 보다.

부하 직원이 찾아왔다. 결혼을 한다며 청첩장을 들고 와서 주례를 부탁하는 게 아닌가? 왜 고민스럽지 않았겠는가? 내가 과연 창창한 구 만리 길을 시작하는 젊은 친구들에게 이렇게 저렇게 살아야 한다고 조언할 만한 식견과 경륜이 있는지 의문이 들었다. 또한 너무나 성스러운 의식에 누가 되지나 않을까 하는 걱정 때문이었다. 상사로서 부탁을 거절할 수도 없는 일이고 해서 난생 처음 주례를 보게 되었다. 황상이 평생 잊지 않고 실천했다던 다산이 내리신 삼근계에 얹어서 부지런함을 이야기한 것 같고 또 한 가지는 부부 일심동체를 이야기한 것 같다. 삶이 힘들어도 서로 믿고 의지하면서 먼 길을 함께 가야 하는 반려자는 마지막까지 갈 한 사람이라는 말도 잊지 않았다.

지난 3월 27일까지 4,801,005명이 이 영화를 보았단다. 제작비 2억을 투자해 만든 영화란다. 기억하는가? 작년에 개봉한 '님아, 그 강을 건너지 마오'라는 노부부의 애틋한 사랑 이야기를 담은 영화다.

나도 아내와 개봉하는 날, 울며 웃으며, 그렇게 손 꼭 붙잡고 본 기억이 난다. 2억을 투자한 독립 영화를 480만 명이 보았다는 것은 무엇을 의미하는 것일까? 우리들이 추구하는 것 중 가장 큰 가치를 가진 것이 사랑이기 때문 아닐까? 그중에서도 특히 부부간의 사랑은 종족 번식을 통한 세상 존속의 성스러운 측면을 간과하더라도 모든 것의 출발이자 마지막이라는 생각이 든다.

> 나는 내 아내의 손에 생각을 집중했습니다. 그 손을 한 번만 더 잡아 보고 싶었습니다. 한 번만 더 아내의 눈을 바라 보고 싶었습니다. 우리가 한 번 더 껴안을 수 있고, 가슴과 가슴을 맞댈 수 있기를 나는 간절히 원했습니다.
>
> ─ 『넘버원보다 온리원이 돼라』 방승양 지음. 에디터(2012)

2차 대전 당시 악명 높은 아우슈비츠 수용소에서 살아남은 세계적인 정신의학자 빅터 플랭클(Victor Frankl) 박사의 인터뷰 내용이다. 그에게도 마지막 한 사람은 아내였다.

우리를 인생이라는 종합 예술무대의 등장인물로 데뷔시켜준 것도 부부간의 사랑이며 희로애락의 그 긴 과정도 그놈의 질긴 사랑이 감독을 하고, 죽어가는 순간 그렇게 배웅까지 한다. 마지막 한 사람은 아내다.

옆에 누운 아내의 모습을 찬찬히 뜯어 본다.

내 아내 승희가 새롭다. 예쁜 모습이다.

샐러리맨의 독서

임시로 마련한 거처인 원룸. 이 책을 집필한 곳

빈처의 무대다. 옆에 방이 하나 더 있지만….

작년 말 집에 있는 책 중에서 집필에 당장 필요할 것 같은 300여 권만 끌고 사무실 옆 5분 거리로 이사를 왔다고 하지 않았던가? 벌써 4개월 차다. 이 글을 쓰고 있는 4월을 기준으로 말이다.

그런 집이 영 소란스럽기 그지없다. 그렇다. 퇴근하고 방에 발을 들여놓는 순간, 아내보다 먼저 이 녀석들이 마치 강아지마냥 자리를 박차고 뛰쳐나와 나부터 봐 달라며 눈에 감긴다. 귀여운 놈들이다.

나는 이런 환경에서, 이렇게 이 책을 쓰고 있다.

집에 책이 2,000여 권이나 있을 정도로 좀 읽긴 했지만 책을 덮으면 어제 저녁에 읽은 내용도 기억이 나질 않으니 책은 써야겠고 해서 나름 방법을 고안했다. 저렇게 제목이 보이도록 삥 둘러서 책을 쌓아 놓고 방 한가운데 작은 상을 펴고 컴퓨터를 놓고 앉아 수시로 눈에 들어오는 책을 골라 내용을 확인하면서 써 가고 있다.

퇴근 후에는 거의 이 방에서 12시 넘어서까지 이 짓을 하고 있다.

전장이 따로 없다. 300여 명의 졸개들을 거느리고 10월 17일 출간이라는 고지를 공격하는 형국이 아니고 무엇이겠는가?

그래도 나는 내 부하들이 자랑스럽고 그래서 더더욱 기한 내 출간이라는 전투에서 꼭 승리하여 저들과 기쁨을 같이 하고 싶다. 이제 시간이 얼마 남지 않았다. 공격하라! 나의 군사들이여!

그놈의 책이 뭐라고 눈에 감기느니, 부하들이라니, 공격하라느니.

어이없음, 그 자체일 것 같다.

바로 이거다. 내가 언제부터 글자를 갖고 장난을 쳤던가? 그저 술이나 퍼마실 뿐이었지. 그런데 이렇게 거창하게 집필을 하고 있질 않는가?

하나는 분명한 것 같다. 쓰는 능력과 조합하는 능력은 확실히 는 것 같다. 이번에 책을 써 보니 단어를 골라 쓰는 능력과 상황에 맞게 수많은 책들 중에서 적당한 책을 인용하는 능력은 스스로도 놀라지 않을 수 없다.

나는 부하 직원들에게 독서를 강조하고 월 한 권 이상의 책을 읽고 독후감을 내도록 한다. 몇몇은 시간이 없다고도 하고 누구는 솔직히 읽어서 밥이 나오냐, 떡이 나오냐 하는 눈치다.

과거 30대 젊은 시절, 열정적으로 일한다고 그저 죽어라 뛰고 마시기를 반복하면서 살았다. 나도 그때는 책 보는 친구들을 웃기는 자장면 정도로 취급했다. 샐러리맨들에게 책이 왜 필요한지를 말하기 전에 밥이 나오냐, 떡이 나오냐에 대한 분명한 대답을 찾을 수 없다는 것이 문제인데 왜 그럴 수밖에 없는지를 이해시킬 수 있다면 문제는 간단해질 것 같다.

먼저 밥이 나오냐, 떡이 나오냐의 문제부터 정리하면 지식과 지혜의 문제다. 사람들은 어떤 일에 대한 아이디어를 낼 때 그 시점에서 자신의 머릿속에 기억하고 있던 것을 가지고 서로 조합하고 통합하여 답을 찾아낸다고 한다. 그렇기 때문에 그냥 일상적으로 살아가는 경험만 갖고 있는 사람과 책을 읽음으로써 간접적인 상황을 많이 축척한 사람과는 out-put 자체에서 차이가 날 수밖에 없다. 지금 내가 하고 있는 집필 과정을 예를 든다면 방에다 쭉 책을 깔아 놓았을 때 글이 잘 써진다는 것이다. 이것은 전체 책의 내용들이 하나로 통합되면서 최적의 문장이 나오는 이치와 같은 것이다. 이런 현상이 책 쓰는 것에만 국한되는 것은 아니다. 이를 두고 어떤 이는 지혜라 하고, 어떤 이는 내공이라도 한다. 그리고 글 쓰는 기술이 느는 것은 더 이상 설명이 필요 없다. 또 하나는 삶에 대한 힐링과 그를 대하는 자세와 태도의 변화를 기대할 수 있다는 것이다. 『아프니까 청춘이다』나 『멈추면 비로소 보이는 것들』과 같은 책이 100만 권 넘게 팔렸다는 것이 힐링의 반증 아니겠는가? 자기계발서에 격하게 반응하는 내 딸에게는 웃기는 이야기로 들리겠지만 말이다.

내 경우에는 히로나카 헤이스케 교수의 『학문의 즐거움』을 읽고 삶에 대한 고뇌로 며칠 밤을 뒤척인 기억이 새롭다. 나의 영혼은 그때 여름 장마 옥수수대 크듯 쑥 뽑아 올려진 것 같다.

머리를 까 볼 수도 없고 변화를 느낄 수 없어 한강에 돌 던지는 느낌이라 독서에 소극적이 된다는 논리가 이해는 가지만 그럴 수밖에 없는 이유가 있다. 인간은 자기 자신과 매일 보는 사람에게서는 변화를 느낄 수 없게 설계되어 있지 않은가 하는 생각을 과거에도 했고 지금도 하고 있다. 예를 들어 10년 만에 만나는 고등학교 친구에게서는 좋은 방향이든 나쁜 방향이든 분명하게 과거와의 차이를 쉽게 느낄 수 있지만 반면 매일 보는 회사 친구의 큰 변화는 느끼기가 쉽지 않다는 것이다. 얼마 전 병원에서 간호사가 나를 보고 어르신이라고 부르지 않았는가? 바로 이거다. 우리 자신은 변한 것이 없는데 처음 보는 사람들은 그 차이를 오롯이 느낄 수 있다는 것이다. 분명한 것은 생각하고 판단하는 것도 변한다는 것이다. 당신을 처음 대하는 사람은 당신의 머리에 든 지혜나 내공의 크기를 느낄 수 있다. 섬뜩하지 않은가? 이게 내가 샐러리맨들에게 책을 권하는 이유다.

> 자아의 장인이 되어 보는 겁니다. 우린 장인이란 말을 노동에 관해서만 쓰고 있지만 이번엔 장인이란 말을 자기 자신의 영혼에 써 보는 겁니다. 오래되어 부서진, 쓸모 없게 된 라디오를 연구하듯 자기 자신을 연구해 보는 겁니다.
>
> – 『삶을 바꾸는 책 읽기』, 정혜윤 지음. 민음사(2012)

'지상에서 가장 관능적인 독서기'를 쓰는 여자 정혜윤이 보는 독서의 필요성은 가히 나보다는 한 단계 위에 있는 듯하다. 영혼을 담금질하는 조련사, 그리고 통섭을 이야기하며 장인에 대한 개념 확장까지

시도한다.

내가 설명하는 독서와는 분명한 차이가 느껴질 것이다. 이것이 독서량의 차이이며 내공의 힘이다. 이렇게 처음 접하는 사람들이 더 쉽게 느낄 수 있다는 것 또한 증명된 셈이다.

여기에서는 힐링과 태도로서의 독서, 지혜와 내공으로서의 독서, 그리고 샐러리맨들에게 권하는 두 권의 책에 대해서 하나하나 진도를 나가보도록 하자.

아! 체 게바라

오늘 밤 난 쓸 수 있습니다
세상에서 가장 슬픈 시를.

예컨대 이렇게 씁니다
"밤은 별들 총총하고
또 별들은 멀리서 파르르 떨고 있다."

밤바람은 공중에서 빙글 돌며 노래합니다
오늘 밤 난 쓸 수 있습니다
세상에서 가장 슬픈 시를

—『체 게바라의 홀쭉한 배낭』 파블로 네루다 지음. 구광렬 옮김. 실천문학사(2009)

어떤 시의 도입부다.

그러나 그냥 시가 아니다.

시인의 애틋한 감성에서 탄생하고 전쟁 속에서 그 숭고한 영혼의 손으로 필사되고, 그리고 40년 동안 삭힌 시.

뜨거운 눈빛은 사양한다.

눈에 닿으면 녹아 버릴지도 모르기 때문에….

2007년 볼리비아 중앙은행은 금고 속에 보관되어 오던 체 게바라의 마지막 유품 중 베일 속에 가려져 있던 녹색 노트의 비밀을 밝힌다.

녹색 노트 속에는 놀랍게도 그가 전쟁터에서 필사한 69편의 아름다운 시가 들어 있었다. 1967년 10월 9일 "우리 모두 리얼리스트가 되자, 하지만 가슴 속에는 이룰 수 없는 꿈을 꾸자."던 체는 배낭 한 개를 남기고 파란만장했던 혁명가의 생을 마감한다. 가방 속에 있던 것은 2권의 비망록과 작전지도, 소형 무전기, 그리고 한 권의 녹색 노트가 전부였다고 한다. 두 권의 비망록은 체의 일기이고 또 한 권의 녹색 노트는 베일 속에 가려져 있다가 40년이 지나서 그 내용이 공개되었다.

죽음을 예감한 감옥에서조차 '난, 단지 하나 미완성 서사시의 슬픔을 무덤으로 가져갈 뿐'이라는 시를 인용한 편지를 남긴, 내 기억 속의 마지막 남은 맑은 영혼 체 게바라.

가능한 이야기인가? 게릴라전이 벌어지고 있는 산속까지 책을 실어 나른다는 것이 말이다. 나는 생각한다. 독서는 힐링이라는 나의 주장에 죽은 체가 답을 한 것이다.

집필이 끝나면 그를 다시 만나러 가봐야겠다. 평전 속으로….

특이점 해소의 정리를 조금 신비스럽게 말하면, 물체의 본질과
그 그림자와의 관계를 규명하는 것이라고 할 수 있다. 다시 제
트 코스터를 예로 들면 특이점이 없는 제트 코스터 자체인 본질
과 특이점이 있는 제트 코스터 궤도의 그림자와의 관계를 증명
할 수 있어야 한다.

– 『학문의 즐거움』, 히로나카 헤이스케 지음, 방승양 옮김, 김영사(2006)

히로나카 헤이스케 교수가 쓴 『학문의 즐거움』은 나의 빨간약이다.
그렇게 수도 없이 뒤적인 것 같다. 히로나카 교수는 하버드 대학에서
수학박사 학위를 받고, 1970년 복소 다양체의 특이점에 관한 연구로
수학계의 노벨상이라는 필드상을 수상했다. 나는 수학에 대해서는 잘
모른다. 잘 모르는 정도가 아니라 아예 문외한이다. 그런 나에게 특이
점 해소란 것이 무엇인지 이해하기에는 불가능할뿐더러 소 귀에 경
읽기가 아니겠는가? 그런 내가 히로나카 교수의 책을 수없이 집어 들
수밖에 없었던 것은 골치 아픈 수학이라는 자기 학문을 부처의 세계
로 가져갔다는 사실 때문이다. 자기가 하는 일은 골치 아픈 수학이 아
니라 인간의 번뇌를 풀어주는 하나의 신성한 작업이라고 스스로 규정
한 것이다. 창피한 이야기지만 '사람을 아름답게 하는 일을 돕는 것이
세상을 아름답게 하는 일이므로 나는 그 일을 천직으로 한다.'는 내 직
업에 대한 정체성도 그의 특이점 해소 이론에서 따온 것이다. 이것이
무엇이겠는가. 삶을 대하는 신성한 태도이자 작품으로서의 인생에 대

한 의지의 표현이 아니겠는가? 내 생각은 이렇듯이 샐러리맨들에게 일에 대한 정체성을 생각하고 완성시켜 줄 수 있는 적절한 도구가 독서 말고 무엇이 또 있겠는가? 이처럼 역설적인 질문으로 샐러리맨들에게 삶에 대한 태도와 의지의 문제로서의 독서에 대한 설명에 가늠한다.

통섭의 내공

> 그 동안 미처 깨닫지 못한 것들이 내 의식과 감성 속으로 스며들고. 40년 동안 한 번도 미치지 못했던 생각의 지경까지 사고와 의식이 확장되는 것을 느끼고 그 충격과 경이의 감정으로 어느 때는 정말 한동안 멍한 상태로 기절할 뻔하기도 했다..
>
> – 『48분 기적의 독서법』 김병완 지음, 미다스북스(2011)

김병완 씨는 쳇바퀴 돌듯 돌아가는 샐러리맨 생활에 싫증을 느껴 남들이 부러워하는 삼성전자 연구원 생활 10여 년을 뒤로 하고 사표를 던진다. 그리고 1년에 3,000권의 책을 읽었단다. 가히 입이 다물어지지 않는다.

독서를 하면 밥이 나오고 떡이 나온다손 치더라도 그것을 어떻게 느낄 수 있냐고 항변하는 사람들에 대한 대답이 될 수도 있겠다. 그의 말에 의하면 죽도록 읽다 보니 어느 순간 임계점에 다다랐고 구름 위를 붕 뜨는 경험을 했다고 한다. 한 달에 한두 권 읽어서는 백날

해도 안 된다는 것이다. 집중적으로 빠져들면 말콤 글래드웰(Malcolm Gladwell)이 말하는 티핑 포인트를 느낄 수 있다는 것이다.

물론 나도 비슷한 경험이 있다. 2002년으로 기억된다. 누구에게나 직장 생활하면서 롤러코스터는 있게 마련인지 나에게도 시련이 찾아왔다. 팀장에서 일반 직원으로 강등되는 귀한 경험을 하는 동안 끓어오르는 열정을 참느라 책에 빠져들 수밖에 없었다. 그때 나는 주로 내 업과 관련된 전공 서적을 탐독해 나갔다. 그런데 어느 정도 시간이 지나자 그간 읽은 책들이 내 머리에서 서로 격한 토론을 하다 스스로 답을 찾아가는 것을 느낄 수 있었다. 그것이 나의 내공이 되었고 경영학과 출신인 내가 화장품과 피부를 중심으로 한 이공계열 책을 내는 계기가 되었다. 그리고 정말 중요한 것은 고기도 먹어본 놈이 먹는다고 이렇게 수필집까지 넘보는 것 아니겠는가? 이것이 내공이 아니고 무엇이란 말인가.

> "공에는 위 아래가 따로 없어. 어디가 가운데라 할 수도 없지. 중국 사람들의 입장에서 본다면 우리는 동쪽의 작은 나라에 불과하겠으나, 우리 입장에서 본다면 중국도 북쪽의 큰 땅덩어리에 불과하네." …(중략)…
> 실뭉치를 이리저리 돌리며, 그날 밤 나는 오래도록 잠을 이루지 못했다.
>
> – 『책만 보는 바보』 안소영 글. 강남미 그림. ㈜보람출판사(2007)

'책만 보는 바보'라는 뜻의 간서치라 일컬어지는 이덕무와 박제가, 박지원 등 그의 친구들에 관한 이야기를 모아 놓은 책인『책만 보는 바보』의 인용문이다. 이덕무와 박제가, 박지원 등 친구 다섯이 스승으로 모셨던 담헌 홍대용 선생의 집을 찾았을 때의 이야기다. 이 책을 보고 나자 나 자신이 그렇게 부끄럽게 느껴질 수가 없다. 250여 년 선, 진깃불도 없던 시절에 이덕무는 지구에 관한 이야기를 듣고서 집에 돌아와 눈앞에 보이는 실타래를 몇 번이고 굴리면서 우주 속의 자아를 찾기 위한 고민으로 잠을 이루지 못한다. 책은 이런 것이다. 생각이 깊어진다는 것이다. 다시 한번 이야기하지만 우리는 어떤 상황에서 판단하고 결정해야 할 필요가 있을 때 그 판단과 결정이 참일 가능성은 그 시점까지 머릿속에 들어 있는 수많은 기억들의 양에 기인한다는 사실을 기억하자. 그 기억들이 합종연횡의 통섭의 과정을 거치면서 새로운 지혜가 만들어진다는 것이다. 홍대용의 내공과 이덕무의 사유의 진지함이 나를 또 책의 세계로 인도한다.

> 명분과 법이 중요하고 고기의 맛이 훌륭해도, 오래되면 바뀌야
> 하고 많이 먹으면 탈이 난다. 책은 많이 읽을수록 좋고, 오래 될
> 수록 근사해 진다. 사람들은 이 좋은 독서를 멀리하고 맛있는
> 음식으로 배불릴 궁리만 한다.
>
> — 『오직 독서뿐』 정민 지음. 김영사(2013)

연암 박지원 선생이 선비의 몸가짐과 행동거지에 대해 쓴 원사原士를 한양대 정민 교수가 풀어서 썼다. 책을 보면 밥이 나오냐 떡이 나

오냐 하면서 먹고 마시기에만 급급한 우리네 샐러리맨들을 어쩌면 저렇게도 정확하게 몰아 붙이시는지 모르겠다. 먹고 마시는 것도 좋지만 연암 선생께서 동서고금에서 변하지 않는 것이 독서라 하지 않았는가. 자신을 가꾸는 일에 게으름이 없어야겠고 그 방법은 다름아닌 독서라는 것을 명하고 또 명심할지어다.

샐러리맨을 위한 두 권의 책

독서에 대하여 뭘 알까 싶기는 하지만 감히 책을 추천하려고 한다. 어차피 이 책은 나의 10,000일을 기념하여 내가 나를 위로하기 위해 시작 된 것이므로 순전히 책을 추천하는 기준도 다분히 나의 주관이 전부일 수밖에 없는 노릇이다. 그러나 이것 하나는 먼저 지르고 간다. 내 집에는 자기계발서가 많다. 딸은 그리 관심이 없다. 그 아이는 소설이 좋단다. 그런데 시와 소설이 좋은 사람은 시와 소설을 읽고 인문학이 좋은 사람은 인문학을, 만화가 좋은 사람은 만화를 읽으면 된다. 그렇게 자기가 좋아하는 분야를 거닐다 보면 어느새 남의 집 담장을 넘고 있는 자신을 발견하고 소스라치게 놀랄지도 모르는 일이다. 그러니 자기 분야가 아니라고 다른 시선으로 볼 필요 없다. 담헌 홍대용이 세상 사람들은 다 자기 중심적으로 본다고 하지 않나. 지구의 중심은 어차피 당신이다. 당신 마음 내키는 대로 읽고, 대신 많이 읽어라! 이 한마디부터 하고 시작한다.

책을 추천하는 기준을 애써 찾는다면 내가 읽고서 저절로 주먹이 불끈 쥐어진 책이라는 것이다. 한 권은 샐러리맨들의 직장 생활 자세와 태도에 대한 책이고 또 한 권은 일과 삶을 보는 장기적 안목을 넓혀 주는 책이라고 말하고 싶다. 많지 않다. 딱 두 권이다.

먼저, 『학문의 즐거움』이다.

책의 내용이 너무 좋아 전체 직원들과 함께 읽고서 독서 토론회를 가질 정도로 나는 히로나카 헤이스케 교수에 흠뻑 취해 있었던 것 같다. 매출 목표 달성을 위한 무거운 주제의 회의를 마치고 분위기 반전을 위한 간단한 토론회로 넘어갔다. 그렇게 가볍게 시작된 토론회는 더 무겁게 끝을 맺고 말았다. 나이가 50이 넘은 광주 팀장이 발표를 했던 것 같은데 자발적으로 발표하라고 하니 한국 사람 특유의 쭈뼛거림이 작동하여 하는 수 없이 잔인한 지명식 방법을 쓸 수밖에 없었다. 히로나카 교수와 같은 이미지로 평상시 성실한 그 친구를 지명할 수밖에 없었다. 그렇게 어렵게 발표가 시작되었는데 이 어색한 분위기는 뭐란 말인가? 마지못해 도랑 가에 물 먹이러 데려온 송아지처럼 모두 한결같이 빨리 끝났으면 하는 마음이 느껴지는, 정말 어색한 분위기였다.

발표를 마치고 토론을 이어갈 분위기가 아닌지라 내가 전체적으로 이야기하고 끝내려고 시작된 이야기가 험악하게 "어이, 이 친구들아! 책 읽고 느낌을 서로 주고받는 게 뭐 그리 부자연스러운가? 그렇게 순수성이 없어서 어떻게 하자는 건가?" 순수하라고 다그치면 순수해진단 말인가. 내가 생각해도 당시의 내 자신이 어이없다. 동료들이여! 나이 먹은 늙은이의 노파심이라 이해하시게. 내가 여러분들보다 나름 책 좀 본다고 생각하는 우쭐한 마음이 불러온 참사(?)였네.

항상 소박한 마음으로 매사를 깊게 생각하라는 히로나카 교수의 소심심고素心深考가 떠오른다. 내친 김에 본론으로 들어가면 히로나카 교수도 자신의 연구 발표가 아름답다는 극찬을 받고 그 찬사에 도취되어 자기 이론만이 최선이라는 자만에 가득 찼었다고 한다. 그로부터 2년 동안 다른 이론에는 신경 쓰지 않고 연구에 몰두했는데 어느 날 저녁 선배 교수로부터 한 통의 전화를 받게 된다.

"독일 태생의 젊은 학자가 자네 이론과 비슷한 것을 일반론으로 완성한 것 같네."라는 내용의 전화였다. 자신도 과거에 이용한 적이 있는 일반론인 바이어슈트라스의 정리를 이용한 것 같다는 이야기와 함께 말이다. 2년 동안의 노력이 수포로 돌아가는 순간이었다. 아름답다는 찬사에서 비롯된 자만이 자신의 방법을 고집하게 하고 고집이 편견을 만들고 편견이 다시 고집을 만드는 악순환의 굴레에 허덕이다가 자신의 현재 성과까지도 삐뚤어지게 만들었다고 후회하는 대목이 나온다. 서론이 너무 길었다. 이 책은 일명 '히로나카의 전화번호부'라는 별칭이 붙을 정도로 방대한 양의 논문으로 수학의 노벨상이라고 불리는 필드상을 수상한 히로나카 헤이스케라는 일본인 수학자의 삶에 대한 이야기다. 이 책에서 히로나카 교수는 자신의 살아온 과거를 실패와 성공을 떠나서 가감 없이 담담하게 써 내려갔다. 책을 읽고 느끼는 감흥은 모두가 다르겠지만 내가 이 책을 덮었을 때 수적천석水滴穿石, 소심심고素心深考, 실사구시實事求是라는 느낌이 강하게 다가오는 것 같았다.

먼저 수적천석이다. 물방울 한 방울 한 방울이 쌓이면 돌에 구멍을 낸다는 사자성어다. 서두르지 않고, 항상 차분하게 가 그냥 책 전반에 흐르는 분위기다. 그러나 그 결과물은 장대하다. 수학 사상 최장의 논문, 그 양이 전화번호부 2권 가량이 되어 사람들은 히로나카의 전화번호부라 부른다. 그 무시무시한 양의 연구를 마무리할 수 있었던 것은 자신의 재능을 믿고 길을 걸으면서도 그것만 생각하다가 전봇대에 머리를 부딪혀 친구들에게 웃음거리가 될 정도의 몰입과 남담함이 아니었나 싶다. 히로나카 교수는 문제와 함께 자라고 할 정도로 배움에 대한 찬사를 아끼지 않는다

두 번째 사자성어 소심심고素心深考로 넘어가자. 이 책의 104페이지를 보면 빨간 플러스 펜으로 내가 써놓은 "아찔하다. 쓸데 없다고 생각한 수학 속에도 인생이 있을 줄이야. 허허, 참."이라는 메모를 볼 수 있다. 수학자들에게 최고의 찬사는 아름답다, 다시 말해 BEAUTIFUL이라는 말이란다. 히로나카 교수는 하버드 대학에서 자신의 연구 논문을 발표하고 참석한 교수들로부터 아름답다는 찬사를 받는다. 그리고 앞에서도 말했듯이 2년이 지난 후 독일의 젊은 수학자가 자신이 연구하고 있는 이론을 완성했다는 전화를 받는다. 며칠 간의 번민 후 다시 연구를 시작한다. 그만큼 소박하고 사려가 깊은 사람이다. 또한 앞에서 이야기한 것처럼 자신의 일을 대중의 번뇌를 풀어주는 일로 개념을 확장하여 접근하는 것이야말로 순수와 소박의 백미가 아닐 수 없다.

끝으로 실사구시實事求是다. 부모를 선택할 수 없지만 친구는 선택해서 사귈 수 있다는 논리로 친구들에게서 배울 점은 배우면서도 '격의 없이, 그러나 거리를 두고'라는 대목에서도 보듯이 '아무리 친하고 존경하는 친구더라도 그 친구에게 홀딱 빠져서 나 자신을 잃어버렸던

경험은 한번도 없었다'고 말할 정도다. 가히 실사구시다.

아파트 한 채보다 깊이가 있는 한 사람이 중요하다고 한 나와는 분명한 거리가 있는 것 같다. 어찌 보면 공부도 크게 뒷바라지 않고 일만 시키시려는 아버지에게 좋지 않은 감정을 갖고 있을 법도 한데, 아버지에게서도 배운다. 직물 도매사업을 하다가 가세가 기울자 직접 포목을 들고 행상을 하실 정도로 당당한 자신감의 소유자였던 아버지를 유심히 관찰하며 히로나카 교수는 그 자신감을 놓치지 않았다. 그리고 나아가 직접적으로 살아가거나 학문을 하면서 "어디까지가 사실이며 어디까지가 희망적 관측 또는 억측인지를 확실히 인식하는 것은 대단히 중요하다."고 주장한다. 허풍을 떨거나 논리에 얽매이지 않고 사실에 입각하여 냉철하고 정확하게 판단하고 실행하는 모습이 북학파 연암 박지원이 울고 갈 정도다.

책을 읽고 나면 장기적으로 일과 삶을 보는 안목에 많은 변화가 느껴질 것이다. 꼭 한번 읽어보시기 바란다.

또 한 권은 『가르시아 장군에게 보내는 편지』다.

나는 작년부터 특수 임무를 띠고 TFT에 배속된 인원들에게 어김 없이 이 책을 선물하고 있다. 가르시아 장군에게 보내는 편지는 은장도다. 나는 그렇게 이름 붙였다. 이유는 샐러리맨의 생명을 지켜주는 마지막 자존심이기 때문이다.

대통령이 가르시아 장군에게 보내는 편지를 건넸을 때, 로완 중위는 묵묵히 편지를 받았을 뿐 "그가 어디에 있습니까?"라고 묻지 않았다는 사실이다.

-『가르시아 장군에게 보내는 편지』 엘버트 허버드 지음, 하이브로 무사시 해설,

박순규 옮김, 새로운 제안(2011)

1895년 스페인령이었던 쿠바인들이 반란을 일으킨 깃이 시발점이 되어 미국과 스페인의 전쟁이 시작되었다. 물론 직접적인 원인은 아바나항에서 정박 중이던 미 함정 메인호의 격침으로 미국과 스페인은 전쟁에 돌입하게 된다. 그래서 미국은 쿠바 반군들과 밀접한 관계를 유지하면서 미서美西전쟁에서 승리하게 되고 쿠바는 독립하게 된다. 책의 내용은 전쟁중에 미국 대통령이 쿠바 반군 장군인 가르시아 장군에게 전쟁에 관계된 중요한 문서를 전달해야만 하는 일이 생겼다. 그러나 반군들은 밀림 속에서 게릴라 활동을 하고 있었기 때문에 정확히 어디에 있는지 알 수 없는 상황에서 미군에서 가장 유능한 장교를 선발하여 그 임무를 부여하게 된다. 그가 바로 르완 중위다. 그는 대통령에게서 문서를 전달 받고는 아무 말없이 쿠바 밀림으로 사라져서 작은 배에 몸을 싣고 사흘 밤낮을 달려 쿠바 해안에 상륙했으며, 3주만에 가르시아 장군에게 편지를 전하고 돌아왔다. 이것이 이 책의 내용의 전부라고 해도 과언이 아니다. 그리고 한마디로 함축하면 주인정신이다. 실존 인물인 로완 중위가 부여 받은 임무를 자기 힘으로 모두 처리하는 주인 정신과 믿어주는 사람에 대한 신뢰, 그리고 어떻게든 해내는 사람이라는 3가지 키워드로 나는 이해했다.

저자 엘버트 허버드(Elbert Hubbard)가 저녁을 먹고 한 시간 만에 썼다고 책에 나와 있다. 아마 틀린 말은 아닐 거다. 책 전체가 103페이지

고 해설과 서문, 엘버트 허버드의 명언집과 부록 등을 빼고 나면 실제 내용은 18~31페이지 분량이니 진짜 내용은 13페이지인 것이 맞다. 그러니 볼 간看, 책 서書, 간서看書가 맞겠다. 읽으면 독서고 보는 것은 간서라고 내 맘대로 붙인다.

나는 힘들 때면 이 책을 물끄러미 간서看書한다. 나에게는 여러 종류의 책이 있다. 공지영 산문집『네가 어떤 삶을 살든 나는 너를 응원할 것이다』처럼 제목으로 읽는 책이 있다면 800페이지가 넘는 맹자처럼 솔직히 가끔 열어 보는 사전 개념의 책도 있는 게 사실이다.

한 권 사서 힘들 때 간서看書 한번 해 보자. 썩 괜찮은 위로를 받을 수 있을 것이다.

리더십에 대하여

아들의 노트 겉장 속 아빠 모습

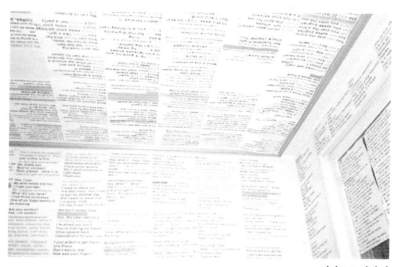

영어로 도배된 방

두 장의 사진이다. 서로 연관성이 있다.

나는 1997년부터 회사의 교육 사업을 맡고 있는 방문판매 사업부서에서 근무를 해온 터라 무엇이든지 교육에 필요할 것 같은 장면이나 책, 신문 기사 등을 가리지 않고 찍어서 스크랩하는 것이 생활이 된지 오래다. 통근할 때 기차에 노트북을 실어 보내지 않았다면 족히 만여 장은 넘었을 것이다. 기차에서 분실했다는 이야기다. 회사에서 리더십 교육이 있는 날이면 나는 항상 이 두 컷의 사진으로 강의를 시작한다.

위의 사진들이 혹시 무엇을 찍은 내용인지 알아볼 수 있겠는가? 아마 쉽게 알아차리지 못 할 것이다. 두 장 중 위의 것은 대학생이 된 내 아들이 초등학교 2학년 때 쓰던 노트의 겉장이다. 자세히 보면 표지에 어떤 그림이 그려져 있다는 것을 알 수 있다. 얼마나 영어가 하기 싫었으면 아빠를 험악하게 흉터투성이 조폭으로 묘사해 놓고 멘트는 "영어 해라! –아빠–"라고 썼다. 난 아들이 초등학교 들어가면서 하루에 영어 단어 5개씩 외우기를 숙제로 내서 주말마다 외웠으면 칭찬하고 땡땡이 치고 안 외웠으면 한 소리 했던 것 같다. 그랬더니 아빠를 험악한 조폭으로 묘사해 놓은 것이다. 무의식 중에 그린 그림이지만 섬뜩하다는 생각이 든다. 그래서 나는 강제할당식 공부를 중단하고 아래 그림 쪽으로 방향을 급선회했다. 영어는 문화가 중요하다는 것을 누구에게선가 들은 것 같아서 방에 영어로 도배를 했다. 지나다니면서 눈으로 익히라는 취지에서다. A4 용지에 영어 문장 5~10개 정도로 하여 3,000여 문장을 출력하여 도배를 한 것 같다. 물론 아들방과 내 방 두 곳 모두에 사진과 같은 생존의 현장을 연출했다. 사실 나도 영어가 필요했던지라.

　결론을 말씀 드리면 아들은 지금 대학 3학년인데 영어는 제대로 한다는 것과 나하고의 관계가 그리 나쁘지 않다는 것이다. 추가로 몇 줄 부연하면 아무리 친하고 위계 질서가 있는 부모 자식간에도 설명 없이 일방통행식으로 밀어붙이면 마음은 많이 불편하고 마지못해 하게 되므로 시간이 갈수록 성과는 떨어진다는 것이다. 일을 할 때 그렇게 되면 조직도 잃고 성과도 기대할 수 없게 된다. 두 번째 사진이 대안이다. 저렇게 프린터를 해서 매주 도배했을 때 아들은 신기해하며 뭔가 흥미를 느끼는 것 같았던 것으로 기억한다.

　길게 이야기할 필요 없이 솔선수범이다. 내가 사심 없이 스스로 먼저 실행할 때 조직은 내가 가져가고자 하는 방향으로 가기 시작한다는 것이다. 심신이 피곤하지만 어쩌겠는가? 리더란 것이 그런 자리인 것을. 자기는 움직이지 않고 이래라 저래라 하면서 쟤는 왜 저러지? 쟤는 또 왜 저러지? 하면서 자신은 돌아보지 못한 채 부하들의 잘못만 쳐다보는 리더는 절대 오래 갈 수 없다는 것이다.

　그리고 하나 더 눈여겨볼 대목이 있다. 해야 하는 당위성만으로 모든 것이 다 해결되지 않는다는 사실을 알아야 한다. 당위성만 강조하는 것은 가장 수준 낮은 리더의 전형적인 모습이다. 크게 보아야 한다. 조직이 움직이는 것은 조직을 움직이는 문화임을 볼 줄 알아야 한다. 온 집안을 영어로 도배를 한 다음 집에는 미묘한 그 무언가가 흐르고 있음을 느낄 수 있었다. 부지런함, 영어의 중요성, 해야만 하는 절절함, 우리 집은 다르다. 이런 느낌들이 아이들에게 스스로 영어를 해야겠다는 마음 갖도록 한 것만은 틀림없는 사실이다. 그래서 아이들 영어 때문에 걱정한 기억은 없는 것 같다. 물론 하나 해결되면 또 다른 것들이 문제였지만 말이다. 여기서 비슷한 도배 이야기 하나 더 하고 지나간다.

"CONSTRUCTIVE DISCONTENT."

요즈음 경영의 최대 화두로서 창의성을 많이 강조하고 있습니다. 제 생각엔 창의란 누군가 갑자기 이상한 아이디어를 이야기하는 그런 것은 아이라고 생각합니다. 창의성은 '머리가 아닌 엉덩이 싸움이다'라는 말이 있듯이 성실함을 바탕으로 어떤 사안에 대해 고민하지 않으면 발현 될 수 없는 것입니다. …(중략)…

'나라면 이렇게 할 텐데…'라는 대안을 갖춘 불만이 넘쳐 났을 때 창의적인 아이디어가 넘쳐 나는 것입니다.

– 'LG생활건강 CEO 메시지' 중에서

"우리가 해야 할 일에 집중합시다"

저는 그동안 "필요 없는 일은 하지 말자. 모든 일은 단순화하여 해야 할 일에 집중하자"라는 이야기를 여러 번 했습니다. 모든 임직원들이 반드시 필요한 일, 회사가 발전할 수 있는 일에 매진해야 하는데 아직도 내부적인 문제에 붙잡혀 이를 실천하지 못하는 임직원들이 많이 있는 것 같습니다. …(중략)…

가장 큰 문제는 쓸데없는 일에 많은 시간을 보내 놓고도 그 시간에 열심히 일을 했다고 착각하는 것입니다. 가끔 여유가 있을 때는 불필요한 일을 벌이지 말고 쉬거나 생각하는 시간을 가지

십시오. 그런 여유의 공백 안으로 새로운 생각들이 들어와야 새롭게 도전할 일도 찾을 수 있습니다. 리더들은 부하들에게 "왜 일을 하지 않느냐. 뭐라도 해야 하지 않겠냐."라고 관리하기 보다는 "생각하는 시간을 가져라."라고 해야 합니다.

– 'LG생활건강 CEO 메시지' 중에서

우리 회사 화장실을 사용해 보신 분들은 아시겠지만 용부를 보면서 앞을 보면 벽에 붙은 CEO께서 교육을 시작하신다. 총무팀에서 CEO 메시지를 보기 좋게 인쇄해 액자에 넣어 붙여 놓았다. 아무리 급해도 눈길은 CEO 메시지로 향한다. 직원들은 우리 회사의 CEO가 어떤 생각을 갖고 있고 그 시점에 무엇에 관심을 두고 있는가에 대한 소통은 매우 중요한 의미를 갖는다. CEO의 생각은 1번 방향인데 직원들은 모두 3번이나 5번에 가 있다면, 어떻게 될지 상상이 가는가? 모든 메시지는 CEO께서 직접 작성하신다고 한다. CEO의 화장실 메시지는 그런 의미에서 매우 실사구시實事求是하다

눈여겨볼 만한 조직 문화에 관한 사례들이다. 어떤 방법으로든 좋은 문화를 만들기 위한 노력을 게을리해서는 안 된다.

그리고 또 하나 강조할 것이 있다.

간혹 과장이나 부장으로 갓 승진한 간부들 중 승진과 동시에 잘 해야겠다는 의지가 지나쳐 과유불급過猶不及에 이르는 경우를 본다. 나도 경험했지만 승진을 하고 나면 조직을 끌고 가는데 생각만큼 사람들이 잘 따라 오지 않거나 신문지상 혹은 책에서 훌륭한 리더십을 발

휘해 큰 성과를 냈다는 사례를 보고 닮고 싶은 리더십을 찾아서 따라해 보는 경우가 있다. 물론 어떤 경우든 자신을 개선시켜 보려고 부단히 노력하는 경우는 칭찬 받아 마땅하나 이런 경우 조심스럽게 자신의 스타일을 돌아보는 것을 우선시해야 한다. 평상시 조용하고 얌전한 스타일인 사람이 무슨 책을 본 건지 누구에게 무슨 이야기를 들은 건지 180도 바뀌어서 갑자기 강하게 행동할 경우 일단 동료들은 안 하던 짓 하는 과장님이 혼란스러울 수밖에 없다. 반대로 평상시 좀 시끄러운 사람이 갑자기 순한 양이 되면 그 어색함을 누가 책임질 것인가의 문제도 생각해 봐야 한다. 자신의 스타일로 승부해야 한다는 것이다.

예를 들어 나처럼 털털한 사람이 갑자기 세련된 누군가를 닮겠다고 깔끔을 떨어댄다면 주위 사람들의 오글거림은 누가 책임질 것인가? 부모님께서 물려주신 자신의 스타일이 어떠하다 하더라도 변화가 가능하다. 충분히 더 세련되고 인간미 넘치는 리더십 소유자로 거듭 날 수 있다는 것이다. 그냥 눈앞의 것이 좋아 보여서 쉽게 따라하는 누를 범하지 말아야 한다.

아마 시중에 나와 있는 자기계발서 중에서 많은 부분을 차지하고 있는 분야가 바로 리더십 분야일 것이다. 이론이 많다는 것은 역으로 그만큼 정답이 없다는 말로 해석될 수 있다. 그렇기 때문에 특히 이 부분은 나의 주관이 많이 개입되었다는 것을 밝혀둔다. 네 가지 주제로 살펴볼 예정인데, 첫 번째가 정도 경영에 대한 부분이고 두 번째가 인간 존중의 사상을 바탕으로 한 리더십과 세 번째가 신뢰에 관한 부분이다. 그리고 그 외 리더십 관련해 생각나는 대로 정리해 보도록 하겠다.

창랑의 물

"창랑의 물 맑으니 갓끈을 씻고, 창랑의 물 흐리니 발을 씻는다네." 공자가 제자들에게 이렇게 말했다. "이 노래를 들어 보아라. 물이 맑으면 사람들이 와서 갓끈을 씻고, 물이 흐리면 사람들이 와서 발을 씻는다고 하는구나 갓끈을 씻느냐, 발을 씻느냐 하는 것은 물에 달려 있구나."

― 『책문』 김태완 지음, 소나무(2004)

맹자에 나오는 이야기다. 기가 찰 노릇 아닌가? 어떻게 리더의 몸가짐을 저렇게 잘 표현할 수 있단 말인가? 그저 맹자에 다시 한번 놀랄 뿐이다.

경복궁과 창덕궁에는 각각 경회지와 부용지라는 연못이 있다. 저자 김태완은 그곳을 주의 깊게 살펴보면 연못에 다리를 담그고 있는 누각이 있다고 설명한다. 맹자의 이 대목을 따라 왕들에게 통치를 위한 첫 번째 관문인 수신修身에 대한 몸가짐을 강조하고자 연못에 발을 담그고 있는 누각을 세웠다고 한다. 왕들이 항상 자신을 돌아보고 자신을 닦는 일을 게을리하지 말라는 뜻이 담겨 있다고 한다. 오랫동안 회사 생활을 해온 터라 여러 가지 경우를 많이 봐 왔다. 리더가 거래선과의 관계에 셈이 흐리면 반드시 뒤에 문제가 생기고, 유유상종類類相從이라 했던가, 리더가 무능하면 주위에 무능한 사람들이 모인다. 생각이 바르고 열심히 노력하는 리더 주위에는 그런 류의 인재들이 모여 들게 되어 있다. 인재를 말로 찾을 것이 아니라 자신의 수신修身이 우선 되어야 함을 잘 나타내고 있다. 요즘 많이 강조되는 창의성도 부하들에게 아이디어를 내라고 몰아붙일 것이 아니라 자신이 먼저 솔선수범하는 자세로 분위기를 만들며 항상 내가 먼저 한다는 생각을 갖는 것이 바람직하다.

봄이 되면 프로야구가 개막되어 야구팬들을 들뜨게 한다.

프로야구 감독 중 야신野神이라 불리는 김성근 감독 이야기를 좀 해야겠다. 그가 가진 과거 감독으로서의 과거 기록들을 일일이 열거하지 않더라도 우리의 뇌리 속에는 야신으로 새겨져 있고 매 경기마다 덕아웃에 앉아 있는 김 감독은 모든 것을 빠뜨리지 않고 하나하나 기록한다.

김 감독이 쓴 『리더는 사람을 버리지 않는다』라는 책에서 그는 자신의 철학을 '일구이무一求二舞'라고 밝히고 있다. 공자에 나오는 사자성어가 아니다. 한번 지나간 공은 다시 오지 않는다는 의미로, 철저한 준비를 해야 한다는 뜻을 가진, 그가 만든 말이다. 유비무환有備無患의 김 성근식 표현인 셈이다. 그 만큼 철저하게 준비한다는 뜻이기도 하다. 어떤 사람들은 재미 없는 야구를 한다고 쓴소리를 하지만 김 감독은 이기기 위한 야구를 한다며 스스로 당당하다. 왜 한화 구단이 74살의 고령에, 항상 구단과 잡음이 끊이지 않는 그에게 지휘봉을 맡겼겠는가? 몇 년간 꼴찌에 허덕이는 팀에 새로운 문화를 접목해야 한다는 요구가 가장 컸을 것이고 그 문화는 철저히 준비되어야 한다는 구단의 바람이 깔려있다고 봐야 한다. 앞으로 더 두고 봐야겠지만 감독을 바꾸니 개막 두 경기만에 1승을 챙기지 않았는가?

철저히 준비하고 승리에 목말라하는 맑은 물, 창랑의 물이 다름 아넌 김성근이라는 사람인 것이다.

자신을 돌아보자. 그것이 리더십의 첫 번째 담금질이다.

사람으로 사람을 키워라

> 사람을 키우는 것을 기술적인 관계에서 생각하면 안 된다. '인재
> 육성은 이렇게 하면 이렇게 된다'는 식으로 기술적인 관점에서
> 만 생각하면 더 커다란 것을 놓칠 수 있기 때문이다. 가장 중요
> 한 것은 '사람'이다.
>
> ― 『현장이 답이다』 다카하라 게이치로 지음, 양준호 옮김, 서돌(2007)

내게 누군가 인간관계를 이야기하는 말 중 한 구절을 찾으라고 한다
면 "네가 어떤 삶을 살든 나는 너를 응원할 것이다."와 함께 거침없이
"사람으로 사람을 키워라."라고 대답할 것이다.

이 책의 129페이지에 빨간색 펜으로 "사람은 기술로 키우는 것이
아니다. 느낀 대로 말하고 행동… 분명한 것은 부하는 나의 분신이고
책임도 함께 영광도 함께한다."라고 토를 달아 놓은 것만 봐도 내가
책을 읽으면서 이 말에 얼마나 공감했는지 짐작이 간다.

나는 샐러리맨 생활이 내 적성에 맞지 않는다는 생각을 가끔 한다.
주위에서 부하들이나 선배들이 사람을 기술적으로 대할 때는 특히 그
런 생각이 많이 든다. 인간은 동물이다. 무슨 말을 하고 싶은가 하면
어떤 사람들은 부하나 상사를 기술적으로 대하다 보니 상대방도 자연

히 기술적으로 응대하게 된다는 것이다. 그러다 보면 사람을 만날 때마다 머리를 굴리게 되고 아무리 표시 안 나게 기술적으로 대한다 해도 동물적 육감을 갖고 있는 인간이기에 느낄 수밖에 없게 된다. 그런 조직은 한마디로 모래알 조직이 되어 어떤 작은 계기만으로도 쉽게 조직력이 와해 된다. 내가 책에 빨간색 플러스펜으로 적어놓은 "느낀 대로 말하고 행동하자."라는 메모는 조직을 운영할 때 극히 소수의 경우에 기술적인 테크닉이 필요하기도 하지만 대부분은 진정성을 갖고 상대를 대하는 자세가 리더십의 두 번째 담금질이라는 의미다. 나는 그렇게 생각한다.

다나카의 책임

> 여러분은 천하가 알아주는 수재들이고, 나는 초등학교밖에 나오지 못한 사람입니다. 더구나 대장성 일에 대해서는 깜깜합니다. 그러니 대장성 일은 여러분들이 하십시오. 나는 책임만 지겠습니다.
>
> – 『나는 왜 변화하지 못하는가』, 안상헌 지음, 한언(2005)

일본의 대장성은 2001년 정부 부처 개편 때 없어지고 재무성財務省과 금융청金融으로 분할되었다. 정확하지는 않지만 우리나라 관청으로 이야기하면 기획재정부 정도로 이해하면 큰 무리가 없을 듯하다. 그렇기 때문에 공무원 중에서도 가장 프라이드가 강하고 일본 최고의 대학이라는 동경대 출신들이 많이 포진되어 있는 곳이다. 지금도 학벌은 중요한 스펙으로 작용하는데 1970년대 초라면 얼마나 중요한 기준이었겠는가? 당시 초등학교 학벌이 전부인 다나카 수상이 대장성 장관으로 임명되자 대장성에 있던 엘리트 관료들은 수근거리기 시작했고 노골적으로 불만을 표출하는 수준에 이르렀다고 한다. 그러나 다나카 수상의 취임사 시작 단 1분여 만에 어수선한 분위기가 일거에 해결됐다.

바로 그 명연설의 도입부분이다. 한마디로 "대장성은 내 것이니 할 말 있는 사람은 해 보시오!"라는 뜻이다. 나는 책임만 지겠다는 그 한 마디가 자신을 대장성의 주인으로 만들었다.

신입사원 때의 일로 기억한다. 그 시절 어떤 부장님의 웃어야 할지 울어야 할지 모르는 전설적인 에피소드 하나가 기억에 어렴풋하다. 있을 수 있는 이야기인지는 모르지만 결재를 연필로 하고는 나중에 문제가 된다 싶으면 지우개로 지운다는 전설적인 인물이 있었다고 한다. 웃자고 한 이야기지만 왠지 씁쓸하다. 중요한 프로젝트를 진행하다 보면 몇몇 관리자들이 성공했을 때 성과는 공유하고 싶지만 실패했을 때 결과에 대한 책임은 피하고 싶어서 어정쩡하게 행동하는 것을 간혹 본다. 안타까울 따름이다.

나는 지금까지 회사 생활을 해오면서 책임 부분에 대해서만큼은 그래도 자신 있다. 내가 나에게 뿌듯한 자부심을 느끼는 유일한 이유다.

샐러리맨들이 듣는 말 중에 가장 많이 듣는 말이 '주인의식을 가져라' 라는 말일 것이다. 주인의식은 주인에 의식을 붙인 말이다. 주인인데 진짜 주인이 아니니 생각을 '주인이다.' 하고 의식적으로 주입시키라는 뜻이다. 의식을 주입시킨다는 말을 다른 말로 정리하면 일을 하고 책임을 진다는 뜻이다. 일이 잘되어서 성과가 나면 그것은 당신 몫이며 실패를 한다면 이 또한 당신 몫이라는 것이다. 그렇기 때문에 최선을 다하게 된다는 것이다. 샐러리맨 생활을 하면서 책임지지 않으려고 요리조리 뺄질거리는 사람은 영원히 일의 중심에 설 수 없다.

우리 모두 추한 모습 보이지 말고 정정당당히 책임지고 승부를 거는 샐러리맨 생활을 하자.

주인정신을 갖기 위한 책임의식이 리더십의 세 번째 담금질이다.

그 외 생각나는 사람들

2011년 11월 5일, 세계 IT업계의 거물 스티브 잡스(Steve jobs)가 사망한다.

모두들 전설적인 아이디어맨의 불도저 같은 추진력을 잃은 애플의 미래를 걱정했다. 주식 시장에서도 애플 주가는 크게 출렁이는 모습을 보였다. 그러나 3년 반 정도가 지난 2015년 3월 말, 애플 주가는 54달러에서 126달러로 250% 성장했다. 무엇일까? 무엇이 우리의 우려를 한방에 날려버린 결과를 가져왔단 말인가.

나는 확신한다. 물론 나의 개인적이고 주관적인 분석이지만 산업공학과 출신의 차분한 분석가인 팀 쿡(Tim Cook)의 인간 됨됨이가 애플 전 직원의 응집력을 만들어 내고 그 응집력의 결과가 오늘날 실적에 연결된 것이라고 생각한다. 잡스가 조직을 운영할 때 만약 실적이 따라 주지 않았다면 실적 부진의 가장 큰 이유로 그의 독선에 가까운 리더십 때문이라는 평가를 받았을 것이 자명하다. 그리고 어떤 신문은 잡스의 살아 생전에도 정반대의 리더십 스타일을 가진 쿡의 뒷받침이 없었다면 애플의 성공은 불가능했을 것이라는 논평을 본 적이 있다. 쿡은 동성애자라는 고백과 함께 전 재산 기부 선언으로 세상을 깜짝 놀라게 한 만큼 진정성과 삶에 대한 뚜렷한 가치관을 가지고 있다. 미국 경제지 포춘(Gortune)은 세계에서 가장 위대한 지도자 50인을 발표하면서 쿡을 1위에 선정했다. 왜 팀 쿡인지 다른 사례를 하나 더 보고 이야기를 이어가자.

'경이적인 NCAA(전미 대학 선수권) 10회 우승'과 '영원한 88연승 신기록' 등 미국 대학 농구계의 전설적 감독이자 고인이 된 존 우든(John Wooden) UCLA 농구 감독 이야기다. 꽤 된 것 같다. 존 우든 감독의 저서인 『리더라면 우든처럼』을 읽은 것이.

책의 주된 내용이자 리더십 관련 모형인 성공 피라미드를 이야기하려는 것이 아니다. 리더십을 이야기하면서 그의 일에 대한 정체성과 가치관을 언급하지 않을 수 없기 때문이다. 세 가지가 기억에 남는다.

첫 번째는 농구팀 감독을 하면서 '농구는 농구공 이상의 어떤 것이다'는 말로 선수들에게 가치관을 강조한다. 아주 쉬운 말로 거짓말하지 말고, 속이지 말고, 훔치지 마라, 엄살 부리지 말고, 불평하지 말며, 변명하지 말라고 가르친다. 이런 것들이 바로 서야 한다고 쉬지 않고 강조한다. 두 번째는 우든 감독이 인디애나 주립 대학 감독이었을 때 선수였던 짐 파워스는 뉴욕 원정경기를 소화하기 위해서 전 팀원이 비행기가 아닌 버스로 이동한 사건을 회고한다. 짐 파워스는 "나는 비행기 공포증이 있어서 비행기를 탈 수 없습니다. 저를 내버려 두고 가셔도 괜찮습니다"라고 했으나 우든 감독은 전 팀원들을 비행기 대신 스테이션 왜건을 타게 했다. 대단한 고집 불통이다. 그리고 세 번째는 '점수판을 보지 마라'는 말로 함축되는데 선수들에게 한번도 게임에서 이기라고 말 한 적이 없듯이 결과 보다는 과정에, 미래보다는 현재의 순간에 최선을 다하도록 한 것은 우든 리더십의 백미다. 사실 우든 감독이 2015년의 관점에서는 조금 고전적이라는 느낌을 지울 수가 없지만 어찌하겠는가? 나는 그래도 그런 우든이 좋다.

결론적으로 우리는 팀 쿡과 존 우든에게서 팀 중심의 사고와 가치관에 대해 비슷한 색깔을 찾을 수 있다. 깊게 사유해 보기를 권한다.

끝으로 리더십에 대한 이야기를 마치면서 오해 없기를 바란다.

순전히 내가 생각하는 리더십이니 옳고 그른 것은 없다.

이번 기회에 자신의 리더십에 대하여 한번 더 생각하고 정리해 보는 시간을 가져 보기를 권한다.

내 일터에 내 스토리가 있는가?
그것이 내 브랜드다

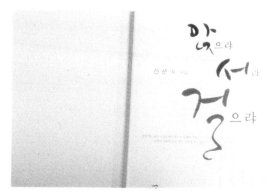

얼마 전의 일이다. 본사에 회의가 있어서 광화문 사옥에 들렀는데 평소 가깝게 지내던 부문장님이 시집 한 권을 주시면서 읽어 보라신다. 생일도 아니고 더군다나 발령이 나서 다른 곳으로 가는 것도 아닌데 말이다. 그냥 주신 거였다. 내가 책을 좋아하고 책을 많이 읽는다는 것을 들으셨기 때문이 아닐까 추측을 해 본다. 이 작은 사건 속에도 나의 회사에 나의 브랜드가 숨쉬고 있음을 느낀다. 샐러리맨의 브랜드 말이다. 회사에서 어쩌다가 신입사원들과 자리를 같이 할 기회가 되면 내가 항상 하는 이야기가 바로 브랜드다. 사회 생활을 처음 시작하는 그들이 회사 생활에 잘 적응하는 것은 개인에게도 좋은 일이지만 회사에도 실질적으로 많은 도움이 되기 때문이다.

신입사원들과 만날 때 열이면 열 모두 눈길이 부담스럽다. 이글이글

탄다는 표현이 맞겠다. 다른 사람도 아닌 부문장과의 대화이니 어찌 아니 그렇겠는가? 그만큼 의욕에 불탄다. 그 친구들 모두 정말 대단한 친구들이다. 그렇잖아도 사회적으로 이슈가 되고 있는 취업 전쟁에서 내노라는 대기업에 당당히 합격했으니 말이다. 나는 그 의욕이 나중에 간부가 되고 임원이 될 때까지 유지되었으면 하는 바람을 가지면서 항상 이 한마디 조언을 빠뜨리지 않는다. "회사에서 성공하기 위해서는 개인의 브랜드를 만들라."는 조언 말이다. 아까도 이야기했지만 눈빛이 빛나지 않는 사원이 없다. 그렇게 이글이글 타오르는 사원들 중에서 누군가는 임원이 되고 누군가는 더 멀리는 사장까지 가는 사람이 있을 것이다. 물론 나도 아직 여기까지밖에 오지 못했지만 무엇이 그들의 운명을 갈라놓을지 내게 묻는다면 나는 단호히 답한다. 브랜드가 있느냐 없느냐, 스토리가 있느냐 없느냐가 그 답이라고.

잘못 들으면 알맹이는 신경 쓰지 말고 남에게 보이는 것에만 신경 쓰라는 말로 들릴 수도 있지만 결코 그것이 아니다. 내용물을 다듬고 디자인하라는 것임을 분명하게 밝혀 둔다. 나도 직원들에 대한 인사를 할 때면 첫 번째로 떠오르는 것이 이미지다. 그렇게 그려진 이미지에 스토리가 따라오고 나도 자꾸 그쪽으로 스토리를 쓰게 된다는 이야기다. 물론 성과와 자질, 이런 것들을 기본으로 하지만 말이다. 성과와 자질도 평가자의 주관이 많이 개입될 여지가 적지 않다는 것을 감안하면 브랜드는 가히 절대적이라 할 수 있다.

그러면 어떻게 나라는 제품의 내용물을 특징지을 것인가에 대한 고민 과 어떤 이미지를 입을 것인가에 대한 고민이 필요하다. 먼저 내용물에 대해서는 강한 것이 무엇인가를 찾고 그것에 집중하라고 말하고 싶다. 별로 신통치 않은 나를 예로 든다면 피부와 화장품에 대한 교육으로 특징 짓고 책까지 한 권 발간했다. 이와 같이 강점을 심화시키는 노력을 부단히 해야 하며 없다면 만들어야 한다. 만들기 위한 노력이 필요하다. 나도 처음부터 교육이 강점이고 책을 쓴 것은 아니다. 찾고 집중하다 보니 책까지 내게 되었다.

그리고 이미지다. 다른 사람들이 나에게 책을 선물한다는 것은 나에게서 그런 이미지가 난다는 것이나. 그리고 앞에서도 여러 번 언급했지만 영업에 대한 애착과 사랑도 다른 사람들에게는 나를 특징지어 주는 이미지인 것이다. 이미지에서 중요한 것이 온리원의 자세다. 직장 생활은 길고 힘들다. 그렇기 때문에 넘버원을 목표로 가는 것은 사람을 많이 지치게 한다. 그렇다고 열심히 하지 말고 요령을 피우라는 말이 아니다. 내가 보기에는 몇몇을 제외하고는 방법이 좀 다를 뿐이지 다 열심히 하기 때문에 열심히만 해서는 남보다 앞서 갈 수 없다.

그 해답이 바로 온리원이다. 모두가 기억해 주는 당신만의 스토리를 가진 성공을 경험하고 그것이 쌓여서 조직에 흐르게 하라는 것이다. 어려운 이야기처럼 들릴지 모르지만 그렇게 하려고 노력하면 결국 그렇게 된다. 나도 머리가 그렇게 좋지 못한 편이지만 부문장까지 올 수 있었던 것은 온리원의 도움이 컸다고 생각한다. 지금도 조직 내에서 영업을 이야기할 때 2009년도 강원영업팀장 시절 540명이나 되는 전체 카운슬러 분들 개개인에게 일일이 손 편지를 쓴 일을 자랑스럽게 이야기하곤 한다. 기억 속에는 일하면서 짬짬이 2008년 12월 중순부터 2009년 2월 초까지 쓴 것 같다. 두 달 남짓 동안 일하면서 손 편지 540통 써본 사람이 있을까. 그만큼 쉽지 않은 일이다. 그렇게 그

손 편지 540통은 조직 내에서 내 스토리로 흐르고 있다. 무식하게 성실하고 고객밖에 모르는 놈으로 자리매김 했다. 일부러 만들려고 노력하는 것이 아니라 그렇게 온리원을 향해 가다 보면 당신의 이미지는 사람들에게 영향력을 행사하게 된다.

여기서는 이 정도로 하고 더 아랫단인 실제 평판에 대하여 좀더 세밀하게 살펴보고 어려운 주제지만 성품, 즉 인간성에 대해서도 일정 부분 조직 생활과의 관계를 중심으로 다루어 보겠다.

그리고 김 부문장님! 책 고맙게 잘 읽었습니다.
시인의 말대로 105 편린 중에서 이놈을 골라 다시 돌려드립니다.
제목을 샐러리맨이라고 했으면 하는 생각을 잠시 했습니다

> **작은 거인**
> …
> 수많은 세월 마음 아파도
> 속으로 삼키며
> 눈물 지웠던 당신
>
> 모든 역경 혼자 거두며 속 태웠건만
> 우리들은 당연한 듯
> 애써 피해왔습니다
> …
>
> – 『앉으랴 서랴 걸으랴』 신준식 지음, 도서출판 천우(2013)

평판의 중요성

마치 "저는 아부 같은 거 몰라요", "저는 정직하고 청렴 결백한 사람입니다." "저는 기회주의자가 아니에요", "저는 오로지 성공만을 위해 달려가지는 않습니다"라고 강력하게 항변이라도 하는 듯한 태도로 말한다.

－『평판의 힘』 주희진 지음. 위즈덤하우스(2009)

작가는 평판에 대하여 아직도 부정적으로 보는 사람들이 있지만 평판 관리를 놓고 '모른다', '안 한다'라고 말하는 시대는 지났다고 주장한다.

얼마 전 중앙일보에서 본 칼럼이 있다. 제목은 '정책에 스토리를 입히는 게 소통이다'였고 아래 중간 메시지가 "'오바마케어' 스토리텔링으로 국민과 소통한 오바마, 정책을 국민에게 통보하면 그만이라는 박근혜 정부"라고 되어 있었다. 평판이라는 것이 관리한다고 달려들면 모양이 우스워지듯이 그냥 옳다고 생각하는 부분을 밀고 나가면 언젠가는 국민들이 알아주겠지 하는 식의 현 국정 운영을 질타하는 칼럼이었다. 평판을 이해하는 데 이보다 더 좋은 사례는 없는 것 같다.

심장병 수술을 네 차례나 받았을 정도로 어머니의 건강이 걱정이라 내과의사가 꿈인 미시간 주립대 에릭 모베르그는 학비와 의료비 걱정에 학업을 포기할 생각까지 하다가 어느 날 전화 한 통을 받게 된다.

"26세까지는 부모님 보험에 포함돼 함께 혜택을 받으니 걱정하지 말아요."라는 내용의 전화를 건 인물은 바로 오바마 대통령이었다. 그리고 용기를 잃지 말고 학업을 계속하라고 용기를 주는 내용이 백악관 유튜브에 담겨 있다고 한다.

가슴이 울렁거리지 않는가? 대통령이 바로 옆에서 무엇이든 도와주려고 두 팔을 걷고 있는 모습이 감동적으로 그려지는 대목이다. 요즘 우리나라도 온통 공무원연금 개혁에 대한 논쟁으로 나라가 시끄럽다. 마치 몇 년 전 미국의 의료보험 개혁 때와 비슷한 양상이다.

한마디로 정리하면 미국의 오바마 대통령은 국민들의 평판을 관리하는 반면 박근혜 대통령은 당위성만 던지고 밀고 가면 되는 형국이라고 판단하는 것 같다. 그렇다. 우리는 '사람들과 말 섞지 말고 일만 열심히 하면 언젠가는 알아주겠지.' 하는 동양적 유교 사상에 너무나 익숙해져 있는 것이다. 다시 평판으로 돌아오면 평판관리는 첫 번째로 오바마 대통령처럼 자신의 업무를 수월하게 진행하기 위한 매우 유효한 수단이다. 두 번째는 함께 일하는 동료들과 친해지는 중요한 수단이 될 수 있다는 것이다. 물론 사실을 뻥튀기하거나 과장 조작은 좋은 평판을 목적으로 했지만 나쁜 평판으로 굳어져 자신을 옭아매는 최악의 수단이 된다는 것쯤은 상식이다.

나도 한때 평판을 다음에 다룰 인간미의 반대쪽에 있는 뿔 달린 그런 것쯤으로 생각했지만 그것이 얼마나 어리석은 생각이었는지 인정한다.

샐러리맨들이여!

조직 내에서 당신의 좋은 평판을 춤추게 하는 것은, 당신이 하고 싶은 일을 마음대로 할 수 있게 만드는 훌륭한 도구라는 사실을 잊지 맙시다.

인간미 人間味

人間味, 인간다운 따뜻한 맛.
사전에는 그렇게 나와 있다.

> "어머니, 꽃구경 가요"
> 제 등에 업히어 꽃구경 가요
>
>
> 세상이 온통 꽃 핀 봄날
> 어머니는 좋아라고 아들 등에 업혔네
> …
>
> —『따뜻한 봄날』 김형영 시, 장사익 작곡·노래

얼마 전 TV에서 장사익 선생이 구슬프게 노래하는 모습을 보고 얼마나 울었는지…

한 없이, 한 없이 눈물이 난다. 어머니!
잘못을 뉘우치며 눈물 흘릴 줄 아는 사람.

집에서는 나 없으면 회사 안 돌아간다고 큰소리치지만
출근하는 순간 지시받은 일로 파김치가 되는 그 대리.

그리 크지 않은 조직일지라도 조직을 위한 결정을 하고서

사사로움을 떨쳤다는 정의감보다 아파하는 지인을 생각하며…
끝내 안타까움에 뒤돌아 멀리 산을 바라보는 그 과장.

온통 거짓이 난무하는 세상이지만
거짓말 한마디 하고
그게 뭐 대수냐며 몇 날 밤을 뒤척이다
끝내 고백하고 머리를 숙이는 촌스런 그 인간.

가진 것은 별로 없지만
매사에 돕지 못해 안달하는
오지랖 넓은 그 인간.

열정적이고 매사에 적극적으로 남다른 성과를 올리지만
항상 자기보다 동료의 공을 치켜 세우기에 바쁜 속없는 윗사람.

뭐 대단한 정의감 났다고
부하의 잘못된 결정으로 인한 잘못된 결과에
잘하려고 하다 생긴 일이니 내가 책임진다고
큰소리치고는 윗사람 대할 생각에 혼자 가슴 졸이는 못난 그 상사.

직장은 인간들이 생활하는 곳이다.
그러기에 절대적으로 필요한 것이 인간미다.
살아가면서 따스한 맛이 있는 그런 사람. 내가 바로 그런 사람인지를 뒤돌아보기를 바란다. 나 또한 이정도 회사 생활하고 나니 조금 초조해 지기 시작한다. 인간미 넘치는 그런 사람으로 기억되지 못하면 어쩌나 하는 조바심 때문이다.

업무적으로 뛰어난 역량을 가지는 것은 물론 중요한 이슈이지만 그 뛰어난 업적을 조직 내에서 잘 평가받으려면 뒷받침되어야 하는 것이 바로 인간미다. 요즘은 거의 대부분의 회사에서 중요하게 자리 잡은 것이 바로 평가이다. 평가가 반드시 숭요하고 전부인 것은 아니지만 자신의 성과를 제대로 평가받기 위해서는 항상 겸손하고 인간미 넘치는 사람을 마음 속에 그리고 닮아 가려는 노력이 필요하다.

늦지 않았다

61년 늦은 입학, 69세 최순근 할머니 초등학교에…
"열심히 공부해 나라일꾼 될 것"

지난 3월 18일자 서울경제신문에 난 기사로 69세에 초등학교에 입학한 한 할머니에 관한 기사다.

여러분은 최순근 할머니께 무엇을 느끼는가?

최순근 할머니 이야기는 여느 할머니, 할아버지와는 좀 다른 것 같이 느껴진다.

하나는 배우기 위해서 8살짜리 코흘리개들과 함께 정식으로 초등학교에 입학했다는 것이고 또 하나는 꿈을 묻는 질문에 열심히 공부해 나라의 일꾼이 되겠다고 대답한 것이다. 우리는 지금까지 한글을 깨우치기 위해 고령임에도 배움의 열의에 불타는 노인 분들은 많이 보아 왔다. 하지만 정식으로 초등학교에 입학하여 어린 아이들과 함께 공부하는 어르신들은 많지 않다. 8살 코흘리개들이라도 사람으로 존중하고 함께 할 수 있다는 것은 현대를 살아가는 특히 나이 좀 먹었다는 우리들에게 매우 중요한 의미를 전해 준다.

사실 나도 이제 갓 들어온 신입사원들을 대할 때 어느 순간 그들을 마냥 햇병아리로 보는 나를 발견하고 깜짝 놀라는 경우가 있다. 사실 그러면 안 되는데 말이다. 100세 시대를 살기 위해서는 우리 스스로 벽을 허물고 누구에게라도 다가갈 수 있어야 한다는 최순근 할머니의 가르침이 소중한 이유이다.

그리고 포부를 묻는 질문에 사법고시 패스를 하신 것도 아닌데 '열심히 공부해 나라 일꾼이 될 것'이라는 대답에 공익을 위한 어떤 일에 대한 아쉬움이 서려있다. 나보다는 남을 소중히 생각하는 마음에서 우러나온 것이 아닐 수 없다. 그 순수함은 두 번째로 치더라도 말이다.

이번 단락의 주제는 '늦지 않았다.'이다. '무엇이 늦지 않았다는 말이며 그것을 어떻게 해야 한단 말인가?'라는 과제를 던져준다.

앞에서도 100세 시대를 언급했지만 모두가 100세 시대를 그렇게도 외치더니 정말로 100세 시대가 온 것 같다. 퇴직하고서도 작게는 20~30년, 많게는 30~40년이라는 세월이 우리 앞에 떡 하니 버티고 있으니 말이다.

우리는 이제 전반전을 뛰었을 뿐이다. 16년간의 긴 배움을 끝내고 적성에 맞느니 안 맞느니 하면서도 취직을 하거나 가게를 열고 결혼을 하고 아이를 낳아 기르고 몇몇은 부모까지 걱정하면시 인간으로서의 신성한 의무를 다하다 보니 어느새 희끗희끗 여기까지 왔다.

사회학자인 서울대 송호근 교수는 나처럼 1955년부터 1963년 사이에 태어난 일명 베이비부머 세대의 아픔을 다룬 책을 내면서 그 제목을 『그들은 소리 내 울지 않는다』라고 붙였다. 그렇게 숨죽이고 살아온 세대인 것이다. 그러다 보니 모두들 노후 걱정이 태산이다. 얼마가 있어야 몇 년을 버틴다는 주제가 후반전을 시작하는 우리들의 목줄을 조이기 시작하고 어깨는 처질 수밖에 없다. 그렇다고 노후 설계를 위해서 지금부터 적금을 얼마 들고 취미로 무엇을 갖는 그런 이야기를 하려고 늦지 않았다라는 주제를 던지는 게 아니다. 나는 여기서 최순근 할머니의 정신적 노후 준비에 대한 이야기를 하고 싶은 것이다. 정규 초등학교에 입학해 61년이나 어린 코흘리개들과 어울릴 수 있는 용기와 정신력 그리고 나라의 훌륭한 일꾼이 되겠다는 순수한 꿈을 가진 최순근 할머니의 정신적 노후에 대해서 말이다.

당장 먹고살기도 팍팍한데 정신은 무슨 정신이냐고 벼르는 사람도 있을 것이다. 하지만 미래를 위해 개미처럼 끝없이 굴속에 먹을 것을 채운다 해도 그 채움에 대한 욕구는 죽는 날까지 끝이 없을 것이라는 이야기를 하고 싶은 것이다. 그렇기 때문에 어차피 하는 것, 정신적으로라도 피곤하지 않기 위해서 생각하기 나름이라는 말 속, 그 생각하기에 대한 준비가 필요하다. 이제 후반전이 준비되었건 안 되었건 간에 경제적인 측면은 잠시 접어 두고 내가 하고 싶은 일에 대한 준비와 내 인생의 정신적 완성, 다시 말해 소유가 아닌 존재 중심의 미래를 위한 설계를 감히 주장하는 바이다. 경제적인 문제들은 신경을 쓰든 안 쓰든 따라오게 되어 있으니 지금부터라도 소유에 대한 끝없는 욕심을 버리고 지금 가지고 있는 것을 소중히 여기며 그 최소한의 것을 바탕으로 다음 단락에서 이야기할 내 평생 업으로 삼을 일에 대한 준비를 차근차근 해나가자는 것이다.

현재 시간 새벽 5시 45분이다. 4시 10분에 일어나 1시간 반 동안 책을 쓴다고 앉아서 자판을 두드리는 손가락에 힘이 실리는 이유이다. 30여 년 가까이 내 일인 화장품을 사랑하며 깊게 빠지다 보니 몇 년 전 전공 서적도 한 권 출판했고, 배운 게 도둑질이라고 이렇게 언감생심 거창하게 이야기하면 수필집까지 욕심을 내고 있지 않은가? 혹시 내가 출판 인세로 돈 맛 한번 보기 위해 새벽 4시에 일어나 이 짓을 하고 있다고 생각하는 분은 없으시리라 생각한다. 내가 좋아서 하는 이 일 역시 인생 후반전에 대한 정신적인 준비를 위한 것이다. 전반전처럼 소유 중심의 경제적 측면을 중심으로 한 생각을 잠시 접어두고 정신적으로 나를 찾아가는 준비를 하자는 것이다.

다시 한번 초등학교를 61년 늦게 입학하시면서 던지시는 최순근 할머니의 가르침을 순수한 마음으로 깊게 되새겨 봄이 어떨까?

브라보! 할머니! 열심히 공부하셔서 나라의 일꾼이 되십시오!

라면 신神이 마지막으로 남긴 말

'다이쇼켄' 창업자 야마기시, 지난 1일 심부전으로 타계

일본 '라면 神'이 마지막 남긴 말

"어서 옵쇼, 특제 메밀국수입니다"

– 조선일보, 2015년 4월 6일자

'스케멘', 그러니까 찍어먹는 라면을 처음 개발한 일본 장인의 이야기다.

역시 라면 신神이다. 2007년 야마기시 가즈오 씨가 현역에서 은퇴할 때 라면 신이 끓여주는 마지막 라면을 먹기 위해 전날 밤부터 일본 전역에서 고객들이 몰려들었다. 많게는 17시간을 기다렸다는 사람들이 있을 정도였고 방송국에서도 취재를 위해 헬기까지 동원했다. 일본 전역을 떠들썩하게 했던 그 라면 신이 4월 1일 타계했다는 소식이다.

우리나라의 뉴스 채널 YTN이 '인물 정석'이라는 코너에서 그에 대하여 자세히 다루었을 뿐만 아니라 조선일보에도 그의 장인 정신과 인간미에 대한 기사가 실렸을 정도니 대단한 사람인 것은 확실한가 보다.

보도에 따르면 야마기시 씨가 숨을 거두기 전 마지막으로 중얼거린 말이 "어서 옵쇼. 특제 메밀국수입니다. 감사합니다."라는 세 마디였다고 한다. 임종을 지키던 제자들은 스승이 임종 직전 생사가 오락가락할 정도로 의식이 흐려졌음에도 라면을 생각했기에 그렇게 중얼거리다 숨을 거두었다고 전한다.

생전에 "나는 라면을 좋아하는 인간이라면 누구하고든 맞는다"란 말을 모토로 300여 명의 제자들을 키우고 그중 100여 명에게는 로열티 한 푼 안 받고 분점을 허용한 특유의 장인 정신에 훈훈한 인간미까지 갖춘 라면의 신이다. 말 그대로 국수장사 한 사람의 죽음으로 일본 열도 전체가 추모의 분위기라고 하고 멀리 바다 건너 우리나라에서조차 그의 이야기가 잔잔한 감동으로 다가오는 이유가 아닌가 생각한다.

역시 라면 신神, 아니 직업職業의 신神이다.

얼마나 아름다운 이야기인가. 자신의 하던 일을 죽음의 순간에도 무의식적으로 하고 있었으니 말이다. 좋아하는 일이란 바로 이런 것이 아니겠는가? 라면을 끓이는 일도 헬기로 중계가 될 수 있고, 라면을 끓이는 법을 배운 제자들이 마지막 임종을 지켜 줄 수 있는 것이 일의 세계 아니겠는가? 가히 경이롭다.

라면의 신神 야마기시 씨를 보며 업에 관하여 아주 중요한 가르침을 배울 수 있다. 하나는 일본식의 찍어 먹는 라면이 숭고한 업으로 자리 잡는 것을 보며 일에 부여하는 의미와 정성에 따라 세상에 존재하는 수많은 일들이 아름답고 훌륭한 일이 될 수 있다는 사실이다. 또 하나는 장인의 요건에 일에 대한 숙련도뿐만 아니라 그 사람의 인간미가 더해질 때 한 단계 레벨업된 숭고한 장인의 반열에 오를 수 있다는 사실을 알려 준다.

나는 한 번도 꿈을 위해 무모해진 적이 없다. 대학생이 되기 전부터 아르바이트를 하고, 대학 졸업 직후부터 직장생활을 하며 경제적인 독립을 최대한 빨리 이뤘다는 게, 내가 생각하는 나의 가장 내세울 만한 점이다.

- 『김이나의 작사법』 김이나 지음. 문학동네(2015)

　라면 왕에 대한 이야기가 다 끝나지도 않은 것 같은데 또 다시 작사가 김이나의 글을 들고 나오냐고 하실지 모르나 이 두 사람이 내가 하고 싶은 이야기를 대신 해 주기 때문이다. 라면 왕 야마기시 씨의 경우는 좋아하는 일이란 지금 하고 있는 일에 사람을 위하는 요소를 더하여 노력하는 정도로는 모자랄 것 같다. '혼'이라고 하는 것이 맞겠다.

　자신의 일에 사람을 위한다는 대전제를 깔고 혼으로 버무려 낸 것이라고 표현해도 부족할 정도로 숭고하다는 말을 오늘 몇 번이고 내뱉는다. 절대 돈을 목표로 하지 않고 인간을 목표로 하고 있다는 것이다.

　그만큼 '사람을 위함'이라는 전제는 중요하다. 샐러리맨들도 자기가 하는 일에 대하여 사람을 위한다는 전제를 까는 일을 생각해 보아야 한다. 그래야 그 일이 가치 있어 보이고 그 가치가 다시 자신을 일에 몰입하도록 만들어 갈 수 있다.

　그리고 작사가 김이나 씨가 좋아하는 일을 찾는 것에 관하여 아주 중요한 충고를 건넨다. 비슷한 내용을 앞에서 언급했지만 한번 더 언급하자면, 어설픈 꿈을 좇으며 세상이 내게로 와주기를 바라는 무모함은 버리라는 충고 또한 가슴에 새겨야 한다. 작사가 김이나 씨가 현실을 생각하는 성숙함과 일에 대한 보다 진지한 고민, 함께하는 사람들에 대한 가치부여가 어우러질 때 아름답고 숭고한 한 인간으로서의 작품이 완성되는 것이 아니겠는가 생각한다.

　라면의 신 야미기시 정도는 안 되더라도 좋아서 할 수 있는 일을 찾는 노력을 게을리하지 말아야겠다.

먹고살기 위한 공부보다 하고 싶은 내 공부를 하자

> 하늘소에 '미친' 20대 젊은이 셋이 5년 동안 홍도를 포함한 우리
> 땅 전역과 백두산까지 올라가는 노력 끝에 다음 달 '하늘소 생태
> 도감'을 펴낸다. 한화S&C 컴퓨터 프로그래머 장현규(29) 씨, 서
> 울대 곤충계통분류학 석박사통합과정 이승현(27) 씨, 호서대 생
> 명과학부 최웅(23) 씨다.
>
> — 조선일보, 2014년 6월 20일자

참 대단한 젊은 친구들이다.

『논어』에 보면 "지지자불여호지자 호지자불여락지자知之者不如好之者
好之者不如樂之者"라고 했다. 해석하면 단순히 알고만 있는 사람은 좋아
하는 사람을 이길 수가 없고 나아가 좋아하는 사람도 즐기는 사람을
이길 수가 없다는 뜻이다. 말 그대로 좋아하는 일을 할 때는 일의 효
율이 배가 된다는 의미일 게다. 하늘소가 뭐라고 직장 다니는 사람이
주말에 목포로 내려가 그것도 찜질방에서 자고 빵으로 끼니를 때워가
며 홍도까지 들어가 하늘소를 채집한 적도 있다고 한다. 누가 감히 하
늘소에 대하여 그에게 시비를 걸 수 있을 것인가?

나는 부문 조직을 맡고부터 연초가 되면 조직원들에게 한 해를 시작
하면서 열심히 살자는 의미로 올해 세운 자기계발 계획서를 매년 받

고 있다. 자칫 다람쥐 쳇바퀴 돌듯 생활하다 보면 현실에 안주하게 되고 시간이 갈수록 생활이 답답해지면서 결론적으로 좋지 않은 조직 문화가 형성되기 때문이다. 그런데 직원들이 낸 자기계발 계획을 보면 거의 대부분을 차지하는 것이 어학 공부다. 영어는 기본이고 요즘 부쩍 중국어를 배우겠다는 사원들이 많다. 그리고 한 달에 책 한두 권 읽겠다는 계획이 뒤를 잇고 있다. 그런데 나는 매년 계획을 받을 때마다 많이 안타깝다. 몇몇은 불러서 하고 싶은 공부를 좀 시키고 조언도 하지만 면담 성과는 그리 신통치 않다.

한편 경리 사원이나 교육강사 채용 면접 시에는 항상 황당할 수 있는 질문으로 마무리한다. "화장품이 무엇이라고 생각하십니까?"다. 도대체 말이 되는 질문인가 말이다. 화장품이 화장품이지 무엇이냐고, 모든 면접자들이 당황하면서 주절주절 말도 안 되는 대답들을 늘어 놓는다. 나는 바로 "화장품은 H2O+OIL+알파로 구성되어 있으며 그 역할은 천연 피부 보호막인 피지막, 또는 산성막을 보완하는 인공 피부 보호막이며 장기적으로 사용 시 노화 지연 및 5가지 피부 문제점을 개선하는 효과를 갖고 있다."고 이야기한다. 한마디로 화장품을 내 나름대로 정의한 것이다.

슬픈 일이 아닐 수 없다. 두 가지 사실이 말이다.

하나는 5년을 하던 10년을 하던 간에 자기가 취급하는 것에 대하여 최소한의 공부는 필수라는 점이다. 어느 부장은 화장품 회사에 20년을 다니고도 화장품이 뭐냐고 물으면 아시면서 왜 묻느냐며 역으로 웃음을 날리는 웃지 못할 상황을 연출한다. 12년을 공부하고도 또 영어를 붙잡고 세월을 보낸다. 이제 또 하나 늘었다. 중국어다. 남이 하니까 안 하면 불안해서 하는 것이라고밖에는 해석이 되지 않는다. 대부분의 사람들은 사회 생활을 하면서도 학교 다닐 때 하던 패턴대로 공부를 하는 것 같다. 대학 입시를 목표로 성적을 내기 위해 필요한 과목들을 공부했지만 사실 그때 했던 공부들이 사회 생활하는 데 무슨 도움이 되는지 묻고 싶다. 영어나 중국어도 마찬가지다. 화장품 파는 사람에게는 화장품을 이용한 피부 관리 테크닉이 중요하지, 영어 단어가 중요한 것이 아니다. 영어는 미국 여행을 가거나 깊은 공부를 위해 원서를 읽어야 하는 경우 등 필요할 때 하면 된다. 그런 직접적인 필요에 의해서 하는 공부는 그 효율성도 높아서 하는 대로 쏙쏙 흡수될 수밖에 없다. 하지만 진급을 위한 영어 공부는 마음만 무거울 뿐이다.

두 가지를 부탁한다. 하나는 어떻게든 제2의 인생이 시작되기 전에 자기가 빠지고 싶은 일을 찾아서 그 분야에 대해 깊은 공부를 시작하라. 주말에 TV를 떠나 동네 도서관에서 과거 동심으로 돌아간 순수한 중년이 되어 보라고 조언한다. 그리고 두 번째는 자기가 하고 있는 현재의 직업에 대한 공부를 추천한다. 현재 내가 하고 있는 일에 대한 공부는 앞에서도 이야기했지만 내가 좋아하는 일을 만나게 될 확률을 높여 준다. 그러면 "무슨 공부요?"라고 반문하는 분들이 간혹 있다. 나의 경우를 예로 들자면 나는 화장품을 파는 영업사원이므로 화장품에 대해 넓게는 피부에 관한 의학 지식까지도 깊게 공부한다. 나도 술 좋아하고 노는 것 좋아하는 사람이지만 언제부턴가 화장품에 대한 공부에 빠져 책을 읽게 되고 그러다 보니 전공을 넘어서 다양한 분야의 책들을 읽고 그로 인해 다른 생각이 머리에서 자라면서 이렇게 어울리지 않게 책도 쓰질 않는가. 앞으로 나의 미래도 지금으로서는 도저히 가늠이 되지를 않는다. 하고 싶은 것을 공부하는 습관이 내 삶의 중심에 왔기 때문이다. 또 어떤 사고를 칠지 아무도 모를 일이다. 나이 먹고 이처럼 좋은 일이 또 어디 있겠는가?

노후 준비에 관하여

경향신문에 '내 인생의 책'이라는 코너가 있다. 명사들이 자신이 읽은 책 중 인생에서 가장 기억에 남는 책을 소개하는 코너인데 책에 관심이 있는 터라 경향신문을 볼 때면 가장 먼저 눈길이 가는 코너다.

오늘 아침 신문에 대흥사 일주암 주지 법인 스님께서 내 인생의 책으로 고대 로마 시대 정치가이며 철학자인 키케로(Marcus Tullius Cicero)의 저서 『노년에 관하여 우정에 관하여』가 소개되었다.

"노년의 설계가 오로지 건강과 안정적 생계에만 매달린 사회는 역설적으로 건강하지도 안정적이지도 않은 사회다."라고 법인 스님은 일갈한다.

2000년 이후부터 단연 화제의 키워드를 꼽는다면 100세 시대와 노후 준비가 그 중심에 있을 것이다. 나도 이제 정년이 몇 년 남지 않은 시점이다 보니 그래도 조금은 신경이 쓰이는 단어가 아닐 수 없다.

대부분의 노후 준비 전문가들은 보험 쪽 전문가들은 경제적인 측면만을 강조하여 노후에 편안히 먹고살기 위해서는 국민연금 하나로는 부족하니 3층으로 연금을 설계하여야 안전하다고 목청을 높인다. 국민 연금과 퇴직 연금에 개인 연금까지 준비하라는 이야기다. 노후에 돈 없는 설움을 당하지 않으려면 틀린 이야기는 아닌 것 같다. 그리고 두 번째는 육체적 건강에 대하여 아무리 3층 연금을 쌓아 본들 아프면 그만이니 중년을 넘어서면 각별한 건강 관리가 중요하다고 말한다. 이 또한 틀린 이야기는 아닌 듯 하다. 그리고 사람마다 다르지만 친구나 소일거리를 다음으로 치는 사람들이 많다. 이것은 사회적 동물로서의 관계에 대한 준비를 이야기하는 것으로 이 또한 중요한 노후 준비의 한 요소가 아닐 수 없다. 그러나 나는 여기서 법인 스님의 "노년의 설계가 오로지 건강과 안정적 생계에만 매달린 사회는 역설적으로 건강하지도 안정적이지도 않은 사회다."라는 말씀을 다시 한번 곱씹어 보아야 한다고 생각한다.

경제적으로 준비가 되어 있고 육체적으로 건강한데 왜 건강하지도 안정적이지도 않다는 것일까? 바로 살아가면서 정신적인 면에 대한 준비가 필요하다는 말씀을 하고 싶으신 것이다.

좀 극단적인 예가 될지 모르겠으나, 얼마 전인가 부자들이 많이 산다는 강남구 서초동에서 40대 가장이 자식 둘과 아내를 살해한 이해하기 힘든 사건이 벌어졌다. 사건의 요지는 이렇다. 40대 가장이 3년 전 외국계 회계법인이라는 괜찮은 회사에 다니다 실직했는데 실직 사실을 아내와 두 아이에게 숨기고 3년을 지내 오다 경제적인 압박이 심해져 극단적인 선택을 한 것 같다는 것이다. 나는 이 사건도 그 원인을 들여다 보면 정신적으로 건강하지 않았기 때문에 일어난 사건이라고 생각한다. 그리고 또 하나는 "역설적으로 건강하지도 안정적이지도 않은 사회다"라고 하며 개인이 아닌 사회를 이야기한 점에 주목할 필요가 있다. 남에 대한 배려를 포함해 사회적 동물로서의 책임에 관한 이해를 바탕으로 정신적인 측면에서의 자신의 삶에 대한 완성도를 높이는 것. 이것이야말로 개인과 나아가 사회 전체를 진정한 풍요로움으로 가득하게 하는 것이 아닐까 생각한다.

정신적인 면에서의 준비는 사색과 독서를 통하여 꾸준히 자신의 삶에 대한 정체성을 확보해 가는 과정이다. 나이 먹으면서 과거에 내가 뭐였고 아직 죽지 않았다고 아무리 떠들어댄들 무슨 소용이 있겠는가? 아무리 알통을 만들어 아직 늙지 않았다고 발버둥친들 무슨 소용이 있겠는가 말이다. 나이 먹고도 얼마나 살겠다고 얼마나 가졌다고 가진 것에 대한 우쭐하는 꼴불견으로 하루를 사는 슬픈 자화상을 어찌할 것인가?

나이 먹은 사람들을 폄하하자는 것도, 자신의 삶에 대한 자존감을 가치 없다고 하는 것도, 건강한 삶을 위한 운동을 의미 없다고 하는 것도, 더욱이 열심히 살아온 것에 대한 결과물로서의 아름다운 부를 매도하는 것도 아니다. 나이를 먹어가면서도 죽는 날까지 사는 목적이 권력욕, 성욕, 물욕의 범주를 벗어나지 못하는 것에 대한 안타까움을 이야기하는 것이다. 앞서 이야기했듯이 여의도에서 평범한 해장국집을 운영하는 노부부의 삶을 떠올리게 된다. 사람들에게 맛있는 밥을 먹이는 것을 사회에 대한 마지막 보답이자 살아가야 하는 의미로 받아들이는 순수함과 정직한 본질로 돌아가는 인간미의 완성에 대한 동경을 이야기하고 싶다. 이 책을 읽으면서 인간미의 완성에 동의한다면 늦지 않았다. 여생을 사회적 동물로서의 책임인 '배려'를 바탕으로 인간미 넘치는 아름다운 인간의 삶을 살아가기 위한 정신적인 노후 준비를 서두르자

당신 앞에는 아직 많은 시간이 있다.

PART **TWO**

샐러리맨의 마지막 강의

샐러리맨의 마지막 강의

●

"어서 옵쇼. 특제 메밀국수입니다. 감사합니다."
"어서 옵쇼. 특제 메밀국수입니다. 감사합니다."
"어서 옵쇼. 특제 메밀국수입니다. 감사합니다."
…

…

죽어가는 그 순간에도
라면 왕의 마지막 되뇜은 계속된다.

"어서 옵쇼. 특제 메밀국수입니다. 감사합니다."

어이, 샐러리맨! 당신의 그 혼魂은….

●

샐러리맨의 마지막 강의

2007년 출간한『살갗혁명』이 꽂혀 있는 시립도서관

얼마 전 주말에 동네 도서관을 찾았다가 자료실에서 2007년에 출간한 나의 책『살갗혁명』을 발견했다. 괜스레 어깨에 힘이 들어간다. '지나온 세월이 그래도 부질없지는 않았구나.' 하는 생각을 해 본다.

이번 장의 제목을 샐러리맨의 마지막 강의라고 하니 박 부문장이 이 책을 쓰고 회사를 관두려고 그러나 싶기도 할 것이다. 하지만 그런 걱정(?)은 하지 않아도 된다.

"아, 해 보지 않은 놈은 말을 마라. 영하 30도의 날씨에 빤스만 입고 연병장에서 선착순하는 데 땀이 얼어서 머리에 고드름이 달리고… 말을 마라!"

"김 병장, 김 병장! 야아아! 그렇게 지독한 놈은 내 태어나서 처음이다. 잠을 재워야지. 50분 취침, 10분간 휴식. 아이고, 말을 마라."

군대 갔다 온 사람들은 대충 짐작이 갈 것이다. 맞다. 군대 무용담이다.

대부분 남자들은 술자리에서 누구라도 군대 이야기를 꺼내면 누구 침이 멀리가나 시합이 시작된다.

"IMF 때 말을 마라. 아, 왜 그렇게 월말은 자주 다가오는지, 매출 목표는 멀었는데 날짜는 다가오고… 밤마다 술에다… 그만 하자."

"김상무, 김상무! 그 인간은 잠도 없나? 밤새 3차까지 달리고 정시에 출근해서 어젯밤 술자리에서 이야기한 보고서를 내놓으란다. 아! 말을 말자."

"야, 그때 끝내줬다. 내가 그 안 되던 일 맡아서 6개월 만에 정상으로 만들어 놓고 부하들 내 말이라면 자다가도 벌떡 일어났지. 한마디로 끝내줬다."

이건 또 뭔가? 맞다. 봉급쟁이 직장 생활 무용담이다. 대부분의 사람들은 직장 생활을 5년을 했건 10년을 했건 아니면 나처럼 30여 년 가까이 했건 간에 그냥 무용담이 전부다. 무용담까진 아니라고 해도 승진에, 연봉에 그런 것들이 전부이니 말이다.

나는 싫다!

제대로 해온 건지는 모르겠지만 나의 30년을 무용담과 함께 월급 봉투 속에 모두 구겨 넣기에는 자존심이 많이 상한다. 인간은 무엇으로 특징 지워질까? 하는 일, 바로 업業이다. 물론 돈 많은 것과 직위 높은 것도 노력한 결과이니 존경받을 만한 가치다. 하지만 그 외에 근본적으로 자신이 하는 일에 대해 자기 스스로 부여한 애정은 있어야 하지 않겠는가? 의미와 철학까지는 아닐지라도 말이다. 여기에 깊은 애정이 잉태한 내공까지 더해진다면 무엇을 더 바라겠는가?

> 교양 강의라는 명목 아래 나는 스스로를 병 속에 넣었다. 이 병은 미래의 어느 날, 바닷가로 떠 내려와 내 아이들에게 닿을 것이다. 만약 내가 화가였다면 아이들을 위해 그림을 그렸을 것이다. 음악가였다면 작곡을 했을 것이다. 그러나 나는 강의를 하는 교수다. 그래서 강의를 했다.
>
> — 『마지막 강의』, 랜디 포시 · 제프리 재슬로 지음, 심은우 옮김, 살림(2008)

2008년 뜨겁게 이슈가 된 고故 랜디 포시(Randolph Frederick Pausch) 교수. 그는 췌장암에 걸려 시한부 인생을 살면서도 다른 사람들을 돕는 이야기부터 장애를 극복하는 방법에 이르기까지, 피를 토하는 심정으로 열강을 펼친다. 앞에서 보는 바와 같이 포시 교수는 서문에 자신이 죽은 후 자신의 아들에게 이 강의가 전해지기를, 그래서 힘을 받기를 간절히 바라는 마음을 담아 담담하게 "내가 만약 화가였다면 그림을 그렸을 것이다. 음악가였다면 작곡을 했을 것이다. 그러나 나는 강의를 하는 교수다. 그래서 강의를 했다."라고 적었다.

내가 이번 단락을 샐러리맨의 마지막 강의라고 한 이유가 바로 여기에 있다.

화가는 그림을 그리고 음악가는 작곡이나 연주를 하지만 포시 교수 자신은 교수이기에 강의를 했다고 했다. 그럼 샐러리맨인 우리는 무엇을 할 수 있을까? 그렇다. 우리도 어디에서 누군가에게 직업職業에 대하여 이야기해야 할 일이 생긴다면 몇 년을 일했건 간에 값싼 무용담이 아니라 준비된 내공으로 자기 업業에 대하여 이야기할 수 있도록 직장 생활을 관리해야 한다고 말하려는 것이다. 예를 들어 보자.

화장품을 파는 영업사원인 나는 화장품과 피부 관리에 대하여 무용담이나 월급 봉투가 아닌 내 일이 인간의 삶을 이롭게 하는 것과 어떻게 맞닿아 있는지에 대한 고민과 철학까지는 아닐지라도 내가 부여한 의미를 이야기할 수 있어야 한다.

나는 이 내용을 마지막 강의라는 이름으로 묶어서 이야기하려고 한다. 정교하지 못하고 투박하기까지 할 것이다. 그렇다고 무엇이 문제겠는가? 자기 일에 대한 진정성 있는 애정이면 족하지 않겠는가? 랜디 포시 교수가 교수이기 때문에 강의를 한다고 했듯이 나는 화장품에 대하여 이야기할 뿐이다. 담담하게 말이다.

정리하면 샐러리맨들이 몇 년간 일을 했건 자신의 일 끝에 서면 월급 봉투와 그 흔한 무용담 외에 인간과 맞닿은, 그 일의 기저에 흐르는 본질에 대해서 고민한 것들을 이야기할 수 있어야 한다. 그러기 위해서 필요한 것들을 이번 단락에서 다루려고 한다.

누군가 에게는 아닐 수도 있지만, 미안하게도 나는 그렇게 생각한다.

몰입을 위한 최소 요건, 정체성正體性

"현재의 직무, 매일의 일상에서 반복되는 이 일. 지금 내가 하고 있는 바로 그 일. 이 속에 평생의 필살기를 마련할 수 있는 단초가 숨어 있다. …(중략)… 아마 화장품 영업을 하는 사람은 '늘 사람을 만나야 하고, 기회를 봐서 자연스럽게 화장에 대한 이야기를 해야 하고,…

– 『구본형의 필살기』, 구본형 지음, 다산북스(2010)

나는 돌아가신 구본형 선생을 많이 좋아한다. 사람은 자기와 비슷한 사람을 좋아하는 것 같다. 회사 다니며 책을 쓴 것도 그렇고 퇴직 후 1인 기업가로 강연과 저술로 제2의 인생을 연 것도 내가 하고 싶은 일이기 때문이다.

앞에 인용한 문구는 구본형 선생이 2010년에 출판한 『구본형의 필살기』의 일부분이다. 책 전체에 흐르는 내용은 자신이 지금하고 있는 일을 분석하여 자신의 강점을 찾고 그 일을 온리원으로 특화하여 인생 후반전의 필살기로 개발하자는 것이다. 나는 이 책의 두 가지 내용에 주목했고 아쉽게도 한 가지는 구본형 선생의 주장에 적극적으로 동의하지 않는다.

앞의 인용문을 보면 알겠지만 공교롭게도 선생께서 예로 드신 직업이 나의 일인 화장품 영업사원이다. 나아가 내가 오늘 이야기하고자 하는 내용을 구분하여 정리해 준 것 같은 착각이 들 정도로 예를 잘 들고 있어 주목할 수밖에 없었다. 먼저 전체적인 책의 내용에 동의하지 않는다는 표현보다는 내가 생각하는 다른 방법을 이야기하겠다고 전제하고자 한다. 선생은 대부분의 샐러리맨들이 자신의 일을 천직으로 여기는 경우가 10%를 넘지 못하는 것이 현실이고 문제점이라고 지적하고 있다. 이 문제를 해결하기 위해서는 자신의 일을 세분화해 들여다 보고 그중에서 자신이 잘하는 부분을 찾아 철저히 집중하여 내공을 키워야 한다고 설명하고 있다. 그러면 결국은 자신의 일을 좋아하게 된다는 주장인데 부분적으로는 동의하지만 집중할 부분을 찾아서 집중하는 것은 개인 의지의 문제이고 그 의지를 어떻게 불태우는지가 핵심일 수밖에 없다는 반론을 제기한다.

다시 말해 인생 후반전에 먹고살기 위한 필살기이니까 집중하라, 그러면 그 일이 천직이 된다는 논리로 해석이 가능하기 때문에 일부 회의가 든다는 것이다.

그러나 무엇보다 감사한 것은 어쩌면 이렇게도 내 입맛에 딱 맞게 예문을 드셨을까 하는 점이다. 예문을 자세히 들여다 보면 일의 내용이 두 부분으로 확연히 다른 색깔을 나타낸다. 화장에 대한 이야기, 성공한 사람들의 화장법, 화장하지 않은 여자의 불쾌함, 볼에 붓칠. 이런 류의 일들은 곰곰이 생각해 보면 사람을 건강하고 아름답게 하기 위한 화장품의 근본 목적에 닿아 있는 일이다. 그리고 멍청한 관리 부서에 제품 배달에 대한 항의, 상사에게 그럴듯한 보고서 제출 등과 같은 일은 그야말로 전형적으로 월급봉투를 위한, 짜증나는 일이라는 생각이 든다. 『구본형의 필살기』 구본형 지음, 다산북스(2010), 예문 일부 인용

그런데 핵심은 이 두 부류의 일 모두 어떻게 하면 천직으로 생각하면서 몰입할 수 있느냐는 것이다. 좀 낯간지러운 이야기지만 나는 언

제부턴가 내 직업에 대한 정체성까지는 아니지만 내가 하는 일에 나름대로의 의미를 부여하고 집중적으로 파고들었다.

그 의미는 두 가지인데, 첫 번째는 화장품을 파는 내 일과 관련하여 '화장품이 인간의 삶에 어떤 효익을 가져다주는가?'라는 고민에서 비롯된 사람을 아름답게 하는 일을 하고 있다는 자부심이다. 두 번째는 앞서 예로 든 물류 등 전형적인 일에 대해서는 사회적 동물로서의 내 역할에 대한 당위성을 부여함으로써 공동체 생활에서 남을 배려하며 함께하는 동료들보다 내가 더 열심히 해야 한다는 나름의 의미를 부여하고 있다. 낯간지럽지만 말이다.

결국 나는 직업에 대한 정체성 확립의 중요성을 이야기하고 싶은 것이다. 얼마 전이다. 강의차 곤지암 리조트에 갔는데 조금 일찍 도착하여 내 앞 시간의 프로(professional) 세일즈맨십에 대한 강의를 잠깐 듣게되었다. 그 강의 내용 중 지금 이야기하고 있는 주제와 상당히 유사한 사례가 있어 소개한다.

내용인즉 강원도 속초시 켄싱턴 호텔 객실 청소부인 김영애(1956년 출생) 씨에 대한 이야기였다. 중학교 졸업이 전부인 김씨는 10여년간 남편과 함께 공사장에서 벽돌 쌓는 일을 하였으나 건축 공정이 기계화되면서 일거리가 끊겨 실직하게 되었다. 그러다가 일하게 된 곳이 켄싱턴 호텔이다. 남들에게는 허드렛일로 보일지 모르지만 김씨는 자신이 하는 일을 업으로서 생각하고 어떻게 하면 더 빨리, 더 잘할 수 있을까를 고민하였다. 그 결과 '객실 정비 45단계 매뉴얼'이라는 것을 제작하여 2003년도 이랜드그룹 '지식 경영 대상'까지 타면서 청소를 장인 반열에 올려 놓았다는 이야기였다. 김영애 씨의 사례에서 나는 자신의 일에 대한 넓은 의미의 정체성 확립이 중요하다는 말을 하고 싶다.

나는 내 일에 대한 정체성을 "내가 지금 하고 있는 일은 인간의 건강과 아름다움을 위한 매우 숭고한 일이며 완벽한 완성을 위해 깊은 내공을 기르는데 게으름이 없어야 하고 사회적 동물로서의 남에 대한 배려를 잊지 않음으로써 아름다운 인간미를 동시에 추구한다."고 정의하고 있다.

아직 부족하지만 이렇게 10,000일을 기념하는 책을 쓰면서 다시 한 번 정리하는 좋은 계기가 되었다.

누구라도 이 책을 읽으신다면 자신의 일에 대한 본질적 의미와 사회적 동물로서의 책무에 대한 깊은 사유의 세계를 맛보실 수 있을 것이다.

히로나카의 전화번호부

또한 강의 준비며 시험 채점이며 학사 업무 등에 상당한 시간을 할애해야 한다. …(중략)… 이러한 일들을 하루하루 소화해 나가다 보면 자신이 매일 열심히 공부하고 있다는 착각에 빠진다. 하지만 이는 매우 위험한 발상이 아닐 수 없다. 이렇게 끌려가듯 일상에 쫓기다 보면 정년에 이르고, 정든 학교를 떠나야 한다.

─『지적으로 나이 드는 법』, 와타나베 쇼이치 지음. 김욱 옮김. 위즈덤하우스(2012)

드디어 논문을 탈고하였다. …(중략)…

원고량은 매사추세츠주 전화번호책 두 권에 달하는 긴 논문이었다. 나중에 이 논문을 가르켜 '히로나카의 전화번호부'라고 부르게 된 것도 그런 이유 때문이다.

－『학문의 즐거움』, 히로나카 헤이스케 지음, 방승양 옮김, 김영사(2007)

지금까지는 대략 한 단락에 하나의 주제에 대해 하고 싶은 이야기를 풀어 냈지만 이번 단락에는 두 가지 주제와 함께했다. 그 만큼 두 글이 톱니바퀴처럼 내가 하고 싶은 이야기와 완벽히게 맞이 떨어진다는 의미다. 앞의 인용문은 고령임에도 활발하게 칼럼을 쓰고 집필에 열정을 다하는 조치대 명예교수인 와타나베 교수의 책『지적으로 나이 드는 법』에서 인용했고 뒷부분은 히로나카 교수의 책『학문의 즐거움』에서 가져왔다.

송호근 교수도 비슷한 이야기를 했지만 서울대 교수들도 음악을 하거나 문학을 하는 교수 몇몇을 제외하고는 은퇴 후 칼럼 한 줄 신문에 내기 위해서 신문사에 있는 제자들에게 부탁하는 교수들이 많다고 한다. 하지만 제자들에게 돌아오는 것은 "교수님은 은퇴하셨잖아요?"라는 핀잔조의 답이 대부분이라고 한다. 이것은 무엇을 의미하는가?

다른 곳도 아닌 서울대학교 교수가 아닌가 말이다. 가히 충격적이다. 이렇듯 와타나베 교수의 걱정이 거짓이 아님을 또 다른 사회 학자가 더 이상 논쟁이 없도록 대못을 박아가며 정리해 주는 것 같다.

적지 않은 대학 교수들이 강의 준비, 강의, 시험 채점, 학회 참석, 학생 면담 등 많은 학사 일정에 휘둘리다 보면 늘 파김치가 되고 자신이 열심히 살고 있다는 착각에 빠지고, 그렇게 살다 보면 정년을 맞게 된다고 한다.

교육 준비, 교육, 시황 보고, 장기 전략 회의, 월별 매출 회의, 전체 회식, 판매 부진 품목에 대한 대책 회의, 부하 결혼, 갑작스런 문상, 직원 면담 등 그렇게 부서를 챙기다 보면 입에 단내가 날 정도로 지쳐버리기 십상이지만 열심히 살고 있다는 착각에 뿌듯함마저 느끼다가 정년을 맞는 샐러리맨과 다를 바가 없다.

생각 없이 살다가는 당신이 바로 "교수님은 은퇴하셨잖아요?"라는 핀잔을 듣고 집에 들어가 TV를 켜는 서울대 교수가 된다는 말이다.

이런 안타까운 상황에서 벗어날 수 있는 방법은 정녕 없는 것인가? 아래에 인용한 히로나카 교수의 『학문의 즐거움』에서 말하는 '히로나카의 전화번호부'가 그 답이다. 히로나카 교수도 교수가 아니던가. 그 또한 교수인 이상 강의준비를 포함해 산더미 같은 학사일정을 소화하지 않고는 살아 낼 수 없었을 것이다. 히로나카 교수가 똑같은 학사일정에도 자신을 특징지어주는 전화번호부 2권 분량의 방대한 연구물을 가질 수 있었던 것은 정체성을 갖고 자기만의 연구 업적에 매진했기 때문에 가능했던 것이 아닐까 생각한다. 즉 사회적 동물로서의 책무인 배려 차원의 노력이 필요한 학사일정과 비슷한 유형의 일반적인 업무를 소화하면서도 특이점 해소라는 자신의 연구주제에 의미를 부여했기 때문이라는 것이다. 이런 것이 삶에 대한 애정이 아닌가 싶다. 히로나카 교수의 작품에 경의를 표한다.

이제 일반적인 업무들을 소화해 내면서 열심히 살고 있다고 생각하는 어리석은 착각을 버리자. 전화번호부를 이야기하는 것이 아니다.

자기가 하는 일에서 자신을 특징지어주는 무엇인가를 만들어 가는 것이 결과적으로 자신을 정신적으로 지켜줄 것이라는 것이다. 작품을 공인 받건 받지 않건 간에 준비하는 과정과 결과물 속에 아로새겨진 나를 보는 즐거움을 느껴보지 않은 사람은 모른다. 한마디만 더 부연한다면 자기를 정신적으로 지켜줄 것이라는 말을 한번 더 강조하고 싶다.

왜겠는가? 홀딱 벗고 조용히 자신의 삶과 마주했을 때, 당신이 가진 돈도 중요하지만 그보다 더 크게 다가오는 것은 당신의 노력과 열정이 담긴 작품이나 보이지 않는 내공이라는 것이다. 얼마 전 대구에서 강의를 하는데 강의를 듣던 사람 중에서 한 사람이 2007년도에 출간한 『살갗혁명』을 꺼내 들고 이 책을 쓰신 분이 부문장님이시냐고 했다. 그때 그 기분을 당신은 모를 것이다.

그렇다고 책을 쓰라는 것이 아니다. 내가 하는 일에 대한 일반적인 무용담 수준의 이야기를 넘은 자기만의 내공을 이야기하는 것이다. 그것이 언젠가는 당신을 구해 줄 것이다. 정신적으로든 경제적으로든 말이다.

나의 마지막 강의를 시작하면서

측량도 안 된 황량한 들판에 서서 땅과 자신의 관계를 근본적인 차원에서 다시 고민하는 우직한 자. 자와 컴퍼스로 그려진 정치한 설계도에만 의지하는 것보다 집 지을 땅 위에 서서 바람의

소리를 따르고 태양의 길을 살펴 점 몇 개와 말뚝 몇 개로 설계
를 마무리할 수 있는 자

– 『인간이 그리는 무늬』, 최진석 지음, 소나무(2013)

　서문을 시작하면서 손철주 선생의 『인생이 그림 같다』를 필사했지
만 여기서는 내 마음이 따르는 또 한 분의 인문학자 최진석 교수의
『인간이 그리는 무늬』의 서문을 필사한다. 1부 서문에서도 말씀드렸
지만 나는 이 책을 쓰는 데 나의 부족함을 메우기 위해 수많은 사람들
의 저술 중에서 마음이 닿는 부분을 참조하면서 글을 완성해 왔다. 그
러나 그것은 1부까지만이다. 여기서부터 시작되는 2부의 마지막 장,
나의 마지막 강의는 순수하게 내 머리에 축적되어 온몸을 휘감고 흐
르는 내공의 샘에서 길러온 차가운 지식임을 밝히는 바이다. 최진석
교수가 말씀하셨듯이 집 지을 땅 위에 서서 바람의 소리를 따르고 태
양의 길을 살펴 점 몇 개와 말뚝 몇 개로 설계를 마무리하려는 자의
자세로 2부의 마지막 장 '나의 마지막 강의: 화장품=H2O+OIL+α'을
쓰려 한다.

　서문에서 2부 마지막 장인 '나의 마지막 강의에 마지막 강의'에 대해
이렇게 적었다.

　세 번째는 10,000일을 맞으며 화장품을 파는 내 일에 대하여
'내 일의 기저에 흐르는 본질은 이런 것이다'라고 나만의 언어로
말하고 싶어서다.

　인문학자 최진석 교수는 가치 표준에 의해 인도되지 않고 자신

에게만 있는 고유의 비밀스런 힘에 의해서 움직일 때 비로소 창
조적일 수 있다고 설파했다. 소명까지는 아닐지라도 투박하지
만 진정성 있는 내 언어로 화장품을 이야기하고 싶고 그것이 아
름다워지고자 하는 사람들에게 조금이라도 도움이 되는 상상을
해 본다.

　그렇다. 2부의 마지막 장. 나의 마지막 강의는 화장품과 피부에 관
한 내용으로, 아름다워지고자 화장품을 사용하는 모든 사용자를 생각
하면서 쓰려고 한다.

　모든 내용들을 다룸에 있어서 피부의 효과적인 개선을 위한 방법을
우선적으로 하며 시중에 나와 있는 피부 관리 책들과는 다르게 화장품
중심에서 벗어나 피부 특성 중심으로 이야기를 전개해 나갈 것이다.

　단적으로 하나만 예를 든다면 '피부는 가장 완벽한 물질이다.'라는
것이다. 피부는 스스로 보호막을 치고 보호색을 띠며 스스로를 보호
하기 위해 껍질까지 벗는 복원력이 매우 뛰어난 물질이다. 그 특성을
완벽하게 이해함으로써 사용자들이 건강하고 아름답게 자신의 피부
를 관리할 수 있는 셀프 스킨케어(Self skin care) 지침서가 되겠다는 순수
한 마음에서 출발한다.

　그리고 포함할 내용들을 대략적으로 살펴보면 전에 출판한 『살갗혁
명』의 내용을 조금 개정했다는 표현이 맞을 것이다.

　첫 번째로 피부 관리의 효율성을 높이고자 '피부는 가장 완벽한 물
질이다'라는 제목으로 피부의 특성을 먼저 다루고 두 번째로 화장품
=H2O+OIL+α이라는 타이틀로 화장품에 대해 탄생 배경부터 시작

하여 알기 쉬운 설명을 곁들임으로써 일반 사용자들이 자신 있게 화장품을 대할 수 있게 하는 데 초점을 맞추었다. 세 번째는 피부 노화와 직결되는 자외선 관리의 중요성을 감안하여 '한번 태백은 영원한 태백'이라는 제목으로 별도로 뺐으며 네 번째는 피부 문제점들에 대한 구체적 원인과 처치 팁을 다룬 '모든 피부 문제, 어디서 출발하는가'에 대해 적을 것이다. 다섯 번째는 '계절의 징검다리를 넘어 동안으로'라는 제목으로 계절에 맞는 피부 관리 방법을 다룸으로써 천편일률적인 관리에서 벗어나 계절에 따라 중점 관리 포인트를 달리하여 셀프 스킨케어의 실패율을 줄이고자 했다. 그리고 마지막에 '피부 관리는 건강 관리입니다'라는 종합적인 섹션을 배치해 피부 관리를 건강 관리의 측면으로 격상시킨 토탈케어(Total care) 개념을 도입함으로써 피부를 관리하다 보면 어느새 건강까지 관리가 가능하도록 했다. 1부까지 읽고 2부는 화장품에 관계된 사람이나 읽으면 된다고 외면하지 말고 꼭 읽을 것을 간절히 당부드린다.

2부를 읽은 독자들은 자신의 샐러리맨 생활을 다시 한번 돌아볼 수 있는 기회를 얻음과 동시에 덤으로 화장품과 건강에 대하여 전문성을 가진 어느 샐러리맨의 진솔한 고백을 함께할 수 있을 것이다.

특히 피부 관리를 종합적 건강 관리의 측면에서 다루는 내가 먹는 것, 바르는 것, 움직이는 것, 생각하는 것은 이해하기도 쉬울뿐더러 두 세달 내에 효과를 확인할 수 있는 아주 근본적인 피부 관리 방법이라고 감히 목소리를 높이는 바이다.

나의 마지막 강의: 화장품=H2O+OIL+α

백두야.
백두야.
여기 삼수령에서 잠시 쉬었다 흐르렴.
너의 거침 없는 휘감음에.
나의 10.000일 뭐 그리 대수겠냐 마는…

내 허리 반쪽 분질러 눌러 뽑은
내 특제국수 한 술 들고 가려무나.

그 맛은 내 맛이니
네 알 바 아니고
그 맛은 내 맛이니
네 알 바 아니고.

그냥 부탁한다. 박수 말이다.

피부는 가장 완벽한 물질이다

나의 마지막 강의를 시작하면서 첫 번째로 "피부는 가장 완벽한 물질이다."를 토픽으로 잡았다. 그 이유는 나의 마지막 강의의 초점이 어떻게 하면 피부를 잘 관리할 수 있을까이기 때문에 효과적인 피부 관리를 위해선 피부의 항상성을 중심으로 한 피부의 특성을 이해하는 것이 무엇보다 중요하기 때문이다. 특히 스스로 껍질을 벗고, 보호색을 띠고, 보호막을 치고, 상처를 입으면 스스로 치유도 하는 놀라울 정도로 완벽한 시스템에 대한 이해가 높으면 높을수록 피부 관리의 효율성을 극대화할 수 있기 때문이다. 인간의 몸 전체를 아는 데는 한계가 있겠지만 오묘한 인체, 오묘한 피부라는 주제를 시작으로 피부가 왜 완벽한 물질인지 탐험을 시작해 보자.

피부는 가장 완벽한 물질이다

좀 엉뚱한 이야기로 "피부는 가장 완벽한 물질입니다."라는 문장에서 시작해 보자.

어떤 사람이 위암에 걸려서 위의 3/2를 잘라내는 위 절제 수술을 받았다고 하면 우리들은 일반적으로 수술을 하면 의사 선생님들이 대단한 기술을 갖고(고도의 전문적 기술이기는 하지만), 거기에 추가로 대단한 약과 함께 완벽하게 위를 다시 사용 가능하게 만들어 놓는다고 생각하지만 사실은 좀 다르다. 실제 위 절제 수술 과정을 보면 먼저 마취를 하고 메스로 배를 가르고 위에서 종양을 찾아 잘라내고 원래의 상태를 유지하도록 미싱과 같은 것으로 촘촘하게 꿰매는 것이 아니고 형태만 유지하게 몇 바늘 꿰매 놓고 링거를 꽂고 중환자실에서 며칠 안정을 취하고 며칠 후부터 미음을 먹기 시작하여 몇 주 지나면 정상 생활을 하게 된다.

여기서 필자가 주목하는 것은 잘려나간 위의 부분이 다시 붙고 작아진 위는 바로 아래 붙어 있는 십이지장 일부를 위로 활용하듯이 스스로 알아서 원래 위의 기능을 하게 되는데 이는 전적으로 의사 선생님들의 기상천외한 기술의 힘이나 어떤 특별한 약의 작용이라기보다는 인체 스스로의 복원 작용, 다시 말해 스스로 치유하는 능력을 우리 몸의 각 기관들이 갖고 있다는 사실이다. 온통 피투성이인 수술 부위가 서로 알아서 붙고 기능도 제대로 하게 되는 것이다. 왜 이런 이야기를 하는가 하면 실로 인체의 복원력과 자생력은 우리들이 상상하는 것 이상이라는 사실을 기억해 둘 필요가 있다는 말이다.

피부도 마찬가지로 예를 들어 손등에 상처가 나서 약을 바르지 않고 한 1주일을 그냥 두고 보면 어느새 딱지가 지고 아물게 되는 경우를 경험할 수 있다. 이것도 다시 말해 피부의 자생력에 기인한 작용이다. 그리고 피부과에서 실시하는 레이저를 이용한 주름제거 시술도 엄밀히 말하면 레이저가 주름을 없애주는 것이 아니고 레이저가 진피 속의 콜라겐을 파괴하면 파괴된 콜라겐의 복원력에 의해서 콜라겐의 숫자가 많아지는 원리를 이용하는 것으로 결국 모든 것이 신체 자체의 자생력이 모든 치료의 근본이라는 것을 항상 기억해야 한다. 그리고 자생력과 함께 항상성이라는 개념도 매우 중요한 의미가 있는데 특히 피부는 항상성이라는 개념을 이해하는 것이 피부 관리와 노화 예방에 필수적인 요소가 된다.

피부가 항상 언제나 똑같은 건강 상태를 유지하도록 하는 것을 피부의 항상성 유지라고 하는데 그렇게 항상성을 유지하려면 3가지의 중요한 특성을 이해하는 것이 중요하다.

뒷장에서 상세히 언급하겠지만 첫 번째로 피부는 살아남기 위해 보호색을 띠는데 해만 뜨면 검은 색으로 변하여 피부가 손상 되는 것을 막는데 적도로 갈수록 사람들의 피부색이 짙어지고 북유럽과 같이 자외선 지수가 낮은 지역의 사람들은 피부톤(Torn)이 하얀 것을 보면 알 수 있듯이 자외선을 받지 않는 것이 하얀 피부의 비결이라는 것을 알아야 한다. 즉 다시 말해 자외선 차단제보다도 자신의 피부를 하얗게 하고 싶은 사람은 어찌되었던 간에 햇빛을 피하는 것이 곧 치료라는 사실을 꼭 기억하기 바란다. 두 번째로 피부는 항상성 유지를 위해 다시 말해 피부의 상태를 항상 활성화된 상태로 유지하기 위해 보호막을 친다는 사실이다. 피부의 맨 바깥 부분에 포진하고 있는 표피는 우리가 흘리는 물인 땀과 분비하는 기름 성분인 피지를 교묘하게 섞어서 막을 치는데 우리는 이것을 피지막이라고 한다. 이 피지막은 피부에서 수분 증발과 자외선의 침투를 막는 훌륭한 보호막 역할을 하게 된다. 그러므로 보호막을 잘 치도록 피부의 환경을 잘 만들어주는 것이 중요하고 그것이 피부 관리의 핵심이 될 수 있다는 팁을 얻을 수 있다. 그리고 세 번째는 다른 동물들과 마찬가지로 평생 동안 껍질 벗기를 하여 피부세포를 항상 새로운 세포로 대체한다는 사실을 기억하면 피부 관리에 대한 또 하나의 아주 중요한 팁을 얻을 수 있다는 것이다. 개는 털을 갈고 뱀도 껍질을 벗고 하듯이 대부분의 생명체들은 몸뚱어리를 감싸고 있는 피부를 일정 기간을 두고 탈피시켜서 피부의 항상성을 유지시키는데 인간은 피부 맨 바깥부분이 매 순간 떨어져 나가고 그에 따라 표피 밑에서 새로운 세포들이 생성되어 평생 동안 싱싱한 표피 상태를 유지할 수 있게 되는 것이다. 그렇기 때문에 이와 같이 노폐각질을 제때에 탈락시켜주면 표피 아랫부분에서 새로운 세포들이 생성되어 각질 제거가 피부 상태 활성화와 밀접한 관계에 있다는 사실을 기억하자. 결론적으로 여기서 필자가 하고 싶은 이야기는 피부 관리의 효율성을 높이기 위해서는 피부 스스로가 인체의 기관으로서 스스로 올바른 상태를 유지하기 위한 항상성과 잘못된 부분들을 복원하는 자생력을 잘 이해하고 그것을 바탕으로 피부를 관리하자는 것이다. 간단하게 예를 들면 노폐물, 각질을 제거하는 것이 새로운 피부세포의 재생을 촉진하는 것이며 보호막을 잘 칠 수 있도록 적정한 온도를 유지한다거나 아니면 인공 보호막인 화장품을 자신의 피부에 맞도록 선택하여 천연 보호막을 대신하도록 하는 것이 피부 관리의 핵심이라는 이야기다.

일반적으로 피부 관리라고 하면 머릿속에 크게 두 가지가 떠오르는데, 하나는 화장품이든 연고든 진흙이든 간에 무엇인가를 피부에 바르는 행위와 또 하나는 문지르든가 두드리든가 레이저를 쏘든가 수중기를 쏘이든가 하는 등과 같이 물리적으로 접촉하는 행위이다.

이런 행위들을 해야지만 피부가 개선될 것 같은 느낌을 받으며, 화장품 밥만 28년을 먹어온 저자도 그렇게 생각하고 주위 사람들에게 이야기해 왔다. 그러나 이번 마지막 강의에서는 피부를 인체의 한 기관으로 인식하고 기관으로서의 피부를 튼튼하게 하기 위해 지금까지의 화장품과 마사지 등 바르는 것 중심에서 탈피하고자 한다. 종합적으로 단백질로 만들어진 피부를 건강한 상태로 유지되게 하기 위해서 절대적인 영양을 이야기하는 먹는 것, 그렇게 잘 만들어진 피부가 항상성과 복원력을 잘 발휘하도록 하기 위한 운동을 이야기하는 움직이는 것, 그리고 우리 몸의 효소와 호르몬의 분비에 중요한 역할을 하는 생각하는 것, 다시 말해 처녀가 총각을 좋게 생각하는 차원의 남녀 관계를 포함하여 사람들 간에 상대방에게 좋은 사람으로 보이기 위한 마음 씀씀이를 다룬다.

마지막으로 지금까지 피부 관리 하면 전부라고 생각한 바르는 것까지 4가지 차원에서 종합적으로 피부 관리를 이해하면 "피부 관리의 끝은 건강 관리다."라는 말을 체험하게 될 것이다.

끊임없이 허물을 벗는 피부

누구나 고향에 대한 향수를 갖고 있을 것이다. 특히 필자는 고향이 강원도 태백 두메산골이라 유년 시절 산촌에서 겪었던 풋풋한 추억들을 많이 갖고 있다. 허물에 대한 이야기를 쓰려고 하니 불현듯 초등학교 다닐 때 매우 놀란 기억이 떠오른다. 여름 방학을 맞아 마을 뒷산에서 소에게 풀을 먹이고 있는데 풀밭에 꼭 머플러 같은 것이 있어서 주워 들었다가 순간 놀라서 뒤로 몇 걸음 물러서고 말았다. 그 밑에 구렁이가 똬리를 틀고 있었던 것이다. 머플러라고 생각했던 것이 사실은 뱀의 허물이었다. 그야말로 정말 영원히 기억에 남는 자연 학습 한번 제대로 했던 것 같다. 파충류인 뱀이 껍질을 벗는다는 사실을 말이다. 하지만 허물을 보고 매우 놀란 나 역시 허물을(?) 벗는다는 사실은 까맣게 모르고 있었으니 참으로 아이러니가 아닐 수 없다.

뱀의 경우와는 다르지만 인간도 끊임없이 각질이라고 하는 허물을 벗는다. '피부는 어떻게 생겼으며, 하는 일은 무엇인가'에서 자세히 다루겠지만 피부는 네 부분의 층으로 이루어져 있다. 물과 피지로 형성되어 있는 피지막이 제일 바깥에 있고 그 아래는 표피, 진피, 피하 지방으로 구성되어 있다.

허물이라고 할 수 있는 각질은 표피층 아랫부분에서 생겨나 3~4주를 주기로 바깥쪽으로 이동하면서 점점 세포의 기능을 상실하여 허옇게 노폐한 각질이 되어 떨어져 나가게 된다. 즉 피부에서는 평생 동안 표피층 아랫부분에서 새로운 각질 세포가 생겨나고 이미 생긴 각질 세포는 바깥 쪽으로 밀려 나가다 어느 정도의 기간이 지나면(3~4주의 주기가 끝나면) 떨어져 나가는 과정이 반복된다.

이와 같이 피부에서 끊임없이 일어나는 껍질(각질) 벗기가 피부에 어떤 영향을 끼치며 어떻게 관리하는 것이 도움이 되는지 정리해 보도록 하자.

먼저 세포의 기능을 다하고 죽은 각질 세포가 제때 떨어지지 않을 경우 피지나 먼지, 미생물, 검은 멜라닌 세포 등과 엉켜서 피부에 붙게 되어 외관상 검고 칙칙하게 보일 뿐만 아니라, 피부 표면에 흩어져 있는 모공을 막을 가능성이 있어 트러블이나 여드름을 일으키기 쉽다. 또한 각질 제거가 원활하게 이루어지지 않으면 피부 표면에 형성되는 피부 보호막인 피지막이 매끈하게 형성되지 않게 되며, 각질이 붙어 있음으로 해서 밑에서 새롭게 생겨야 하는 세포의 생성이 더디게 되어 피부가 윤기를 잃는다.

싱싱한 새로운 세포의 생성을 촉진하기 위해서는 피부 표면의 죽은 세포를 적시에 제거해 주는 것이 중요하며, 또한 충분하고 다양한 영양소를 섭취하는 것에도 관심을 가져야 하며 나아가 스트레스를 낮추고 충분한 수면 시간을 확보하는 것이 피부 세포 재생에 많은 도움을 준다.

끊임없이 보호막을 치는 피부

이번에는 보호막을 친다니 참으로 별 이상한 말도 다 있다고 생각하는 독자들이 많을 것이다.

하지만 피부는 죽는 날까지 자신을 보호하기 위해 끊임없이 보호막 기능을 하는 피지막을 치는 걸 어쩌란 말인가?

피부의 보호막은 육안으로는 쉽게 느낄 수 없는 약간 번지르르한 기름막이다. 이를 가장 확실하게 느끼려면 하루 일과를 마치고 저녁에 깨끗하게 세수를 하고 얼굴을 만져보자. 뽀드득한 느낌이 들 것이다. 그런데 맨 얼굴로 약 2~3시간이 지난 다음 만져보면 처음에 뽀드득하던 표면이 약간 찐득거리는 것을 느낄 수 있다. 이것의 정체가 바로 땀과 피지로 형성된 보호막인 피지막이다.

피부는 무엇을 보호하려고 막을 치는 걸까? 첫째로 피부를 포함한 인체에서 가장 중요한 역할을 하는 물의 증발을 막는 것이다. 우리 몸은 대략 60~70% 정도가 물로 이루어져 있다. 물은 기본적으로 영양소를 운반하고 노폐물을 실어 나르는 등 인체에서 그 어떤 물질 보다 하는 일이 많고 중요하다. 그러므로 피부로부터의 수분 증발을 막기 위해 막을 치는 것은 당연한 일이다. 2~3%만 수분이 부족해도 인간은 갈증을 느끼고 12% 이상 수분이 부족하면 죽음에 이르게 된다. 피부의 진피도 대략 70% 정도의 물을 포함하고 있는데 물이 빠진다고 가정하면 일단 외견상으로도 싱싱함을 잃게 된다.

두 번째는 외부로부터 침투하는 미생물이나 바이러스 등을 막는 역할이다. 피지막은 약산성(pH 4~5)으로 이루어져 미생물들이 침투하지 못하게 한다. 그럼 보호막은 무엇으로 이루어지며 어떻게 만들어지는지 살펴보자.

우리는 생명이 붙어 있는 한 체온 조절을 위해 끊임없이 땀을 흘리며 동시에 외부로부터 들어오는 미생물이나 바이러스를 방어하기 위해 피지를 분비한다. 보호막인 피지막은 이 오일 성분의 피지와 물이라고 할 수 있는 땀이 섞여서 만들어 진다. 참으로 오묘한 이치가 아닐 수 없다.

뒷부분에서 자세한 설명이 있겠지만 보호막인 피지막이 제대로 적절하게 형성되지 않으면 수분 증발 혹은 미생물이나 바이러스의 침투로 피부는 고통받게 된다. 이와 같은 문제를 보완하기 위해 우리들은 화장품이라고 하는 인공 보호막을 사용하는 것이다.

그러니까 피지막은 천연 화장품막이며 화장품은 인공 피지막인 셈이다. 보호막(피지막)의 역할이 노화 지연에 미치는 영향은 아무리 설명해도 지나치지 않을 정도로 실로 엄청나며, 피부 관리의 기본이라는 것을 먼저 밝힌다. 또한 그렇기 때문에 필자는 이 책에서 독자들에게 자외선 방어와 더불어 천연 피지막 보호의 중요성이 피부 관리의 핵심임을 여러 차례 강조할 것이다.

무엇에 의해서든 피지막이 손상되었다면 그 만큼의 보호막을 인공 화장품으로 보완해야 한다. 이 책을 다 읽은 후 막이 손상된 상태로 방치되어 있는 시간을 줄이면 그만큼 노화를 지연시킨다는 것이 머릿속에 각인되어 실제 생활에서 천연 피지막을 보호하거나 또는 망가졌을 때 보완하는 것이 습관적으로 이루어진다면, 이 책은 제 기능을 다 한 것이나 다름없다.

피부의 상태에 영향을 주는 내·외부적 요인에 따라 피부의 상태가 결정되는 것은 사실이나 영향을 받았다고 해서 바로 진피층에 있는 콜라겐의 수가 줄어들면서 노화로 연결되는 것은 아니다. 물론 전혀 영향이 없다고는 볼 수 없지만, 일단 내·외부적 요인으로부터의 영향으로 순간순간마다 천연 피지막의 손상, 즉 수분(땀)과 유분(피지)의 배합 비율이 깨짐으로써 막이 얇아지거나 지나치게 두꺼워진다. 또한 이 손상된 부분으로 미생물이나 자외선이 침투하게 되고 수분 증발도 일어나게 된다. 이런 현상이 장기적으로 지속되면 아래로 표피, 진피 등에까지 손상을 주어 결국은 노화로 연결된다.

끊임없이 보호색을 띠는 피부

위험으로부터 몸을 숨기기 위해 카멜레온은 주위 환경에 따라 색깔을 바꾸는 것으로 유명하다.

사람의 피부도 마찬가지다. 적으로부터 자신을 보호하기 위해 색을 바꾼다.

피부의 최대 적은 무엇일까? 다름 아닌 자외선이다. 자외선은 피부의 수분을 빼앗아가며 주름 벽에 침투하여 열에 약한 단백질의 일종인 콜라겐을 파괴하여 주름을 깊어지게 하며, 심한 경우 세포의 변이를 가져와 피부암을 유발하기도 한다.

어떤 학자는 노화 원인의 70~80%가 자외선이 원인인 햇빛으로 인한 노화(일광 노화)라고 주장하듯이 아무튼 지금까지 검증된 "자외선이 피부의 최대의 적이다."라는 사실을 부정하는 사람은 없는 것 같다.

피부는 이와 같이 무서운 자외선의 피해로부터 자신을 보호하기 위해 자외선이 감지되면 자외선에 강한 검은색으로 변화하기 시작한다.

대부분의 사람들은 피부가 자외선을 받아서 검어지는 것은 피부가 자외선의 열에 의하여 익는 등 망가졌기 때문이라고 생각하기 쉽다. 하지만 사실은 피부 스스로 자외선에 대응하기 위해 멜라닌 색소를 만들어 검은색으로 변하는 것이다.

초등학교 다닐 때 한번쯤 돋보기를 이용하여 종이를 태워 본 적이 있을 것이다. 햇빛이 쨍쨍 내리쬐는 날 종이를 밑에 놓고 돋보기의 초점을 맞추면 얼마 지나서 종이가 타기 시작한다. 이때 흰 색종이는 잘 타지 않지만 검은 색종이는 금방 구멍이 나는 것을 알 수 있다. 이는 검은색이 흰색보다 자외선을 잘 흡수하기 때문이다. 흑인보다 백인들에게서 피부암과 같은 피부 문제가 많이 일어나는데 이는 흑인의 피부가 백인들의 피부보다 자외선을 잘 흡수하는 성질을 갖고 있기 때문이다.

그럼 자외선을 많이 받아 피부를 검게 만드는 것이 피부 보호를 위해서 좋다는 말인가 하는 의문을 갖게 된다. 결론부터 말하자면 결코 그렇지 않다. 백인이든 흑인이든 자외선은 수분을 빼앗아 가고 콜라겐에 영향을 주어 주름을 만들고, 유해산소(Free radical)를 발생시켜 노화를 촉진하는 주범이므로 가능한 피하도록 하자, 어쩔 수 없는 경우에는 차단제 사용이 동안으로 가는 첩경임을 잊지 말자.

끝으로 보호색을 띠는 과정을 살펴보자. 피부가 자외선을 받게 되면 각질 세포와 마찬가지로 맨 바깥층인 표피층 아랫부분에 있는 멜라닌 세포에서 검은 멜라닌 색소를 만든다. 이렇게 만들어진 색소는 각질 세포와 같은 3~4주 동안 위로 올라가 각질과 함께 떨어져나가게 된다. 그렇기 때문에 여름에 바캉스를 다녀오면 피부가 검어졌다가 1~2개월이 지나면 다시 원래의 색으로 돌아오는 것이다.

피부는 어떻게 생겼으며, 하는 일은 무엇인가

피부과 전문의가 될 것도 아닌데 피부의 구조와 기능을 알아보는 것이 피부 관리에 무슨 도움이 되느냐고 묻는 이도 있을 것이다.

맞는 말이다. 여기서 다루려고 하는 것은 전문적이고 깊이 있는 이론이 아니다. 피부 관리를 하는 데 필수적인 부분들을 아주 기본적인 내용만을 간추려 보려는 것이다.

눈으로 보이지는 않지만 살갗은 아랫부분부터 피하 지방, 진피, 표피, 천연 피지막의 4개 층으로 이루어져 있다. 각 층들은 맡은 바 역할이 따로 있는데 전체적으로는 인체 내부의 장기들을 보호하는 역할을 한다. 이제 피부의 아랫부분부터 하나씩 알아보기로 하자.

피부의 맨 아랫부분에 위치한 피하지방은 지방으로 이루어져 있다. 겨울철과 같이 추운 날씨에 몸을 따듯하게 해 주는 역할과 외부로부터의 물리적 압박이 있을 경우 쿠션과 같은 완충 작용을 한다. 그리고 필요할 때 사용하기 위한 지방을 보관한다. 하지만 아무리 중요한 물질이라고 해도 적당하게 형성되어 있어야지 너무 두꺼우면 비만으로 고통받게 된다. 소식을 기본으로 영양소를 적당하고 균형 있게 섭취하되 부위별로 지나치게 두꺼운 경우라면 운동으로 관리할 수밖에 없다.

진피는 피하지방 바로 위에 위치하며 약 60~70% 이상이 물로 이루어져 있는 진짜 살갗을 말한다. 진피는 아미노산으로 이루어진 콜라겐과 엘라스틴이 서로 얽혀 있으며 그 사이사이가 물로 채워져 있다. 좀 복잡한 내용이지만 뮤코 다당류(히아루론산 등)라는 물질이 물을 끌어당기는 힘이 강해 콜라겐이 물을 풍부하게 머금고 있도록 한다. 매스컴을 통해 잘 알려져 있듯이 피부 하면 제일 먼저 콜라겐과 엘라스틴을 떠올리게 된다. 실제로 콜라겐은 피부의 싱싱함을 상징하는 물을 머금고 있으며, 엘라스틴은 콜라겐 가닥들을 늘어지지 않게 묶어주는 역할을 해 피부가 늘어지지 않고 탄력을 유지하게 한다. 나이가 들어감에 따라 콜라겐의 양이 줄어들고 수분이 없어지게 되어 싱싱함을 잃어버리게 되고 엘라스틴도 기능이 떨어져 살갗이 점점 탄력을 잃고 늘어지게 되는 것이다.

수분 손실을 막는 것이 진피층 관리에서 가장 중요하다. 단순히 피부 미용만을 설명하면 진피층의 수분은 피지막의 손상으로 인하여 수분의 증발이 일어날 때 표피층의 수분이 부족해지고 연쇄적으로 그 아래층인 진피층의 수분 부족을 초래하지 않도록, 천연 화장품막의 손상을 인공적인 화장품으로 피지막을 보완하는 것에 초점을 맞추어야 한다. 또 한 가지는 진피층까지 뻗어 있는 모세혈관을 적절히 마사지하여 영양이 고루 전달되게 하는 것이다.

표피는 진피 위쪽을 둘러싸고 있는 층으로 여러 겹의 얇은 층으로 구성되어 있으며 약 15~30% 정도가 물로 이루어져있다. 표피는 피부에 중요한 몇 가지 기능을 한다.

첫 번째로 인간이 살아가는 평생 동안 수명이 다하면 허물(각질)을 벗게 하고 새로운 각질 세포를 생성함으로써 피부가 싱싱하고 촉촉하게 보이게 하는 역할을 한다.

앞에서도 이야기했지만 표피 맨 밑부분(기저층)에서 끊임없이 각질 세포를 생산하여 일정 기간(3~4주) 동안 위로 올라가 결국은 떨어져 나가는 작용을 평생 동안 한다.

둘째로 랑겔란스 세포라고 하는 면역을 담당하는 세포가 있어 피부 자체가 외부로부터 침투하는 바이러스 등으로부터 세포를 안전하게 유지한다. 셋째로 피부의 최대적인 자외선으로부터 피부를 보호하기 위해 멜라닌 세포가 지속적으로 멜라닌 색소를 만들어 피부를 검게 변화시켜 자외선에 효과적으로 대처함으로써 피부 세포들을 보호하는 역할을 한다.

표피층을 세정할 때에는 부드럽게 비누칠한 수건을 이용하는 것이 좋다. 표피층은 매우 얇고 민감하기 때문에 때수건으로 빡빡 미는 것은 피부를 죽이는 행위라는 것을 항상 염두에 두자. 아침에 세수할 때에도 피부에 자극을 주지 않기 위해 문지르는 것을 피하고 얼굴에 물을 퍼팅하는 정도가 바람직하다.

또 하나 중요한 점은 인간의 몸에서 평생 동안 일어나는 껍질(각질) 벗기를 이용하여 피부를 아름답게 가꾸는 것이다. 각질 세포가 만들어졌다가 떨어져 나가는 일이 주기적으로 원활하게 이루어져야 한다. 다시 말해 각질 제거를 잘해 주어야 항상 맑고 싱싱한 피부를 유지할 수 있다.

여기서 주의할 사항은 피부 관리에 좋다고 해서 각질 제거에 너무 열중하여 떨어져 나갈 때가 되지 않은 각질까지 제거하면, 젊어서는 모르나 나이가 들고 나면 피부가 매우 민감해진다는 것을 잊지 말자. 끝으로 피부 관리에서 가장 중요한 보호막인 피지막에 대해 알아보기로 하자.

보호막 부분에서 조금 언급했지만 피지막은 일반적으로 피지막 또는 산성막이라고 부르는데 pH 4.5~5 정도의 약산성막으로, 두께는 사람마다 다르고 피부의 최전방에서 수분 증발과 미생물 침투를 막는 기능을 한다.

그럼 이렇게 중요한 피지막은 무엇으로 만들어지고 어떤 요인에 영향을 받으며 화장품과는 어떤 관계가 있는지를 알아보자

피지막은 땀샘(한선)에서 분비되는 땀(수분)과 피지선에서 분비되는

피지(유분)에 각질(수명이 다한 각질 세포)이 뒤섞여 만들어지는데, 오일(유분)이 물(수분)에 잘 녹아 있는 상태(유화된 상태)를 말한다.

인간의 살갗은 오묘하게 막을 만드는 데 필요한 수분과 유분을 땀과 피지로부터 공급받아 겉돌지 않게 잘 유화시켜 보호막(피지막)으로 이용한다.

앞에서도 설명했지만 맨 윗부분에 있는 피지막을 잘 관리하지 못하면 아래로 표피, 진피에 연쇄적인 영향을 주게 된다.

화장품의 기본 성분은 표피나 진피의 문제를 보완하는 기능성 첨가위료를 제외하면 물과 오일(인공으로 만든 피지 성분)로, 논리적으로는 피지막과 출발점이 같다. 즉 피지막을 보완하는 것이 화장품이다. 끝으로 피지막의 핵심 관리에 대해 알아보자.

화장품 회사에서는 세안할 때 세정력이 강한 알칼리성 비누를 사용할 경우 피지막의 손상을 가져오기 때문에 약산성 세안제를 쓰라고 권유하고 있으나 필자의 생각은 조금 다르다. 세안은 때를 씻어 내는 청결과 영양분인 피지막 보호라는 두 마리 토끼를 다 잡아야 하는데, 사실 어떤 세제 하나로 두 기능을 모두 해결하기에는 무리가 있다. 그러므로 두 기능 중에서 어떤 것이 더 중요한가 하는 중요도도를 중점으로 보는 것이 타당하다.

비누는 청결하게 하는 세정력은 우수하나 피부에 필요한 피지막까지 제거하여 피부를 민감하게 만들 확률이 높고 폼 클렌징과 같은 세안 화장품은 세정력이 떨어지는 반면 피부에 필요한 막의 손상을 줄인다. 결론적으로 말하자면 세정력을 높이기 위해 비누를 사용해도 무방하나 세안 후 필히 약산성 보습 화장품을 발라주어 보완하면 큰 문제는 없다. 또 하나는 피부 관리에서 가장 중요한 것이 손상되기 쉬운 피지막을 보충하는 것인데 살아가면서 항상 자기 피부에 맞는 화장품을 이용하여 피지막을 보완하는 것을 매일 식사하고 화장실 가는 것처럼 생활화해야 한다.

'화장품=H2O+Oil+α' 편에서 자세히 알아보겠지만 화장품은 병을 치료하는 의약품이 아니라 사전에 대비하는 보호막이라는 개념으로 접근하여 자기 피부에 맞는 화장품을 알맞게 사용하는 것이 피부 관리의 핵심이며 첫 걸음이다.

화장품=H2O+OIL+α

수학 공식도 아니고 화장품=H2O+OIL+α라니, 좀 황당하겠지만 사실 화장품은 대부분이 물과 오일로 이루어져 있는 것이 사실이다. 여기서는 화장품이 왜 하필이면 물과 오일로 이루어져 있는지, 노화를 지연시키는데 화장품이 어떤 일을 하는지 어떻게 사용할 것인가에 대하여 재미있게 다뤄 보도록 하자.

피부의 상태, 무엇이 결정하나

'피부는 그 사람의 거울이다.'라는 말이 있다

우리는 어떤 사람의 피부를 보고 그 사람의 정신적·육체적 상태를 짐작하곤 한다. 농사를 짓는지, 고기를 파는지, 노동자인지, 회사원인지, 정신적으로 밝은지 어두운지 등을 말이다.

근거 없이 대충 판단하는 거라고 생각할 수도 있지만 곰곰이 생각해 보면 상당한 논리적 근거가 있다. 피부는 내부의 살, 뼈, 위, 장 등의 기관과 외부 환경과의 경계이다. 그런 만큼 현재의 피부 상태는 내부의 현상은 물론 외부로부터의 여러 요소들이 미치는 영향에 따라서 결정되기 때문이다. 즉, 내부와 외부 영향의 강도에 따라 두껍든 얇든, 검든 희든, 거칠든 매끄럽든, 메마르든 촉촉하든 어떤 상태로 결정된다.

대부분의 사람들은 피부의 상태는 타고나거나 좋은 화장품이나 비싼 피부 관리에 따라 결정된다고 생각하는 경우가 많다. 이는 상당히 잘못된 생각이다. 물론 자기 피부에 적합한 화장품으로 세안, 각질 제거, 마사지, 팩 등의 피부 관리를 거의 매일 생활화한다면 좋은 상태로 유지할 가능성이 매우 높다. 하지만 우리는 생활하면서 내·외적으로 피부의 상태를 망가뜨리는 요인에 많이 노출되어 있다. 따라서 피부 개선을 위해 무엇을 할 것인가보다 피부에 피해를 줄일 수 있도록 관심을 갖는 것이 훨씬 중요하고 효과적인 방법이라는 것을 명심해야 한다.

그러므로 피부에 내·외적으로 영향을 주는 요인들을 이해하고 술 마시는 횟수를 줄인다든가 규칙적인 운동, 외출할 때 의식적으로 자외선 차단제를 바른다든가 하는 등의 계획적인 생활 패턴을 몸에 익힌다면 굳이 비싼 화장품을 쓰지 않아도 좋은 피부를 유지할 수 있다.

우선 몸 내부에서 영향을 미치는 요인부터 알아보면 우선 유전형질을 들 수 있다. 사람은 태어날 때 이미 부모로부터 피부가 검다든가 희다든가, 여드름이 많이 생기는 체질이거나 아니거나 하는 기본적인 피부의 형태를 갖고 태어난다. 이러한 선천적 유전형질은 임의적으로 바꿀 수는 없지만 중요한 것은 주위 환경에 의해 후천적으로 영향을 더 많이 받는다는 사실인 만큼 그리 마음에 두지 않아도 된다. 실제로 잘 관리된 까무잡잡한 피부는 정말 섹시하게 보이는가 하면, 선천적으로 하얀 피부를 갖고 있다 하더라도 관리하지 않은 피부는 참으로 맥없어 보이는 것을 주위에서 쉽게 찾아볼 수 있다.

다음은 호르몬에 대해 알아보자. 앞에서 인간의 신체는 상당히 오묘하고도 알 수 없는 고도의 화학, 전기, 전자 공장 같다고 했다. 그중에 이런 오묘한 인체가 정상적으로 작동할 수 있도록(항상성 유지)하거나 성장하고 나아가 남성스러움과 여성스러움을 나타내게 한다든가 하는 매우 중요한 일들을 호르몬이 담당한다. 인체에서 분비되는 여러 종류의 호르몬은 평상시에는 정상적으로 일정한 분비 비율을 유지하지만 임신을 한다든가, 피임약을 먹는다든가, 스트레스를 심하게 받는다든가 하는 등 신체에 변화가 일어나면 호르몬의 분비량이 달라져 피부에 기미나 피지 과잉 분비로 인한 여드름이나 피부 트러블이 일어나게 된다. 따라서 인체가 호르몬 불균형이 일어날 가능성 있는 경우(임신, 피임, 스트레스 등)에는 사전에 피부를 더욱 세심하게 관리하는 지혜가 필요하다.

다음으로 학자들이 말하는 유해산소라는 것이 있다. 이해하기가 좀 까다로우므로 여기서는 피부에 해로우며 노화를 일으킨다는 이론적 근거가 있다는 정도만을 이해하고 다음 장에서 자세히 다루기로 하자. 유해산소는 인체 내부에서 끊임없이 일어나는 소화 활동과 같은 화학 작용(대사 작용)을 할 때 대부분 발생되나 흡연, 과도한 음주, 스트레스, 자외선 등이 원인이 될 수 있다는 보고도 있다. 그러므로 유해산소 발생 요인들을 가급적 줄이거나 피하고, 어쩔 수 없이 인체 운영(대사 활동) 중에 발생한 유해산소는 항산화제를 이용하여 줄이는 것이 피부 관리에 효과적이다.

그 외의 내부적 요인으로 스트레스와 음주, 흡연, 운동 부족, 수면 부족, 질병 등이 피부에 영향을 주는 만큼 가급적 도움이 안 되는 것은 피하고 도움이 되는 운동이나 수면은 최대한 확보하는 것이 필요하다.

다음은 외적으로 영향을 주는 것을 살펴보기로 하자.

우선 자외선을 보자. 자외선은 매우 중요하므로 다음에 자세히 다루기로 하고 여기서는 '자외선은 노화의 최대 적'이라는 사실만 짚고 넘어 가도록 하겠다.

다음은 사람을 춥거나 덥게 하는 온도의 영향인데 자외선만큼이나 피부에 매우 큰 영향을 끼친다. 앞에서 피부는 피지막이 있어서 수분 증발이나 미생물 침투를 막는다고 했다. 이 피부 보호막인 피지막이 온도의 변화에 따라 잘 형성되거나 그렇지 않거나 하기 때문에 생활 공간을 항상 자신이 느끼기에 춥거나 덥지 않도록 사람에게 가장 적당한 온도인 18~20℃를 유지하는 것이 좋다.

습도가 너무 낮을 경우 수분 증발을 가져와 피부가 메마르게 되므로 50~60% 정도의 적당한 습도를 유지하는 것이 필요하다. 다음은 먼지, 미생물, 물리적 손상, 압박 등이 있는데 먼지는 피지막과 엉켜서 검은 때가 되어 피부를 칙칙하게 한다거나 모공을 막아 피부 호흡을 방해하여 트러블의 원인이 되기도 한다. 미생물의 침투는 염증을 유발하며 그 외 때밀기와 같은 물리적 손상이나 압박 등에도 매우 민감하다

결론적으로 정리하면 피부를 잘 관리하기 위해서는 화장품이나 마사지, 팩, 각질 제거 등의 피부 관리 수단을 이용하는 것도 중요하지만 피부에 영향을 주는 많은 요소들을 이해하고 생활 속에서 관리하는 것이 동안으로 가는 지름길이다.

피부타입, 60억 개가 넘는다

우리는 "당신의 혈액형은 무엇입니까?" 하고 물으면 똑 부러지게 A형, B형 등을 자신 있게 대답한다. 그러나 피부 타입을 물으면 자신이 나름대로 판단한 대로 건성, 지성, 복합성이라고 대답한다. 하지만 정확하게 확신이 들지는 않는다.

사실 피부 타입이라고 하면 무슨 의학 용어 같다. 그런데 놀랍게도 실제로는 건성이니 지성이니 하는 피부 타입은 피부학자들로부터 정립된 의학 용어가 아니다 피부 타입이라 하여 건성, 지성, 중성, 복합

성 피부라고 하는 것은 피부학자들이 분류한 것이 아니고 화장품 생산업자들이 정립한 것이다. 20세기 초 근대 화장품의 개척자로 알려진 헬레나 루빈스타인이 1910년 화장품을 생산하면서 건성, 지성, 중성, 복합성으로 피부를 분류하여 이 분류에 따라 화장품 원료를 처방한 것을 시작으로, 이후 화장품 제조의 논리적 기반이 되어 오늘날에 이르고 있다

그럼 지금부터 피부 타입은 어떤 것이 있으며 어떻게 하면 정확하게 측정할 수 있는지, 그리고 피부 타입이 피부를 관리하는 데 꼭 필요한지에 대해 하나하나 이야기해 보도록 하자.

피부 타입이란 피부의 맨 바깥 부분에 존재하는 피부 보호막인 '피지막'의 상태를 말한다. 피지 분비량이 적어 막이 제대로 형성되지 않아 수분이 증발해 건조하다거나 피지 분비량이 많아서 너무 기름지다든가 하는 것을 말한다

이렇게 일반적인 피부 타입은 건조하거나 기름진 정도에 따라서 건성 피부, 중성 피부, 지성 피부로 나누는데, 사람에 따라 얼굴 부위별로 피지 분비량이 다르게 나타나는 경우는 복합성 피부로 세분화하며, 피지의 양과는 별개로 피부가 자극이나 화장품에 매우 민감한 사람들이 있는데 이와 같은 피부는 별도로 민감성 피부로 분류한다

그런데 우리는 손쉽게 건성이니 지성이니 중성이니 하며 피부 타입을 이야기하기 때문에 보통 피부 타입에는 4가지가 있구나 하고 생각해 버리기 쉽다

그러나 피부 타입은 수억 가지가 넘는다. 피부 타입은 사람들마다 다른데, 지구상에 살고 있는 사람들의 수가 60억 명을 넘는다고 하니

피부 타입의 수도 60억 개가 넘는다고 봐야 할 것이다. 같은 건성 피부라 해도 조금씩 차이가 있기 때문이다

더 중요한 것은 피부 타입이 혈액형처럼 고정되지 않고 인체 안팎의 요인에 따라 항상 변화할 수 있다는 사실이다.

먼저 인체 내에서 분비되는 호르몬이나 주위 환경 변화로부터 영향을 받는다. 임신으로 인한 호르몬 변화나 온도, 스트레스 등 주위 환경 변화에 의해서도 피지 분비량이 많아지므로 건성인 사람이 지성으로 변할 수도 있다. 또한 나이를 먹으면서 30대 후반에서 40대 초반에 이르게 되면 피지 분비량이 현저히 떨어지고 수분도 급격히 빠져 지성 피부인 사람도 건성으로 바뀌게 된다. 계절의 변화나 과격한 운동 후, 몸 안팎의 온도에 따라서도 다르게 변하는데 여름에는 피지 분비량이 많아지고 겨울에는 메마르게 되어 건성의 성질을 띠게 된다. 특히 과격한 운동 후에는 건성인 피부도 지성으로 바뀔 수 있다.

우리 주위에는 무의식적으로 A형, B형 등의 혈액형처럼 피부 타입도 변하지 않는다고 잘못 생각하는 사람들이 의외로 많다. 이렇듯 피부 타입에 대한 이해가 부족한 나머지 자기 피부에 맞는 화장품 선택이나 마사지, 팩의 횟수 등을 결정하는 데 매우 중요한 현재 시점의 피부 타입을 정확히 모르는 사람들이 많다는 것은 매우 안타까운 일이다.

피부 타입이 정확하지 않으면 화장품 사용이나 피부 관리의 첫 단추가 잘못 끼워져 건성 피부인데 지성 피부용 화장품을 쓴다든가 지성 피부 관리하듯이 하루에 한 번씩 마사지를 한다거나 하는 오류를 범하여 오히려 독으로 작용하게 된다.

그러므로 자신의 피부 타입이 바뀔 가능성이 있다고 판단될 경우 측정한 다음 피부 관리를 하는 것이 좋다. 나이를 먹으면서 대부분의 사람들이 건성으로 변한다 30대 후반부터는 지성인 사람은 중성 또는 건성으로, 중성은 건성, 건성은 심한 악건성으로 변할 가능성이 놓으므로 자신의 몸에 특별한 변화가 있다거나 그렇지 않더라도 계절이 변하는 시점에서 피부 측정이 꼭 필요하다.

끝으로 피부 측정 방법에 대해 알아보자.

요즘은 대부분의 화장품 회사에서 피부 타입과 피부 상태를 특수한 장비로 측정해 주는 경우가 많아 측정에 어려움이 없으나, 이런 장비를 이용한 측정에도 분명한 한계가 있다. 측정 전에 했던 운동의 정도에 따라 피부 타입 측정치에 영향을 줄 수 있고, 심지어 일상적으로 유지했던 온도보다 너무 춥거나 더울 경우에도 측정치에 여향을 준다. 운동을 하거나 온도가 상승하면 피지 분비량이 많아져 평상시 자신의 피부 타입과는 다르게 나타날 수 있다는 것에 유의해야 한다.

그럼 장비가 없을 경우에는 어떻게 측정할 수 있을까? 여기에서 간단하게 피부 타입을 측정하는 방법을 소개하겠다. 먼저 세안을 깨끗이 하고 3시간 정도 지난 다음 준비한 4장 정도의 기름 종이를 이마, 볼, 코에 2~3초씩 눌러서 기름종이에 피지가 묻는 정도에 따라 피부 타입을 측정한다. 기름 종이에 피지가 부위별로 2~3군데 찍히면 지성, 1~2군데 찍히면 중성이며, 잘 찍히지 않으면 건성으로 볼 수 있다.

번거롭긴 하지만 피부 타입은 피부과 피지계로 측정하는 것이 제일 정확하다.

화장품=H₂O+OIL+α

골치 아프게 H₂O는 무엇이고 OIL은 또 무엇인가? 라고 생각하진 말자. 여기서 우리가 주의 깊게 관심을 가져야 하는 것은 화장품의 주된 기능이 없어진 콜라겐을 생기게 하여 주름을 제거하여 노화를 지연 하는 것이라기 보다, 인체가 끊임없이 만드는 피부 보호막인 피지막을 보완하여 보호막이 제 기능을 하도록 도와주는 데 있다는 사실이다.

인체는 피지막을 통해 부분적으로 자외선이나 인체에 해로운 세균, 바이러스 등의 침입을 막는 한편 노화의 직접적인 원인인 피부의 수분 증발을 막는 작용을 한다.

피부는 70% 이상이 물로 이루어져 있어서 차츰 나이를 먹어감에 따라 피부에서 물이 빠져나가 우리의 청춘에 소리 없이 어둠이 내리게 된다.

사람들의 피부는 살아가면서 스트레스, 유전형질 등의 내부적요인과 자외선, 먼지 등 외부적 요인의 영향을 받는다. 특히 나이를 먹어감에 따라 젊었을 때 과할 정도로 형성돼 있던 이 피지막이 서서히 얇아 지고 기능이 떨어 지게 되는데, 이를 보충하지 않으면 피부 수분 증발과 먼지나 자외선으로부터의 방어하기가 어려워져 피부는 서서히 탄력과 윤기를 잃어 노화로 접어들게 된다. 그렇기 때문에 피부 노화를 방지하기 위해서는 물인 땀과 오일 성분인 피지로 형성돼 있는 피지막의 상태를 보완해 주는 어떤 것이 필요하게 되는데, 화장품이 바로 땀(물)과 피지(오일)의 결합체인 피지막을 보완하는 물질이다.

우리가 흔히 말하는 건성 피부는 오일 성분을 보충해 줌으로써 피지막을 보완하고 수분 증발을 막아 피부가 거칠고 건조해 지는 것을 막아주어야 한다. 오일성분(피지)이 과다하여 피부 트러블이 잦은 지성 피부는 적절히 피지를 제거하여 조절해 주거나 수분을 공급해 줌으로써 번들거리지 않고 촉촉한 피부를 유지하게 하거나 수분을 추가 공급해 줌으로써 유분과 수분의 배합을 묽게(밸런스를 맞추어) 하여 번들거리지 않고 촉촉한 피부를 유지해 주어야 한다.

지금까지 우리들은 화장품에 대한 기본 개념을 이해하지 못하고 화장품 하면 무엇이가 거창한 것을 연상하는데 결코 그렇지 않다. 화장품은 간단히 말해 피부에 부족한 물이나 오일을 보충해 주는 것이라고 생각하면 된다.

그렇다면 여기서 '화장품은 물과 오일이 전부라는 말인가?' 하는 의문이 남는다. 물론 전부는 아니다. 물과 오일 외에도 이 두 가지 성분을 섞이도록 하는 유화제를 비롯하여, 화장품 회사들에서 이야기하는 콜라겐 재생이나 각질 제거, 여드름 완화, 모공 축소, 기미 제거 등을 해결하는 해당 제품의 기능성을 나타내는 성분들이 포함되어 있으며 그것을 +α라고 표현한 것이다.

결론적으로 정리하면 화장품은 피지막의 문제를 보완하기 위해 인공으로 만들어진 보호막이라고 이해하면 정답이다. 그리고 부수적으로 피부의 문제들을 완화시켜주는 것이 화장품이라고 정리하자. 그러므로 화장품으로 피부를 치료하겠다고 접근하기보다 살아가면서 생활 속에서 보호막을 보완해 줌으로써 장기적으로 노화를 지연하는 방향으로 접근해야 한다.

물 만난 고기와 같은 물 만난 피부

우리가 지상에서 생활하지 않고 물속에서 생활한다면 어떨까?

숨을 못 쉬니까 죽을 것이다. 하지만 아이러니하게도 피부에는 좋을 것이다. 피부는 물을 만나면 싱싱해지는 오묘한 특성을 갖고 있기 때문이다. 생생한 피부는 물이 닿으면 부풀어 오르고 생명이 다해 죽은 피부 세포는 기를 못 펴고 녹아 버린다. 그렇기 때문에 물과 피부는 찰떡 궁합이다.

아는 이야기를 왜 새삼스럽게 하느냐고 할지 모르지만 여기에 매우 중요한 원리가 숨어 있다. 아무리 피부가 형편없는 사람도 금방 세수를 하고 나오면 뽀얗고 촉촉한 것을 볼 수 있다. 그렇기 때문에 화장품 회사들은 어떻게 하면 수분이 증발되지 않고 피부 표면에 오랫동안 촉촉하게 머무르게 할 것인가에 초점을 맞춘다

홈쇼핑 채널에서 화장품을 판매할 때, 화장품 바른 모델의 얼굴이나 손이 유난히 촉촉하게 화면에 나오는 것을 볼 수 있다. 그러면 시청자들은 그 화장품을 쓰면 자신의 피부도 금방 좋아질 것 같은 착각이 들게 마련이다. 하지만 누구나 알다시피 화장품 한 병으로 형편없는 피부를 한 번에 바꿀 수는 없다.

피부는 물이나 화장품과 같은 액체를 만나는 순간에는 예쁘고 촉촉하게 보이는 기본적 특성을 가지고 있다. 그렇기 때문에 한 번에 효과를 보겠다고 달려들면 100% 실망할 수밖에 없다. 또한 앞에서도 말했듯이 화장품도 장기적으로 사용했을 경우 효과를 볼 수 있고, 화장품을 바른 순간 촉촉하다면 해당 화장품의 유분이 피부를 단기적으로

매끄럽게 하기 때문이다.

　결론적으로 정리하면 화장품 한 병으로 피부를 바꿀 수는 없다.

　그러나 수분을 만나면 촉촉해지고 노폐한 각질이 녹아버리는 피부의 기본적인 특성 때문에 화장품의 유분이 피부를 매끄럽게 만들어 줄 수는 있다. 따라서 진정으로 피부를 아름답게 관리하여 동안으로 보이고 싶다면 아주 습관적이고 장기간 자기 피부에 맞는 화장품으로 피지막을 보완할 때 남들보다 젊어 보일 수 있다.

한번 태백은 영원한 태백

　이번에 다루는 자외선은 한마디로 피부 관리에 관심을 갖고 있는 사람이라면 두 눈을 부릅뜨고 읽어야 할 핵심 내용이라는 것을 밝혀둔다. 화장품을 이용한 피부 관리가 궁극적으로 지향하는 최종의 목적은 노화 지연이다. 남보다 덜 늙고 자기 나이보다 덜 나이 들어 보일 수 있는 방법이 있다면 남녀노소를 막론하고 먼저 터득하려고 전쟁이 일어나지 않을까 생각한다. 감히 단언하건대 자외선 관리가 그 모든 것의 중심에 있다.

　여기서 자외선을 크게 다루는 것은 자외선이 피부에 끼치는 해악을 일반 소비자들에게 이해시킴으로써 스킨과 로션은 습관적으로 바르면서 자외선 차단제는 야외 나갈 나갈 때나 바르는 것쯤으로 생각하는 이들에게 공포심을 심어주어서라도 반드시 자외선 차단제를 바르게 하는 데 그 목적이 있다.

한번 태백은, 영원한 태백

해병대도 아니고 한번 태백은 영원한 태백이라니 무슨 말인가?

자외선이 무섭다는 사실을 어떻게 하면 독자들이 뼈저리게 느끼게 할 수 있을까? 아마 '노화의 가장 큰 원인은 자외선이다.'라는 말은 여러 채널을 통해 귀가 아프도록 들어왔을 것이다. 그런데도 우리는 마치 늙고 싶어 안달이 난 사람처럼 화장은 열심히 하면서 자외선에 대해서는 아무런 생각이 없다. 이런 독자들에게 자외선 차단이 얼마나 중요한가를 알려주기 위해 태백 출신인 나에 대한 이야기를 좀 하고자 한다

사실 난 어린 시절을 강원도 태백 근처에서 자랐기 때문에 어려서부터 자외선을 벗 삼아(?) 살아온 것이나 다름없다. 그래서 30년이 지난 지금도 어디서 고향 이야기를 하면 상대방은 참 귀신같이 내 고향을 잘도 알아맞힌다. 물론 내가 좀 촌스럽게 생긴 탓도 있을 것이다. 아무튼 내 이마에는 누군가 태백이라고 써놓은 것 같다.

남자라는 이유로 그리 심적 부담이 크지는 않지만 만약 여자로 태어났다면 상상하기조차 싫어진다.

내 피부 상태를 이렇게 만든 주범은 다름 아닌 '자외선'이다. 자외선이란 놈이 나와 같이 놀면서 내 이마에 '촌놈'이라 새겨놓고 사라진 것

이다.

그 후 서울로 유학 와 서울 물 먹은 지 40년이 지났건만 내 이마의 '촌놈' 낙인은 요즘 들어서는 부쩍 느는 주름까지 더하여 '영원한 촌놈'으로 자리 잡고 있다. 슬프게도 내 피부는 40년이 지난 지금까지 어린 시절 같이 자외선으로부터 지속적으로 영향을 받고 있다.

한순간 받은 자외선은 시간이 지나면 사라지는 것처럼 보이지만 결코 사라지지 않고 지속적으로 쌓이는 매우 중요한 특성을 갖고 있다. 피부는 받은 자외선을 지속적으로 축적하는데 피부 속으로 침투한 자외선은 각질 세포나 콜라겐이 있어야 하는 자리에 자신의 둥지를 점점 크게 만들어 간다. 일반적으로 우리는 어제와 오늘의 차이를 인식하지 못하듯이 쌓여가는 자외선을 인식하지 못하다가, 세월이 흐르고 어느 날 문득 거울 앞에 서서 자외선의 둥지(노화)를 발견하게 되는 것이다.

어떤 학자는 일반적으로 대부분의 사람들은 평생 받을 자외선을 어려서(20대 전에) 80% 이상 받으며 그때 받은 자외선은 세월이 흘러가면서 노화로 나타난다고 주장한다. 60%든 80%든 몇 %가 중요한 것이 아니라 한 번 받은 자외선은 쌓인다는 사실과 언젠가 노화로 연결된다는 사실이 중요하다는 것이다. 또한 젊어서 압구정동에서 살아 자외선과 별로 친하지(?) 않았다 하더라도 그 후 장기간 자외선에 노출되었다면 세월이 흐르는 사이 어느새 피부는 압구정동을 벗어나 있음을 알게 될 것이다.

결론적으로 싱싱한 피부를 오랫동안 간직하려면 수단과 방법을 가리지 말고 자외선을 멀리하는 것이 중요하다. 앞에서도 자외선과 노화에 대하여 조금 다루었지만 책의 마지막 결론까지 자외선의 횡포를 지속적으로 다룰 것이다. 그래서 이 책을 다 읽고 나면 아침은 굶고 출근해도 자외선 차단제는 바르게 하는 것이 필자의 숨은 의도라는 것을 밝혀둔다

햇빛을 해부하다

지구에서 약 1억 5천만 ㎞ 떨어진 곳에 존재하는, 수소, 헬륨, 칼슘, 소디움, 마그네슘 등으로 형성되어 연신 불을 내뿜고 있는, 반지름 약 70만 ㎞ 정도의 거대한 기체 덩어리가 바로 태양이다

그 중심의 온도는 1,500만 ℃이며 표면의 온도도 5,800℃에 달한다고 하니 서울에서 부산까지 왕복으로 대략 15만 번을 왔다 갔다 하는 거리만큼 떨어져 있는 우리들도 한여름에 뜨거워 숨이 찰 정도다

그래서 인간들은 태양을 삶의 열정이나 희망에 비유하기도 한다. 희망이나 열정 모두 맞는 이야기에는 틀림없다. 왜냐하면 지구상에 존재하는 어떤 것도 태양의 도움을 받지 않는 것이 없기 때문이다. 식물들은 햇빛이 없으면 먹을 것을 만들지 못하고 그 식물을 먹고사는 동물 또한 살 수 없다. 그만큼 태양은 우주 공간에 사는 생명체들에게는 없어서는 안 되는 절대적인 존재이다.

그럼 지금부터 그 신비 덩어리인 태양이 뿜어내는 빛에 대하여 좀 더 자세히 알아보기로 하자.

햇빛은 파장(굴곡)의 크기에 따라 200㎚ 이하의 파장인 γ선과 X선

및 200~400㎚의 파장으로 식물에게는 광합성을 할 수 있게 도와주며 인간에게는 비타민 D 합성과 노화라는 상반된 선물을 안겨주는 자외선, 약 400~800㎚의 파장으로 열을 내뿜어 생활을 이롭게 하는 적외선 등을 들 수 있다.

인간 노화의 핵심 요인으로 흔히들 자외선 A니, B니, C니 하는데 파장에 따라 종류별 강도와 피부층에 영향을 주는 범위가 달라진다. 파장이 큰 것(320~400㎚)을 자외선 A라고 하고 그 다음을 290~320㎚를 자외선 B라고 하며 가장 파장이 작은 것 200~290㎚를 자외선 C라고 한다.

자외선의 파장은 투과력과 도달 거리에 정비례하고 강도에는 반비례한다. 파장이 큰 자외선 A는 투과력도 커 1m 두께의 물이나 유리도 통과하고 피부에서도 진피층 밑까지 도달한다. 그러나 강도는 B나 C보다 아주 약하다.

피부에 홍반을 수반할 수도 있는 자외선 B는 강도가 있어서 잠시 동안의 노출로도 피부에 홍반을 생기게 하는 대신 표피층의 맨 아랫부분 정도와 진피층 맨 윗부분까지밖에 도달하지 못한다. 자외선 C는 위력은 대단하나 도달 거리가 짧아 대기 중의 성층권에 존재하는 오존층에 걸려 지표면까지는 도달하지 못하므로 피부에는 걱정이 없다. 이어서 자외선의 특성과 피부에 미치는 영향에 대해 좀 더 자세히 알아보기로 하자.

햇빛을 넘어야 동안이 보인다

일반적으로 '햇빛=자외선'으로 생각하는 사람들이 많은데 꼭 그렇지만은 않다. 앞에서 보았듯이 햇빛은 파장에 따라 도달하는 거리와 미치는 영향이 각기 다른 자외선, 가시광선, 적외선 등과 같이 여러 종류의 빛을 포함한다. 여기서는 좀더 집중적으로 자외선 A, B, C에 대해 각각의 파장과 강도, 영향을 미치는 범위,, 그에 따른 피부 피해를 집중적으로 알아볼 것이다. 이렇게 파장에 따른 강도와 폐해는 무엇이며 눈에 보이지 않지만 어디에 있을 때 많이 노출되는지를 이해해서 노화 원인의 80% 이상을 차지하는 자외선으로부터 안전하게 피부를 관리하도록 하자

먼저 자외선 A부터 알아보자. 자외선 A는 자외선 중에서는 파장이 320~400㎚로 가장 커 강도는 비교적 약하나 상대적으로 도달 범위도 깊고 도달하는 양도 많다. 지표면에 도달하는 총 자외선 양(전체 빛의 양의 6.1%)의 90% 이상을 차지하는데 피부에 도달하는 범위도 진피층 깊숙이 침투한다

그러므로 우리가 받는 자외선의 대부분은 자외선 A라고 해도 과언이 아니다. 통과층과 반사율 역시 자외선 B와 달리 유리를 통과하므로 유리창이 있는 집 안에서도 자외선 A에는 노출될 수밖에 없다. 야외 수영장에서도 자외선 A는 물속 1m까지 통과하기 때문에 물속에서도 결코 안전하지 않다.

그리고 보통 사람들은 비가 오거나 구름이 낀 날 자외선 차단제를 바른다고 하면 '미친 사람'이라고 할지 모르나 자외선 A는 구름과 물

도 통과하는 만큼 비 오고 흐린 날에도 피부 노화를 가져올 수 있다는 사실을 잊지 말자. 다시 말해 비 오고 흐린 날 창문이 있는 집에 있어도 자외선 A에는 안전하지 않다는 결론에 도달하게 된다.

그리고 햇빛이 내리쬐는 거리를 지나가는 사람들을 보면 막을 것이 없을 때 손을 올려 자외선이 얼굴에 직접적으로 닿지 않게 하려고 안간힘을 쓰는 모습을 볼 수 있다. 물론 조금은 도움이 되겠지만 '얼굴만 막으면 손은 할머니 손이 되어도 좋은가?'라는 생각이 든다. 또한 그렇게 해서 자외선이 막아졌다고 생각한다면 큰 오산이다.

자외선 A, B 모두 반사되는 성질을 가지고 있기 때문에 아무리 위를 막는다고 해도 반사되어 올라오는 빛을 차단할 수 없다. 햇빛은 차단제 외에는 속수무책이라는 것을 잊지 말자. 스키장의 눈도 80~90%가 반사되어 올라오고, 도심의 건물벽도 20% 이상의 반사율을 나타내고, 모래밭도 20~70% 이상의 자외선을 반사한다.

그리고 시간대나 위치에 따라 강도를 알아보면 자외선 A는 아침부터 저녁까지 거의 비슷한 양이 지구에 도달하나 특히 오전 10시부터 오후 2시까지는 강도가 매우 높으므로 이 시간대에는 가능한 외출을 삼가는 것이 좋다.

정리하면 지구가 빛을 받는 각도, 태양과의 거리, 반사율이 높은 환경(흰색) 등에 따라 자외선 A의 강도가 달라진다. 낮 12시를 정오라고 하는데 이때가 지구에 도달하는 자외선이 가장 많다. 이는 태양이 지구 바로 위에서(천정점) 빛을 발산하기 때문이다. 그러므로 정오 전후일수록 자외선 양이 많아지게 된다.

겨울보다는 여름이 태양과의 거리가 가까우므로 자외선 A가 상대적으로 강하다 그리고 반사율이 높은 스키장과 같은 눈밭, 물과 모래밭이 있는 해안일수록 자외선이 강하며 고도가 300m 정도 높아질 때마다 자외선 A는 4% 정도 증가하므로 등산하는 경우에도 조심해야 한다. 지역적으로는 서울보다 제주도가 적도에 가깝기 때문에 엄밀한 의미에서 자외선 A가 강하다고 볼 수 있다. 얼굴에서도 튀어나온 코 부분이 반사되는 자외선 A가 닿을 확률이 높으므로 자외선을 많이 받게 된다

자외선 B는 290~320㎚ 사이로 파장이 적어 피부에 영향을 주는 범위도 적고 깊이도 표피층 아랫부분까지밖에 침투하지 않으나, 강도는 A보다 훨씬 강하여 집중적으로 노출된 피부는 홍반을 동반하기도 한다 하지만 자외선 B는 유리를 거의 통과하지 못하므로 집 안에 있으면 안전하다고 할 수 있다. 물속은 50㎝ 정도를 통과해 수영장에서는 주의해야 한다. 특히 오전 10시부터 오후 2시까지는 자외선 B가 매우 높으므로 이 시간대에는 노출을 피하는 게 중요하다. 반사량과 방사 특성은 자외선 A와 같다.

끝으로 자외선 A, B가 피부를 망가뜨리는 폐해에 대해 알아보기로 하자.

자외선 A는 파장이 커 강도는 약하나 진피층까지 깊숙이 침투하고 날씨에 상관없이 해가 떠 있는 이상 차단제를 바르지 않으면 피할 수 없다. 특히 장기적으로 진피층의 콜라겐 수를 감소시키고 엘라스틴의 변성을 가져오며 표피층의 각질 세포나 면역 세포 수가 감소하는 데도 영향을 끼쳐 표피, 진피층 모두에 장기적으로 노화를 가져오는 핵심 요소라고 할 수 있다.

자외선 B는 A와 다르게 파장이 작으므로 진피층까지는 침투하지 못하나 강도가 매우 강해 단기적으로 노출되더라도 피부에 홍반이 형성될 정도이다. 자외선 B는 먼저 피부 세포막(리소좀)을 공격하여 물을 매개로 영양분을 받고 노폐물을 내보내는 세포 고유 기능을 방해한다. 또한 진피층 윗부분의 모세혈관을 공격함으로써 단기간에 물집을 형성하기도 한다.

자외선 B는 진피층 깊이 침투하여 콜라겐과 엘라스틴을 직접 파괴하지는 않지만 피부 내 모든 대사 활동(신진대사를 포함한 모든 세포 활동)이 정상적으로 이루어지기 위해서 최적의 상태(항상성)를 유지하려는 활동을 방해함으로써 콜라겐의 생성 비율을 떨어뜨리게 되어 결국 진피층 노화에도 영향을 끼친다.

지금까지 자외선 A, B에 대해 깊이 있게 다루어 보았는데 결론적으로 몇 가지를 정리하면 다음과 같다.

첫째는 햇빛이라고 해서 다 자외선이 아니고 자외선이라고 해서 또한 다 같은 것이 아니라는 점을 이해해야 한다. 차단제를 구입할 때도 SPF만 보고 무조건 자외선 모두를 방어하는 것으로 생각하기 쉬우나 자외선 A의 차단 치수인 PA+, ++, +++등의 표시와 자외선 B 차단 지수인 SPF 15, 25, 30 등의 표시가 함께 있는 것을 구입하는 것을 잊지 않도록 하자

둘째로 해가 안 보인다고 해서 자외선이 없는 것이 아니다. 자외선 A는 비가 오나 눈이 오나 인체에 영향을 끼치므로 항상 자외선 차단을 중요하게 생각해야 한다. 밥 먹는 것은 잊어도 자외선 차단제 바르는 것은 잊지 않도록 하자.

세상에서 가장 좋은 화장품

여기서 다루고자 하는 핵심은 화장품 효과의 좋고 나쁨이 아니라 상대적 개념으로 피부에서 자외선 차단제의 탁월한 효과성을 강조하기 위함임을 먼저 밝히고 넘어가기로 한다. 자칫 자외선 차단제를 제외한 나머지 모든 화장품들의 효과에 대한 시비가 있을 수 있기 때문이다.

여기서 참고할 필요가 있는 화장품에 관한 법규를 조금 언급하고 넘어가면 우리 나라는 기능성 화장품을 인정함으로써 미국보다는 확대 해석하나, 여러 책에서 보면 미국은 아직도 자외선 차단제에 사용되는 성분을 제외하고는 화장품 성분의 효과에 대해 간접적인 효과만을 인정하고 있다는 것을 알 수 있다.

앞에서도 잠깐 설명했지만 화장품은 의약품처럼 부작용을 감수하고서라도 유효 성분의 함량을 높여 직접적으로 세포 기능에 영향을 주어 문제를 해결하는 것이 아니라 부작용 최소화를 기능성보다 우위에 두고 장기적으로 경미한 작용을 유도하여 피부 노화를 막는다고 생각하면 된다.

우리나라에서도 많이 알려진 여드름, 기미, 주름 치료 성분인 레티노익산(Retinoic Acid)의 기능성에 대한 존슨앤존슨사와 미국 식약청(FDA)과의 20년 동안의 기나긴 싸움(화장품 성분으로서 레티놀산의 주름·기미에 대한 효과성 인정)에 대한 이야기를 잠깐 하고 넘어가면, 1976년 존슨앤존슨사는 10대 여드름 전용 화장품을 개발하기 위해 피부학에 대해서는 권위가 있는 펜실베이니아 대학 피부과에 제품 개발을 의뢰하여 그 결과 알버트 M. 그리그만 박사는 레티노익산(비타민 A산)이라는 탁월한 주름치료 화장품을 개발하게 되었다 다시 말해, 여드름 치료를 연구하다 주름을 치료할 수 있는 성분을 발견하게 된 것이다. 1988년 이후 미국 피부의학계에서는 이 레틴-A의 주름치료에 대한 효과성을 인정하여 Off-Label(FDA정식 승인 없이 의사의 처방에 따라 사용되는 약품들)에서 꾸준한 인기를 얻어 미국 전역이 늙지 않는 약으로 그 명성을 이어갔다 하지만 정작 FDA에서는 효과성보다는 부작용 발생에 초점을 맞추어 레틴-A를(상품명) 화장품으로서의 기능성을 인정하지 않아 시판에 대한 판매 승인을 하지 않았다.

지루한 싸움의 결과 1996년 존슨앤존슨사는 결국 화장품으로서의 기능성에 대한 과대 광고로 5백만 불의 벌금과 250만 불의 FDA 조사 비용을 물고, 반면 FDA는 약효를 인정하여 약국판매를 허용하여 결국 싸움은 무승부로 끝나게 되었다. 여기서 우리는 중요한 포인트 하나를 얻을 수 있는데 적어도 미국에서는 레티노익산(Retinoic Acid)과 같이 직접적으로 피부에 작용하여 피부 문제점을 개선할 경우에는 화장품이 아닌 의약품으로 분류된다는 것이다.

FDA는 효과성이 인정되어도 안전성에 문제가 예상될 경우에는 화장품으로 판매를 허용하지 않고 의약품으로 분류하기 때문에 화장품에서 기능성과 안전성을 모두 인정받기는 하늘의 별따기(미국 기준으로 본다면)라고 보면 된다.

그런데 FDA가 유일하게 노화 및 기미 방지에 대한 효과(기능성)와 안정성을 같이 인정하여 시판을 허용하고 있는 유일한 화장품이 자외선 차단제라는 것이다.

모든 화장품들은 피부 노화를 미연에 방지하기 위한 예방기능이 없으나 자외선 차단제는 확실하게 주름과 기미에 대한 효과가 인정되는 예방 기능을 갖추고 있다는 것이다.

그래서 FDA가 유일하게 자외선 차단제를 화장품의 기본적 기능성인 노화방지와 기미 치료에 대한 효과성을 인정하면서 안전성도 같이 승인하게 된 것이다. 지금까지 세상에 알려진 것 중 유일하게 노화의 주범인 자외선을 완벽하게 약화시킬 수 있는 방법이라는 의미이기도 하다.

요즈음 들어서는 많은 회사들이 특별히 효과가 있는 성분들을 화장품에 포함시키는 경우가 늘어나고 있기는 하나 장기적으로 사용하여야 효과를 볼 수 있기 때문에 경제적으로 많은 부담이 되는 것이 사실이다.

그러나 아무리 비싸고 좋은 성분이 포함된 화장품을 쓴다 해도 자외선과 함께(?)한다면 백해무익일 뿐이다.

더 나아가 경제적으로도 부담이 없으면서 노화를 지연하는 탁월한 비법이 있느냐고 묻는다면 그 대답은 YES다. 자신의 경제적 범위 내에서 구입 가능한 기초화장품으로 매 순간 부족한 유·수분을 채워주고, 자외선 차단제를 바른다면 10년 뒤 거울 앞에서 당당할 수 있을 것이다.

SPF는 무엇이고, PA는 무엇인가?

일반적으로 대부분의 사람들은 선크림이 자외선을 차단하고 SPF는 자외선을 차단하는 강도로 15보다 25가 강하다고 이해하고 있으며 또한 SPF가 높을수록 좋다는 인식과 더불어 자외선 A, B를 구분하지 않고 많은 차단제가 자외선 B를 차단하는 SPF로 표시되어 있어서 SPF라고 표시되어 있으면 모든 자외선을 차단한다고 이해하고 있다.

그러나 앞에서도 설명했지만 자외선은 파장이 큰 자외선 A와 파장이 작은 자외선 B가 있다. 자외선 A는 침투 범위도 진피층까지 깊숙한 반면 B는 표피층 밑 정도로 얕다. 하지만 자외선 A는 침투 범위도 진피층까지로 깊숙한 반면 B는 표피층 밑 정도로 얕다. 하지만 자외선 A보다 강도가 강하여 홍반을 동반하는 경우도 있다 사람이 받는 자외선의 양은 자외선 A가 90% 이상이며 자외선 B는 10% 정도를 차지한다.

피부에 미치는 영향에서도 A는 강도는 약하나 많은 양을 진피 깊숙이 전달하기 때문에 장기적으로 노출되면 진피층 노화를 촉진하며, B는 강하지만 표피층 밑 정도로 얕게 영향을 끼친다. 하지만 심할 경우 단기적이고 집중적으로 노출되면 물집이나 홍반을 동반한다. 이와 같이 자외선 A와 B는 별개의 것으로 SPF로 표시되는 자외선 B와 PA로 표시되는 자외선 A를 동시에 차단하는 제품을(SPF와 PA가 함께 표시되어 있는 제품)을 선택하여야 한다.

SPF나 PA를 설명하기 전에 자외선 차단제의 성분에 대해서 간략하게 살펴보자., 자외선 차단제는 자외선을 받아 반사시키는 물리적 차단제(Physical Sunscreen)와 자외선을 흡수하여 열로 전환하여 자외선을 약화시키는 화학적 차단제(Chemical Sunscreen)가 있다. 물리적 차단제의 성분으로는 1990년대 초반까지 많이 사용한 산화 아연(Zinc Oxide)을 들 수 있는데 이것은 끈적거리며 백색으로 다른 화장품과 함께 사용하는데 제약을 받는다는 흠이 있다. 다음은 1993년 이후 사용되기 시작한 이산화 티탄(Titaniun Dioxide)을 들 수 있는데 골프채나 항공기 부품으로도 사용될 정도로 강하고 가벼워 미크론(Micron, 1/백만분)단위까지 잘게 부수어도 형태를 유지함으로써 자외선을 반사하는 데 효과가 높다. 이것은 투웨이 팩트 등에 사용되어 색조화장품에 자외선 차단 기능 추가라는 새로운 이정표를 세웠다.

안트라닐산염(Anthranilate), 벤조페논(Benzophenon), 아보페논(Avobezone) 등 20여 개의 성분들이 있으며 회사마다 조금씩 사용하는 성분이 다르다. 성분 중에도 특히 이산화티탄 성분이 함유된 제품이 효과도 높고 다른 화장품과 같이 써도 별 무리가 없다.

본격적으로 자외선 차단지수에 대하여 알아보면 SPF란 Sun Protecting Factor의 약자로 자외선 B에 대한 차단 지수를 말한다. 오스트리아 빈 대학의 그레이터(Franz Greiter) 교수는 자외선 B를 측정하기 위해 MED(Minimum Erithemal Dose) 즉, 최소 홍반량이라는 개념을 도입했다. 특히 서양인, 동양인, 흑인을 대상으로 최초 자외선에 노출된 후 몇 분이 지나면 붉은 반점이 발생하는가 하는 실험(적도와 북극 중간 지점에서 여름날 12시에)을 한 결과 살결이 흰 서양인은 15분, 동양인은 20분, 흑인도 같은 20분이 지나자 붉은 반점이 나타나기 시작하는 것을 보고, 피부가 자외선을 받아 붉은 반점이 최초로 생기기까지의 자외선의 양(MED)를 최소한 15분 동안 받는 자외선 양으로 보았다.

SPF 1를 MED 1로 보아 자외선 B에 노출된 후 15분 동안은 안전하다는 것으로, SPF 2라고 표시되어 있으면 30분 동안 안전하다는 의미로 이해하면 된다. SPF 15든, 30이든 숫자에다 15분을 곱해 나오는 분 단위 그 시간까지는 안전하다고 생각하면 된다.

다음은 자외선 A를 차단하는 PA+, ++, +++(Protecting Grade of UVA)로 표시되어 있는데 '+' 한 개에 자외선 A에 2~4시간 정도 안전하다는 의미이다. 따라서 '++'는 4~8시간, '+++'는 8시간 이상 자외선 A에 안전하다는 것을 나타낸다.

끝으로 여기서 흐린 날에도 자외선 A를 차단하는 'PA+'나 '++', '+++'로 표시되어 있는 것을 사용하고 맑은 날에는 필히 SPF와 PA가 함께 표시되어 있는 차단제를 필수적으로 사용해야 한다고 강권한다.

자외선 차단제, 알고 바르자

일반적으로 사람들은 자외선 차단제를 아무렇게나 한번 바르기만 하면 된다고 생각하는데 사용 방법에 따라 차단 효과의 차이가 매우 크므로 사용 방법을 충분히 이해할 필요가 있다. 먼저 비가 오거나 흐린 날에도 자외선 A는 방사되고 있다. 따라서 노화 지연에 관심이 많은 사람일 경우 평상시 A와 B를 동시에 차단할 수 있는 차단제를 사용했다면 그대로 사용하면 되고 피부 부담을 줄이고 싶다면 흐린 날만 사용하는 자외선 A 차단하는 PA+, ++, +++로 표시된 차단제를 사용하는 것도 좋은 방법의 하나다.

민감성피부 〉 건성피부 〉 중성피부 〉 지성피부의 순으로 SPF지수가 높은 것을 사용해야 한다는 뜻은 민감성이나 건성 등의 피부는 피지막이 손상되어 그만큼 자외선 침투가 용이하기 때문에 피지막의 손상이 없는 지성 피부보다는 자외선 차단에 더 주의를 기울여야 한다는 의미이다.

특히 보통 사람이 평생 받는 자외선 중에 20세 전에 받는 자외선의 양이 전체 받는 양의 절반 이상이라는 조사 내용을 통해서도 알 수 있듯이 젊은 시절에는 자외선의 무서움 따위는 문제가 되지 않는가 보다.

하지만 '한번 태백은 영원한 태백'이라고 하지 않았던가.

젊어서 받은 자외선은 축척되어 있다 20~30년이 지난 다음 잊지 않고 주름으로 응답한다.

다음은 노인들의 자외선 차단에 대한 중요성인데 노인들은 젊은 사람과 달라서 깊게 파인 주름 사이로 노출된 콜라겐을 자외선이 그냥 두지 않는다.

젊어서는 유해산소에 의해 콜라겐이 파괴되나 나이를 먹으면 깊은 주름 속에 있는 콜라겐이 자외선에 직접 노출되어 자외선의 에너지가 열에 약한 아미노산으로 구성되어 있는 콜라겐을 직접 파괴할 수도 있기 때문에 노인들에게도 자외선 차단은 매우 중요하다고 할 수 있다.

차단제는 외출하기 30분 전에 발라서 충분히 흡수될 수 있는 시간이 필요한데, 충분히 흡수되지 않은 상태로 외출할 경우 성분들이 증발하여 효과를 반감시키기 때문이다. 무엇보다 차단제는 아끼지 말고 충분히 발라야 한다. 화장품 회사에서 자외선 차단에 대한 실험을 할 때에는 일상 생활과 같은 조건이 아니기 때문에 차단 효과를 높이기 위해서는 충분히 바르는 것이 무엇보다 중요하다.

또한 마구 문질러 사용할 경우 열에 의해 성분이 증발해 효과가 반감되기 때문에 문지르지 말고 천천히 골고루 두들겨 발라야 한다. 또한 수영장에서는 필히 방수용 차단제를 사용해야 하고 수영장 물은 소독제(염소)를 많이 사용하기 때문에 차단기능이 약화되는 경우가 많으므로 물에서 나왔을 경우 항상 덧발라 주는 것이 효과적이다. 이제 머리카락에 대한 이야기를 해 보자. 사람들은 40대 이후 머리관리를 제대로 하지 않아 남아 있는 머리카락이 없어진 머리카락보다 작거나 머리카락이 윤기가 없고 가늘어져 제 나이보다 늙어 보이는 경우가 많다. 사람들은 얼굴은 관리하면서 얼굴의 배경인 머리에 대해서는 소홀한 경우가 많다. 젊어서 찰랑찰랑하던 머리도 나이가 들면서 자외선 관리를 소홀히 할 경우 머리도 손상을 입게 된다. 따라서 차단제가 함유된 제품을 사용하는 것이 효과적이다. 특별한 경우이지만 일반 차단제가 없어서 방수용 차단제를 사용할 경우 유분이 많이 남게 되므로 이중 세안으로 잔여 찌꺼기가 모공을 막지 않도록 주의를 기울여야 한다.

끝으로 창이 넓은 모자나 선글라스, 목티, 긴 소매 셔츠 등도 자외선을 막는 데는 매우 효과적이므로 함께 사용하도록 하자.

지금까지 자외선 차단제 사용 시 주의사항에 대하여 자세히 알아 보았는데 너무 복잡하다고 느끼는 독자도 있을 것이다.

자외선 차단제를 사용할 때 주의 사항에 유념하여 사용하면 효과를 극대화 할 수 있다는 정도로 이해하시고 무엇보다 차단제는 거르지 않고 바르는 습관을 들이면 충분할 것이다.

봄, 여름, 가을, 겨울,
계절의 징검다리를 넘어 동안童顔으로

인간은 정온 동물이기 때문에 계절이 변화에 의해 체온에 영향을 받게 된다. 이때 인체는 정상적인 체온 유지를 위해 땀을 배출하거나 혈관을 수축하는데 이는 물과 오일로 이루어진 피부 보호막인 피지막 형성에 직접적 영향을 끼치게 된다. 특히 우리나라와 같이 사계절이 뚜렷한 경우 각 계절별로 기온 차가 심하게 나타날 때 온도가 피부를 관리하는 데 중요한 고려 대상이 된다.

또한 온도 외에도 황사라든가 장마등과 같이 계절별로 피부에 영향을 주는 요인들이 나타나므로 계절은 피부 관리하는 데 매우 중요한 의미를 갖고 있다

계절의 징검다리를 넘어

온도변화가 피부에 어떤 영향을 끼치길래 자외선만큼이나 해롭다고 하는 걸까?

인간의 체온은 36.5℃로 항상 일정하게 유지되어야 한다.

예를 들어 어린아이 체온이 40℃ 이상 올라가면 매우 위험한 상태가 되는데 인체를 구성하는 기관들이 아미노산과 같은 단백질로 이루어져 있어서 열에 약하기 때문이다 겨울에도 잘못하여 피부를 장시간

영하 30~40℃ 이상의 혹한에 노출하였을 경우 피부의 70%를 차지하는 수분이 얼어붙어 동상에 걸리게 된다.

앞에서도 몇 번 이야기했지만 인체의 적정 온도를 유지하는 기능을 담당하는 기관이 피부다. 피부는 주변 기온이 너무 높게 올라갈 경우 땀을 배출함으로써 체온을 유지하고 기온이 떨어지면 혈관을 수축하고 모공을 막음으로써 적정체온을 유지한다.

이와 같이 온도 변화에 대응하는 과정에서 일어나는 땀 배출과 혈관이나 모공축소는 살갗을 구성하는 피부층(피지막, 표피, 진피)에 직접적인 영향을 준다. 인체는 온도 변화를 감지하면 가장 먼저 피부 보호를 위해 피부 맨 바깥 부분에 형성되어 있는 피지막에 영향을 준다.

피지막은 땀으로 배출된 물과 피지샘으로부터 배출된 피지(오일)가 잘 섞여서(유화되어) 만들어지는데, 먼지나 세균 감염을 막거나 자외선을 차단하는 기능을 한다. 온도가 일정 수준 이상(대략 23℃ 이상) 올라가게 되면 인체는 체온 유지를 위해 과도한 땀을 배출하므로 막의 산성도가 떨어지며 흘러내리거나 묽게 되어 제 기능을 수행하지 못한다.

반면 기온이 급격히 떨어지게 되면 인체는 모공을 좁혀서 체온을 유지하게 되는데 이 경우 땀이나 피지가 거의 분비되지 않아 피지막이 제대로 형성되지 않는다.

이와 같이 기온 변화가 심할 경우 피지막에 문제가 발생하여 피부 보호라는 기본 기능을 수행하지 못하게 된다.

다음으로 표피나 진피층도 온도가 너무 상승하면 피지막이 흘러내리거나 묽어져 세균에 감염될 가능성이 높아지면서 그만큼 피부병이 발생가능성도 높아지게 되며 피부 조직도 이완되어 탄력이 떨어지게 된다.

계절과 함께 H2O+OIL막이 춤춘다

　봄, 여름, 가을, 겨울로 계절이 바뀌면서 기온 변화에 따라 피지막을 구성하는 물과 오일(피지)의 분비량이 어떻게 변화하며, 또한 피부 노화 원인의 80% 이상을 차지하는 자외선이 어떻게 변화하는지 이 두 가지 요인의 변화를 바탕으로 하여 좀더 장기적 관점에서 피부 관리를 접근해 보자. 여기서는 전체적인 흐름만 참고하고 자세한 것은 다음에 나오는 계절별 피부상태와 관리 포인트에서 자세히 알아보기로 하겠다. 단순하게 세가지 요인을 연간 흐름으로 머릿속에 정리하여 피지막의 상태가 계절별로 어떻게 형성되는지 이해하는데 초점을 맞추도록 하자.

　먼저 인체가 스스로 만드는 보호막인 피지막의 핵심 성분인 피지(유분)가 계절별로 어떻게 변화하는가를 알아보면 12월, 1월에는 가장 낮게 분비되다가 2월, 3월에 조금씩 증가하며 3월 중순 이후 다시 감소하기 시작하여 5월 초순이 지나면서 증가하고 7월 말에서 8월을 정점으로 가장 분비량이 높았다가 다시 줄기 시작하여 이듬해 1월까지 지속적으로 감소하는 주기(Cycle)를 그린다.

　수분(땀)의 경우 7월 말에서 8월을 정점으로 가장 분비량이 많고 서서히 줄어들다가 1월 말에서 2월 초순에 바닥으로 떨어진 후 다시 봄을 맞으면서 증가하기 시작하여 7월 말에서 8월 초까지 증가한다.

　피부 노화의 핵심 요인인 자외선은 12월 말에 방사량이 가장 낮고 6월말까지 지속적으로 증가하다가 6월 말을 정점으로 다시 줄어들기 시작하여 12월 말까지 지속적으로 감소한다.

유분과 수분의 연간 분비량을 기본으로 연중 피지막 형성 상태와 계절별 중요 피부 특징들을 살펴보면, 봄에는 유·수분 모두 겨울에 체온 유지를 위해 닫혀 있던 모공이 열리면서 분비량이 늘어나게 되어 피지막은 다소 두꺼워지는 반면, 유독 먼지나 바람이 많아서 피부가 굉장히 민감해 진다.

여름이 되면 유·수분 분비량은 절정을 이루게 되어 피지막이 두꺼워지다 못해 과다 분비로 흘러내리는 현상을 보이게 되고 아울러 작렬하는 자외선의 계절이기도 하다. 그런 반면 산으로 바다로 휴가를 떠나게 되어 기분은 좋을지 모르지만 피부는 지옥의 구렁텅이가 따로 없는 형국에 놓이게 되는 것이다.

가을은 피부에 있어서 다소 평온한 기간이다. 유·수분의 분비량은 줄어들기 시작하여 지속적으로 감소하고 피지막은 얇아진다. 가을에 중요한 포인트는 두 가지로 압축되는데 하나는 여름에 자외선으로부터 상처받은 피부를 회복하는 것이고 또 하나는 메마른 겨울을 준비하는 것이다.

이렇게 1~2년이 아닌 장기적 관점에서 계절별로 보호막인 피지막이 어떻게 형성되는지를 알아봄으로써 계절별에 따라 유·수분을 어느 정도 보완해 주어야 하는지에 대해 확실한 감을 잡을 수 있었을 것이다.

다음 계절별 관리 포인트에서 세부내용들을 자세히 알아 보기로 하자.

환절기, 무엇이 문제인가

인간은 정온 동물로 항상 체온을 36.5℃로 유지해야 하기 때문에 주위 환경의 급격한 온도 변화는 인체에 체온 유지를 위한 활동(피부에서의 땀 배출, 혈관 수축)을 필요로 한다. 그런데 환절기에는 집에 있을 때와 아침과 낮의 온도 차가 크다. 이와 같이 서너 시간 사이에 온도 차가 극심해지면 체온 조절을 담당하는 피부는 정상적인 활동(체온 조절 활동, 피부 자체 보호 활동)을 하지 못하게 된다. 이 때문에 남녀노소를 막론하고 모든 사람들은 환절기에 피부가 당기고 건조해지는 것을 느낀다. 따라서 환절기 피부는 매우 바빠지게 되는데 체온 조절 활동 때문이다. 앞에서도 말했지만 인체는 정온 동물로 평생을 일정한 온도를 유지하면서 살아가는데 주위 기온의 변화에도 정상 체온(36.5℃)를 유지하기 위해 어떤 활동(기능)이 필요하게 된다.

인체에서 그와 같은 체온 조절 기능을 담당하는 기관이 피부이다. 기온이 올라가면 땀구멍을 열어 땀을 배출함으로써 체온을 유지하고 기온이 내려가면 땀 구멍을 닫아 체온 유출을 막아 정상 체온을 유지한다. 이런 기능에도 불구하고 환절기에 피부가 고통스러운 것은 메커니즘에 혼란이 오기 때문이다. 이것을 알기 쉽게 풀어보면, 피부는 피부 스스로가 자신을 보호하는(천연 피지막 형성) 기능에 더하여 인체 전체의 여러 기관 중 한 기관으로서 중앙의 통제를 받아 체온 조절 기능도 수행하게 된다. 그런데 환절기에는 이 두 가지 기능들 사이에 서로 충돌이 일어나게 되어 피부가 당기고 건조해 지는 것이다. 환절기에 연속적으로 급격하게(5℃ 이상) 변하는 기온 때문에 피부는 모공을 열었다 닫았다 하여 피지 분비를 하다 말다를 반복하게 되고 땀구멍도 열었다 닫았다를 반복하면서 땀을 내보냈다 멈추었다를 반복한다. 이렇게 체온 유지를 위해 피부가 안간힘을 쓰는 동안 피부보호를 위한 자체 활동인 수분(땀)과 유분(피지)을 잘 유화하여 형성하는 보호막인 피지막이 제대로 형성되지 않게 되고 이 때문에 피부가 이완과 긴장을 반복하게 되어 피부가 고통스러워 지는 것이다. 따라서 환절기에는 각별히 주위를 기울여 피지막을 보완해 주어야 한다. 만약 이 기간 피부 관리를 소홀히 해서 그것이 축적된다면 세월이 흘러 피부는 주름으로 답하게 된다. 그렇기 때문에 환절기에는 주위를 기울여 고보습 화장품을 사용해 인공 피지막인 화장품으로 막을 형성해 주어야 한다.

황사, 꽃가루가 뒤범벅인 봄을 넘어

지금부터는 각 계절별로 유분, 수분, 자외선이 어떻게 변화하며 우리가 관심을 갖고 관리해야 하는 핵심 사항을 정리해 보도록 하자.

먼저 봄에 대하여 알아보자.

겨우내 움츠렸던 만물이 소생하는 봄. 봄이 되면 피부도 겨우내 닫아 놓았던 모공과 땀구멍을 열고 피지와 땀을 분비하며 생기를 되찾기 시작한다.

그러나 한편으로는 봄 하면 강한 바람에 실려오는 먼지, 황사, 꽃가루가 떠오를 정도로 사계절 중 피부 트러블이 발생할 가능성이 가장 높은 계절이다. 그러므로 봄철의 피부는 그 어느 때보다 민감한 상태가 된다. 게다가 왠지 피곤하고 졸리고 식욕도 떨어지는 계절이다 보니 영양 섭취를 게을리하기 쉬워서 피부가 활력을 잃을 가능성 또한 높아진다. 하루가 다르게 태양이 뿜어대는 자외선의 양도 지속적으로 많아지게 되어 기미나 주근깨가 발생할 가능성도 높아진다. 그러므로 봄철 피부 관리에서는 무엇보다 청결이 가장 중요하다.

가능한 일기 예보를 참고했다가 황사가 발생하면 외출은 가급적 삼가는 것이 바람직하며 귀가 후 즉시 세안하는 것을 생활화하자.

이와 같이 봄에는 가능하다면 세안을 자주 하는 것이 매우 중요하고 세안 후 오일 성분 보다 물이 낳은 화장품으로 피지막을 보완하는 것을 잊지 말자.

그리고 아침에 자외선 차단제 바르는 것을 습관화할 수 있다면 남보다 10년 젊게 살 수 있음을 다시 한번 강조하고 싶다. 특히 봄에는 자외선의 양이 지속적으로 증가하므로 자외선 차단제 사용은 필수이고 기초화장품도 화이트닝 성분이 포함된 것을 사용하는 것이 좋다.

피부의 영양은 밖으로부터의 공급도 중요하지만 그보다 더 우선 되어야 하는 것이 내부로부터 공급되는 영양분이다. 콜라겐이나 각질세포 등의 생성에 필요한 단백질과 섬유질이 많이 함유된 야채나 과일을 충분히 섭취하도록 하자. 쇠고기나 두부 등의 콩류, 유제품 등이 단백질을 특히 많이 함유하고 있다는 것을 참고하기 바란다.

그리고, 너무 자주 하면 오히려 역효과가 날 수도 있으므로 주 1회 정도 마사지와 팩으로 피부를 관리해 나가는 것을 습관화하는 것이 좋다. 물론 자신의 피부가 악건성이거나 민감 정도가 심할 경우에는 횟수를 2주에 1~2회 정도로 하는 것이 바람직하다. 피부 관리에서 가장 기본적인 방법인 마사지와 팩에 대해서는 뒤에서 따로 충분히 다루기로 하겠다.

이글거리는 해변이 부르는 여름을 넘어

누군가 여름을 정열의 계절이라 했던가? 하지만 피부는 건너뛰고 싶은 계절일께다. 만약 여름이 없고 봄, 가을, 겨울만 있다면 피부가 검어서 고민하는 사람이나 나이보다 겉늙은 사람의 수도 적잖이 줄어들 것이라는 데는 크게 이견이 없을 것이다.

왜 이토록 여름은 피부에 치명적일까? 이 물음에 대한 첫 번째 대답은 다름 아닌 이글거리다 못해 타오르는 태양이다. 이는 태양의 자외선 때문으로 자외선을 받을 당시는 기온이 높으므로 피부가 이완되어 잘 못 느끼지만 여름이 지난 다음 조금만 쌀쌀해져도 여름 동안에 쌓인 유해산소의 노력(?)이 가느다란 주름으로 나타나 우리를 놀라게 한다. 여름에는 쏟아지는 자외선의 양도 최대지만 더 중요한 원인은 그에 못지않게 자외선에 노출되는 빈도 또한 많아지는 데 있다.

두 번째는 기온이 높아지면서 체온 조절을 위해 배출하는 땀의 양이 너무 많은 나머지 피부 보호를 위해 형성되는 피지막의 산성 농도가 알칼리화함으로써, 높은 온도 때문에 기승을 부리는 세균이나 박테리아들이 약해진 피지막 사이로 침투하기 쉬운 상태가 되어 피부병이 생길 확률이 높다는 것이다.

그리고 세 번째는 자외선 차단이 제대로 되지 않으면 얼굴이 기미나 주근깨 공장으로 변한다는 것이다. 네 번째는 휴가기간 동안에 받는 자외선 못지않게 피부를 지치게 하는 것이 불규칙한 생활 패턴과 수면 부족, 과음 등이다.

이들은 모든 피부를 늘어지고 지치게 만드는 요인이다. 이렇게 골치 아픈 여름철의 올바른 피부 관리 포인트는 무엇일까.

여름철 피부 관리 포인트 첫 번째는 자외선에 노출되는 것을 피하고 가능하다면 10시부터 오후 2시 사이는 자외선 방사량이 최고치에 달하므로 이 시간대의 외출은 삼가는 것이다.

여름에는 흐리고 비 오는 날이라 해도 대기 중에 많은 양의 자외선 A가 존재하므로 항상 자외선 차단제를 사용해야 한다. 특히, 활동하는 공간이 실외일 경우 2시간마다 자외선 차단제를 덧발라주어야 효과를 극대화할 수 있다는 것을 잊지 말자.

그 이유는 자외선 차단제를 바르고 야외활동을 할 경우 땀으로 흘러내려 차단효과가 현저히 떨어질 수 있기 때문이다.

두 번째 포인트는 여름에는 땀도 많이 나지만 피지 분비량도 최고치에 달하기 때문에 과다하게 분비된 유·수분을 깨끗이 씻어내고 약산성 화장수로 정돈하는 것을 게을리하지 말아야 한다. 그러나 과도한 세안은 피부를 민감하게 하고 피부에 필요한 최소한의 성분마저 제거함으로써 피부를 건조하게 할 수도 있기 때문에 세안의 횟수가 많아질 경우에는 간단하게 20~30회 정도의 물 퍼팅 정도로 세안을 마치는 정도로 하는 게 좋다.

물론 화장을 했을 경우는 비누나 폼 클렌징으로 세안을 한 후 약산성 화장수로 정돈하는 것이 중요하다. 저녁 또한 열대야 현상 등으로 매우 덥고 습도가 높으므로 무거운 느낌이 들고 기름기가 많은 타입의 화장품은 저녁시간 피부호흡과 세포 재생을 방해하기 쉽다. 따라서 가급적 오일보다 수분이 많은 타입의 제품들을 사용한다.

세 번째는 여름에는 피부가 고온의 영향으로 항상 늘어지고 지쳐있으므로 하루 일과를 마친 저녁시간에는 오이나 수박껍질을 냉장고에 넣어 두었다가 얇게 썰어서 피부에 얹어 피부에 수분도 공급하고 벌겋게 달아오른 피부를 진정시키는 효과를 볼 수 있다. 매일 수박이나 오이를 준비하는 것이 번거롭다면 간단하게 수건을 차게 하여 사용하는 것도 좋다.

한여름의 냉방기 온도도 피부 관리에 큰 영향을 미친다. 여름철 냉방 온도가 실외보다 5℃ 이상 차이가 날 경우 인체 리듬이 깨질 수 있으므로 가급적 실·내외 온도 차를 5℃ 이하로 한다. 또한 냉방을 가동할 때는 실내 습도가 떨어지므로 피부가 건조해지지 않게 가급적이면 장시간 수분을 간직하는 성분(흡습제)이 함유된 고기능성 화장품을 사용하는 것이 좋다.

다섯 번째는 주 1~2회 팩을 이용하여 빼앗긴 수분을 보충하는 것이다. 간단하게 구할 수 있는 오이나 당근, 사과 등의 과일을 이용한 자연팩도 좋다. 요즘은 과거와 다르게 세안 기능이 주가 아니라 고보습이 포인트인 팩들이 주종을 이루고 있으므로 보습 기능이 있는 팩을 이용하는 것도 좋다.

정리하면 여름에는 날씨가 뜨겁기 때문에 땀과 피지의 분비량이 가장 많은 만큼 과도하게 많은 유·수분을 씻어내는 것과 최소한의 피부에 필요한 막을 남기는 것이 동시에 충족되어야 한다. 따라서 가급적 비누 사용을 자제하고 약산성 화장수를 이용한 피부 정돈이 중요하며, 자외선 또한 오뉴월 못지않게 많으므로 자외선 차단에 주의를 기울이는 것이 중요하다.

샐러리맨들에게 1년 중 가장 기다려지는 때는 여름 휴가일 것이다. 7, 8월이 되면 기온뿐만 아니라 휴가를 즐기는 사람들의 수도 가히 폭발적으로 달아오른다. 이와 같이 약 한 달간 전 국토가 열병을 앓는다. 우리는 즐겁지만 피부는 죽을 맛인 것이다.

지금부터 휴가 전, 중, 후로 나누어 힘들어 하는 피부를 구하기 위해서 우리가 해야 할 일들을 정리해 보자.

먼저 휴가 전을 살펴보자.

휴가를 떠나기 전에는 전장에 나가는 군인과 같이 모든 것을 정상적인 상태로 만드는 것이 중요하다.

가급적 생리기간이나 약을 복용하고 있을 때는 휴가를 피하는 것이 좋고 휴가 떠나기 1주일 전부터 피임약은 사용하지 않는 것이 좋다.

앞에서도 설명했지만 피임약을 복용한다거나 생리 기간 중에는 호르몬 불균형으로 기미, 주근깨가 생길 확률이 매우 높기 때문이다. 피부는 인체의 건강 상태를 밖으로 표출하는 창구인 만큼 몸이 좋지 않아 약을 복용하고 있을 경우에 휴가를 강행하면 기미나 여드름 등의 피부 문제점이 발생하기 쉽다.

다음은 휴가 기간 중 피부 관리에 대하여 알아 보기로 하자. 중요한 것들만을 설명하면 자외선 차단을 어떻게 할 것인가와 또한 선탠을 한다면 어떻게 효과적으로 할 것인가, 그리고 뜨거운 날씨에 피부를 어떻게 진정시킬 것인가 하는 것이 핵심 사항이다.

먼저 휴가 기간 중 가장 신경을 써야 할 점이 자외선 관리인데 아침부터 저녁까지 지속적으로 차단제를 발라야 하고 2시간마다 덧발라야 차단효과를 높일 수 있다. 그리고 다시 이야기하지만 차단제는 자외선 A와 B를 동시에 차단하는 것을 사용해야 한다. 그리고 물 밖으로 나올 때는 수영장의 소독제(염소)로 인하여 차단제 기능이 약해졌을 수도 있으므로 덧발라야 한다.

긴 소매나 챙이 넓은 모자, 선글라스는 자외선 방어에 도움이 되므로 사용을 권한다. 그리고 자외선이 강한 오전 10시부터 오후 2시 사이는 그늘에서 휴식을 취하는 것이 좋다.

두 번째는 좀 잔인한 이야기지만 늙는 것보다 섹시한 구리 빛 피부가 좋다면 썬탠을 하되, 피부를 너무 익혀서 물집을 만들면 구리빛이 아니라 기미와 실주름이 만들어질 뿐이라는 것을 명심해야 한다. 그런 상태에서 고생하는 일은 없도록 효과적으로 썬탠을 하려면 썬탠오일이나 썬탠로션을 사용하여 예쁘고 빠르게 썬탠하되, 처음부터 무리하게 하지 말고 첫날은 그늘에 있고 다음날부터 하루 10~15분씩 점차 시간을 늘여가는 것이 좋다.

좀 얄미운 이야기지만 자외선도 피하면서 구릿빛 피부도 가질 수는 없을까? 물론 가능하다. 개인적인 소견이지만 섹시한 구릿빛 피부로 거리를 누비고자 하는 정열은 이해하나 장기적이고 평생 남보다 하얗고 탱탱한 피부를 간직하기 위해서는 유혹을 뿌리치고 가급적 자외선은 멀리하라고 권하고 싶다.

일단 햇빛에 노출된 피부를 진정시키기 위해서는, 저녁에는 하룻동안의 땀과 피지 염분을 깨끗이 세안하고 냉수포로 피부의 열기를 가라앉힌 다음 약산성 화장수로 정돈하고 고보습팩으로 마무리한 다음 충분한 휴식과 수면으로 다음날을 대비하는 것이 좋다.

끝으로 이제 휴가 후 지친 피부를 어떻게 관리하는 것이 바람직한가를 알아보자.

휴가 후 피부 관리의 포인트는 어떻게 진정시킬 수 있을까? 지쳐있는 피부에 활력을 준다고 마사지 등 지나친 관리로 자극을 주어 피부를 민감하게 하는 경우가 있는데 과연 이렇게 하는 것이 피부를 위해 유익한가에 대해서도 생각해 볼 필요가 있다. 휴가기간 중 깨진 생활 리듬과, 수면 부족, 과음, 교통체증으로 매우 지쳐 있다. 그러므로 몸 전체에는 회복이 중요하다. 먼저 피부 진정에는 수분이 가득한 자연팩이 좋은데 오이, 당근, 수박껍질, 사과 등을 갈아서 사용하면 좋은 효과를 볼 수 있다. 또한 휴가 후 2~3일간 피부가 진정될 때까지는 마사지 등 자극은 피하고 세안도 부드럽게 해야 한다.

생활 리듬과 체력 회복을 위해 가벼운 운동과 독서 등으로 심신을 가볍게 하여 생활 리듬을 찾고 단백질이 많이 함유된 쇠고기, 콩, 유제품 등을 많이 섭취해 인체에 활력을 불어넣을 때 피부도 생기를 찾게 된다.

3~5일 정도 지나 피부가 진정되고 체력과 생활 리듬이 정상적으로 돌아오면 마사지로 혈액 순환을 촉진하여 인체 내부로부터의 영양 공급과 더불어 팩을 이용한 화이트닝과 고보습 성분을 밖으로부터 공급해 주면 피부는 생기를 되찾게 된다.

갑자기 나를 당황케 하는 가을을 지나

가을철 피부 상태는 한마디로 여름철 자외선의 영향으로 각질이 두꺼워져 있고 각질 세포의 주기가 정상적이지 못하고 늘어진 경우가 많아 전체적으로 살갗 톤이 검고 기미, 주근깨가 포진해 있다. 또한 일교차가 심하여 땀과 피지의 분비량이 급격하게 적어지거나 많아지므로 피부가 심하게 건조해진다.

각질이 두꺼워지는 것은 피부가 자외선을 받게 되면 인체 보호본능이 작용하기 때문이다. 이때 자외선을 방어하기 위해 각질층을 두껍게 한다. 또한 각질층이 두꺼워진다는 것은 노폐각질이 쌓였다는 것을 뜻한다. 이렇게 되면 싱싱한 각질 세포의 생성을 막아 표피층이 생기를 잃게 된다.

여름을 지나오면서 자외선의 영향으로 전체적으로 피부톤이 검어지며 기미, 주근깨가 포진하게 된다. 이런 현상이 일어나는 이유는 각질 세포의 생성주기가 길어져 떨어져 나가야 하는 노폐각질이 그대로 피부에 남아 있는 동안 검은 멜라닌 색소도 각질에 붙어 있기 때문에 피부가 전체적으로 검은 톤을 띠기 때문이다.

게다가 평균 기온이 23~27℃에서 11~17℃로 급격히 낮아지면서 유·수분 분비량 또한 급격하게 줄어들어 피지막 형성에 문제가 생기게 된다. 피부는 거칠어지고 당기는 느낌을 받게 되며 자세히 들여다보면 여름내 지친 피부에 실주름이 생긴 것을 부분적으로 확인할 수 있다.

환절기 온도 차가 가장 심한 것도 여름에서 가을로 넘어가는 기간인데 이것도 피부를 심하게 당기게 하는 이유라는 것을 앞에서 알아보았다.

그러면 거칠고 건조한 가을철 피부 관리는 어떻게 하는 것이 효과적일까?

가장 먼저 주의를 기울여야 하는 것이 분해되지 않고 두껍게 쌓여 있는 노폐각질을 제거하는 필링(Peeling)을 실시하는 것이 우선적으로 이루어져야 한다.

두껍게 쌓여 있는 각질을 제거함으로써 새로운 각질 세포가 정상적으로 생성됨으로써 살갗은 싱싱한 세포들로 채워지게 되어 활기를 띠게 된다.

각질 제거의 방법은 세안 시 스크럽으로 하든 팩을 이용하든 각질 제거 성분을 포함하고 있는 고기능성 화장품을 사용하든 피부과에서 기구를(다이아몬드 필링 등) 이용하든 자신의 경제적 여유와 피부 상태에 맞게 방법을 선택하면 된다. 각질 제거에 대해서는 다음에 마사지, 팩과 함께 자세히 다루어 보도록 하자.

두 번째는 가을로 접어들면서 본격적으로 마사지와 팩 등의 방법을 이용하여 정기적으로(주 1~2회, 피부타입에 따라 다름) 피부를 관리해 주는 것이 좋다. 이렇게 함으로서 피부는 메마른 겨울을 준비할 수 있고 여름을 지나면서 잃어버린 활력을 되찾게 된다.

그리고 가을이 되면서 유·수분 분비량이 급격히 적어지므로 피지막 형성에 문제가 생길 수 있다. 일반적으로 고기능성 화장품이 아니라 하더라도 신뢰할 수 있는 화장품 회사에서 생산한 보습 화장품을 습관적으로 사용함으로써 피지막의 부족함을 채워주는 것이 가을철을 잘 넘기고 궁극적으로 노화도 지연시키는 방법이다. 값비싼 고기능성 화장품을 사용하면서도 피지막 보충에는 게으른 사람보다 습관적으로 피지막을 보충하는 사람이 훨씬 많은 효과를 볼 수 있다. 피부 관리의 핵심은 꼭 지켜야 하는 포인트를 체질화하는 것이라는 점을 다시 한번 기억하기 바란다.

메마르고, 황량한 겨울까지 정복하자

겨울철 피부상태를 한마디로 표현하면 메마르고 황량하게 펼쳐지는 들판과 같다고 할 수 있다. 겨울철 피부상태는 기온의 급강하로 일단 유·수분 분비량이 극히 제한적이어서(물론 실내에서만 생활하는 사람은 다르지만) 피지막이 거의 형성되지 못하여 피부는 건조하고 메말라 보인다. 체온 유지를 위해 모세혈관이 수축되고 운동량도 극히 제한적이다 보니 인체 내부로부터의 영양분 공급이 다른 어떤 계절보다 떨어지면서 피부는 윤기를 잃는다.

겨울철 피부 상태에 대하여 다시 한번 설명하면 다음과 같다. 기온 강하로 인하여 일단 피부 보호막인 피지막을 이루고 있는 땀과 피지가 거의 분비되지 못하기 때문에 겉으로부터의 보호막도 형성되지 못하고 내부로부터의 영양 공급에도 문제가 발생하게 되는데 인체는 날씨가 추워지면 체온을 유지하기 위해 피부 곳곳에 펼쳐있는 모세혈관을 수축함으로써 피부가 모세혈관을 통하여 공급 받을 수 있는 영양분의 양이 줄어든다. 나아가 실내·외 온도 차가 10℃ 이상이 되면 피부가 벌겋게 되는 모세혈관 확장증을 보이기도 한다.

그럼 이렇게 황량한 겨울의 피부 관리는 어떻게 해야 할까 가장 중요한 것은 일단 춥고 매서운 바람이 부는 실외 환경에 피부를 노출시키지 않는 것이다. 그렇기 때문에 실내에서 할 수 있는 운동을 적극 권하고 싶다. 수영이라든가 헬스, 요가 등으로 신체 생리 리듬을 유지시키고 혈액 순환을 돕는 것은 피부 건강에 매우 효과적이다. 겨울철에는 조금 지나치다 싶을 정도로 안으로부터의 영양공급을 돕는 마사지와 피부를 깨끗하게 하는 세안과 더불어 바깥으로부터의 고기능성의 성분들을 보충해 줄 수 있는 팩을 이용한 피부 관리를 주에 1~2회 실시해 주는 것이 매우 중요하다. 이것이 남보다 훨씬 젊게 살 수 있는 지름길이다.

겨울철에는 조금 지나치다 싶을 정도로 피부 관리에 열중한다고 해도 다른 계절에 비해 관리로 인한 자극에 덜 민감하기 때문에 특별하게 피부를 관리하기에는 겨울이 적합하다.

겨울철에는 모든 피부가 움츠려 들고 안팎으로 영양공급이 원활하지 않으므로 피부 보호막인 피지막을 보완해 주기 위해 고기능성의 보습 화장품을 사용하는 것이 좋다.

또한 겨울에는 목욕이나 사우나로 몸을 따뜻하게 하여 혈액 순환을 도우면 피부 미용에 많은 도움을 준다.

목욕을 할 경우에 꼭 지켜야 할 포인트가 있다. 각질이 일어났다고 해서 때수건으로 피부를 미는 행위는 피부 자살 행위이다. 또한 살을 뺀다고 땀을 많이 흘리는 것도 체내의 영양과 노폐물의 운반책인 수분이 부족하게 되므로 항상 물을 보충하면서 목욕을 즐기는 것이 좋다. 목욕 후에는 물기가 마르기 전 촉촉할 때 보습 화장품으로 마무리하여 피부가 알칼리화되는 것과 수분 증발을 막도록 한다. 피지막의 보충이 없는 잦은 목욕이나 샤워는 피부에 꼭 필요한 성분마저도 없애므로 오히려 해가 된다. 끝으로 다시 한번 강조하고 싶은 겨울철 피부 관리 포인트는 혈액 순환이다. 혈액 순환을 돕는 방법에는 두 가지 정도가 있는데 하나는 적당한 운동이다. 운동은 혈액 순환을 빠르게 하고 인체 리듬도 다시 찾을 수 있게 한다.

또 한가지는 가장 일반적인 피부 관리 방법으로 피부에 적당한 자극을 줌으로써 혈액 순환을 돕는 마사지를 들 수 있다 더불어 인체 밖에서 피부에 영양분을(기능성 보습성분) 공급하는 팩을 사용해도 좋다. 피부를 마사지하고 온수포로 깨끗이 닦아낸 다음 모공이 열린 상태에서 고기능성 화장품을 바르고 그 위에 팩을 얹음으로써 피부는 밖으로부터 충분한 영양을 공급받게 된다. 이 방법들은 겨울철 피부 관리로 많이 이용되는 방법이나 고가의 화장품이 너무 많이 소요된다는 부담도 있다.

피부 문제! 원인을 알면 답이 보인다

우리는 육안으로 식별 가능한 피부에서 발생할 수 있는 문제를 각질, 기미(주근깨), 모공 확장, 여드름, 주름 등 5가지 정도로 이야기한다.

그런데 앞에서도 언급했듯이 피부는 인체의 거울이므로 넓게는 이와 같은 문제점들은 피부 외부, 내부로부터의 많은 요인들에 의하여 발생한다고 할 수 있다. 이번 장에서는 5가지 문제점이 발생하는 핵심적이고 직접적인 원인을 알아보고 그 원인을 개선하기 위해 어떤 점을 주목하여야 하는가를 알아보기로 하자.

조금 어렵겠지만 아름다워지고 싶은 소망이 큰 만큼 참고 읽어 나가다 보면 분명 머리에 남는 소중한 정보들이 있을 것이다.

모든 피부 문제, 어디서 출발하는가

대부분의 사람들은 피부에 기미가 생긴다거나 여드름이 나고 모공이 넓어지는 등 문제가 생기면 근본 원인을 찾기보다 일단 화장품부터 먼저 떠올리는 것 같다. 그래서 여드름이 났는데도 오일 성분이 많은 화장품을 사용하여 여드름이 더 심해지거나 기미를 없애 보겠다고 화장품을 과용한 나머지 피부 문제가 생겨 고생하는 경우도 종종 발생한다. 일단 피부에 문제가 생긴다는 것은 인체 내부나 외부에서 어떤 변화가 일어났다는 의미이다. 그렇기 때문에 일단 문제가 발생하면 자신의 생활에 어떤 변화가 있는지, 즉 술을 많이 마셨다거나, 스트레스가 심하거나, 피임약을 복용했다거나, 햇빛에 노출이 많았다거나, 황사가 있는 날 외출을 했다거나 등등 생활의 변화를 살피고 만약 별다른 변화가 없었다면 인체 내부의 질병도 한 번쯤 의심해 볼 수 있다. 따라서 피부 문제가 생겼을 때는 화장품을 사러 가기 전에 자신의 생활을 돌아보고 정신적으로나 육체적으로 안정을 찾은 다음 자신의 피부 상태에 적합한 화장품을 찾아 적정하게 사용하는 것이 바람직하다.

우선 피부 문제가 발생하는 원인을 과학적 측면에서 살펴보자. 앞에서 피부가 매 순간 내·외부적 요인들에 의해서 1차적으로 영향을 받는 것이 피지막이며 이 손상은 노화의 출발이라는 사실을 설명했다. 피지막은 땀샘에서 분비된 땀(물)과 피지샘에서 분비된 피지(오일)가 잘 섞여서(유화되어) 형성된 막으로 천연 화장품이라고 할 수 있다. 이 막의 상태가 손상된다는 것은 물이 많거나 적거나 아니면 피지가 많거나 적거나 하여 막이 얇거나 너무 두꺼워짐에 따라 피부에 문제가 발생하는 것이다.

각질, 모공 확장, 여드름, 기미, 주름 등 5대 피부 문제점은 물과 오일의 배합 비율, 즉 유·수분 밸런스가 맞지 않을 경우에 막 형성이 불충분하여 수분증발이 가속화되고 자외선 침투가 용이해지거나 여러 가지 이유에서 피지가 과다 분비되면 모공 확장, 여드름 등의 트러블이 생길 가능성이 높아지게 되는 것이다. 여기서 중점적으로 수분과 유분의 변화가 각질 발생, 기미, 여드름, 모공 확장, 주름, 등의 살갗 문제점으로 발전하는 과정에 대해 알아 보기로 하자.

수분이 부족하면 각질 분해 효소의 기능이 떨어져 각질이 생긴다. 일단 각질이 생기면 각질에 함께 붙어 있는 기미가 떨어져 나가지 못해 피부에 기미가 남는다. 또한 각질이 모공을 막아서 모공 속에 피지는 계속 분비되고 산소는 부족하게 된다. 그 때문에 산소가 없는 곳에서 생명력이 강한 여드름균(Acne)이 서식하게 되어 여드름이나 뾰루지가 발생하게 된다. 뿐만 아니라 각질이 모공을 막으면 출구가 막힌 모공에 피지가 지속적으로 분비됨으로써 모공 확장이 일어나게 된다. 이러한 각질이 더 많이 쌓이게 되면 새로운 세포의 생성이 늦어지게 되어 신진 대사라고 하는 세포 생성과 분해 활동이 줄어들어 노화를 촉진시킨다.

결론적으로 정리하면 피지 성분인 유분이 부족하여 피부 보호막인 피지막이 손상되면 수분 증발이 가속화되어 모든 피부 문제의 발단이 되는 각질이 나타나게 된다.

그러므로 우리는 수분 부족으로 인한 각질 발생을 막기 위해서는 보호막인 피지막의 유분과 수분의 적정한 균형이 필요하다.

5대 피부 문제점 발생경로

천연 화장품막인 피지막을 구성하는 수분과 유분이 부족하면 피지막이 불완전해져 깨지게 된다. 그럼 여기서는 피부를 관리하는데 핵심인 수분과 유분이 부족했을 때 그로 인해 발생하는 5가지 문제점(각질, 기미, 여드름, 모공 확장, 주름)이 발생하는 경로를 일반적인 수준에서 알아보기로 하자. 참고로 책을 쓰면서 어려운 내용은 가급적 제외했으나 지금 다루는 유·수분 부족 시 일어나는 현상은 너무 중요하여 전문적으로 화장품을 다루는 사람들이 피부 문제에 대한 개략적인 감을 잡는 데 도움을 줄 것이다.

피지막의 수분이 부족할 때 나타나는 현상

표피층 수분이 일정수준(대략 15%) 미만으로 떨어지면 각질 분해 능력이 떨어지므로 각질이 발생하고 또한 바깥층인 표피층의 수분 부족은 진피층의 수분 부족으로 연결되,

▶ 각질 발생 → 모공막힘 → 막힌 모공 내 피지 지속 분비 → 모공확장

▶ 각질 발생 → 모공막힘 → 막힌 모공 내 산소 결핍 → 막힌 모공 내 여드름균 발생 → 여드름

▶ 각질 발생 → 각질 탈락 지연 → 색소 탈락 지연 → 일시적 기미

▶ 표피층 수분 부족 → 진피에서 표피로 수분 이동 → 콜라겐 수분 함유량 감소 → 주름

▶ 표피층 수분 부족 → 진피에서 표피로 수분 이동 → 콜라겐 수분 함유량 감소 → 인체가 물 빠진 콜라겐 인식 → 콜라겐 분해율 증가 → 콜라겐 수 감소 → 주름

〈피지막 수분 부족 시 발생 현상의 흐름도〉

먼저 수분이 부족할 때 피부에 나타나는 문제점을 살펴보자. 인체를 구성하고 있는 원소들을 보면 수소가 대략 66% 내외로 가장 많은 부분을 차지하고 있으며 다음으로 산소가 22% 내외로 여기에 질소를 포함하면 전체의 95%를 넘게 되어 인체는 수소, 산소, 질소로 구성되어 있다고 해도 과언이 아니다.

자칫하면 인체 내에서 살과 뼈 외에 공기가 차지하는 부분 중에서 수소, 산소, 질소가 90%인 것으로 오해할 수도 있을 텐데, 여기서는 살과 뼈를 포함한 인체 전체를 구성하는 원소 중에서 수소, 산소, 질소가 90%라는 이야기다.

수소, 산소 덩어리인 몸뚱이, 잠시라도 산소 공급이 안 되면 세포가

활동을 멈추고, 자칫 죽음에 이를 수도 있다. 다시 수소, 산소, 질소 등으로 환원되어 자연으로 돌아가는 것을 왜 그리도 인간들은 아웅다웅하는지 몇천 년을 사는 것도 아닌데 마치 노화의 가장 큰 원인인 스트레스를 조금이라도 더 받아 빨리 늙고 싶어서 안달인 사람들처럼 말이다.

수분 부족을 이야기하면서 쓸데없는 서문이 너무 길어졌는데, 인체의 70% 이상이 물로 이루어져 있으며 노화란 인체에 속한 물이 빠져나가 쭈글쭈글해지는 것임을 말하기 위해서였다.

이와 같이 인체의 대부분이 물로 이루어져 있으므로 피부도 진피는 70% 정도의 수분을 포함하고 있으며, 진피 위의 표피는 맨 아랫부분(기저층)으로부터 최상층에 이르기까지 차츰 물이 적어지면서 맨 바깥에 위치하는 각질층은 15% 정도의 물을 포함하는 것이 일반적이다.

피부 수분 부족은 표피층에 수분이 15% 미만으로 떨어졌을 때를 말하는데, 표피층 수분 함유량이 정도 이하로 떨어지게 되면 기능을 다한 각질 세포를 분해하여 떨어져 나가게 한다. 이에 관하는 프로테아제(Protease)라는 효소의 기능이 현저히 떨어지지 않고 완전히 분해되지 않은 부분이 피부에 붙어서 하얗게 일어나는 것이다.

이렇게 피부에 각질이 생기면 생기를 잃게 된다. 피부가 싱싱하고 탱탱하게 유지되려면 수분 공급도 중요하지만 신진 대사인 세포의 생성과 분해가 잘 이루어져야 한다. 각질이 생겼다는 것은 다시 말해 싱싱한 세포의 생성과 노화된 세포의 탈락이 제대로 이루어지지 않고 있다는 증표이다. 이렇게 하여 생긴 각질은 모든 피부 문제의 발단이 된다.

이해하기 조금 난해하지만 각질이 기미나 여드름 등 다른 문제점으로 전이되는 과정을 조금 알아보자.

피부 표면에 떨어지지 않고 붙어 있는 각질이 피부 표면에 흩어져 있는 모공을 막게 된다. 모공이 막히면 가장 먼저 모공 확장이 시작된다. 각질로 인하여 열려 있어야 하는 모공의 출구가 막힌 상태에서 모공 속에서는 지속적으로 분비된 피지가 제대로 분출되지 못하고 팽창하여 모공 벽을 확장해 결국 모공 확장을 가져오게 된다.

또한 각질로 인하여 모공이 막히면 모공 내 산소가 부족해져 여드름균이 발생할 확률이 높아진다.

각질이 발생하면 피부가 칙칙하게 보일 수도 있다(일시적 기미 현상이라고 한다). 피부가 자외선을 받으면 표피층 아랫부분(기저층)에 있는 색소 생산 세포인 멜라닌 세포에서 생성되어 대략 25~30일 동안 위로 올라와 10~20일간 자외선 방어 기능을 하다가 각질과 함께 떨어져 나간다. 이 각질이 분해되지 않고 붙어 있으면 색소도 함께 붙어 있어 피부가 칙칙하게 보이는 기미가 생기게 되는 것이다.

이렇게 각질은 모공 확장, 여드름, 기미 등의 피부 문제점을 일으킨다. 표피층의 수분이 적정 수준 이하로 떨어지게 되면 각질이 생겨서 다른 문제로 전이될 가능성이 높아지며 나아가 노화의 상징인 주름이 생기는 원인도 된다.

물론 주름은 연령이나 자외선 등 다른 요인에 따라 발생하기도 한다. 대략 70% 정도의 수분을 함유하고 있는 진피층도 바로 위의 표피층이 수분이 부족할 경우 영향을 받게 되어 수분 함유량이 줄어들게 된다.

이렇게 되면 진피층의 물 덩어리인 콜라겐의 수분이 줄어들게 됨으로써 주름이 발생한다. 나아가 오묘한 인체는 이렇게 정상적으로 수분을 함유하고 있지 않은 콜라겐을 분해시킴으로써(이때 프로테아제라는 효소가 작용한다) 콜라겐 수가 줄게 되어 주름이 심화되는 경우가 있다

이와 같이 수분이 부족하여 생긴 각질은 피부에서 나타날 수 있는 모든 문제점을 수반하는 노화의 주된 원인임을 알 수 있다.

피지막 유분이 부족할 때의 현상

유분이 부족하면 피지막 형성에 문제가 발생하여 피지막의 손상된 부분으로 수분이 증발하므로 수분 부족 현상이 발생하며, 자외선 침투로 직접적인 콜라겐 파괴와 유해산소 증가로 콜라겐 세포 기능이 떨어지고 나아가 분해율의 증가로 콜라겐 수가 줄어드는 현상이 생길 수 있음.

▶ 유분 부족 → 천연 피지막 손상 → 수분증발 →
수분 부족 시 현상 발생 → 각질, 모공 확장, 기미, 여드름, 주름

▶ 유분 부족 → 천연 피지막 손상 → 자외선 침투 →
멜라닌 생성 촉진 호르몬 증가(MSH) →
색소생성 효소 증가(티로시나아제) → 색소 발생 및 침착 → 기미

▶ 유분 부족 → 천연 피지막 손상 → 자외선 침투 →
깊은 주름벽 콜라겐 손상 → 주름

▶ 유분 부족 → 천연 피지막 손상 → 자외선 침투 →
유해산소 발생 → 유해산소로 인해 콜라겐 기능 저하 → 주름

▶ 유분 부족 → 천연 피지막 손상 → 자외선 침투 →
유해산소 발생 → 인체가 유해산소로 인해 기능 떨어진 콜라겐
인식 → 콜라겐 분해율 증가 → 콜라겐 수 감소 → 주름

〈피지막 유분 부족 시 발생 현상의 흐름도〉

다음은 또 하나의 중요 변수인 유분 부족에 대해서 알아보면, 살갗에서 수분 부족이 모든 문제점의 원인이라는 사실을 알아보았는데, 아마도 유분 부족도 수분 부족 못지않게 중요하다는 것을 곧 알게 될 것이다.

피부에 유분이 부족하게 되면 피지막 형성 자체가 힘들어져 여러 가지 피부 문제가 발생하게 된다. 이러한 유분 부족 때문에 화장품이라는 품목이 세상에 모습을 드러내게 된 것이라고 해도 과언이 아니다.

수분 부족도 어떤 의미에서 유분 부족으로 인해 생기는 현상이라고 할 수 있다. 앞에서 수분 부족을 먼저 다룬 이유는 유분 부족이 수분 부족을 포함하다 보니 다루는 범위가 너무 넓어 이해하기 어려울 수 있기 때문이었다. 이해하기 쉬운 부분부터 다루어 피지막 전체에 대한 이해도를 높이고자 한 것이다.

유분이 부족하여 피지막이 손상되면 그 부분으로 수분이 빠져 나가고 자외선이나 미생물 등의 침투가 일어나므로 햇빛으로 인한 노화 현상이나 미생물 등으로 인한 피부 트러블이 일어나게 된다.

유분 부족으로 인하여 피지막이 불완전하게 형성되어 그 틈으로 수분 증발이 일어나 결국 수분 부족 현상이 일어나는데 이는 앞에서 자세히 설명했듯이 각질, 모공 확장, 여드름, 기미, 주름 등으로 연결된다.

여기서는 자외선 침투로 인한 피부 문제점 발생 과정에 대해서만 자세히 알아보기로 하자.

피부는 자외선에 심하게 노출되면 주름이 생기고 기미가 발생하여 노화로 연결된다. 특히 피지막이 제대로 관리되지 않은 상태에서의 자외선 노출은 기름을 뒤집어쓰고 불 속으로 뛰어드는 격으로 노화가

급속하게 진행된다. 일단 자외선에 노출되면 피부는 자외선 방어를 위한 인체의 오묘함이 발동하여 자외선 흡수에 용이하도록 피부색을 검게 만들기 위한 색소를 만드는데 이것이 기미가 된다. 자외선을 받으면 멜라닌 생성 촉진 호르몬(MSH)은 티로시나아제라는 효소를 자극하게 되는데 이 효소가 멜라닌 세포의 활동을 더욱 활발하게 함으로써 검은 색소가 생산된다.

또한 손상된 부분으로 침투한 자외선의 에너지는 깊은 주름 벽에 산재하는 열에 약한 아미노산으로 이루어진 콜라겐을 직접 분해하기도 한다. 일반적으로 10년에 8~10% 정도 감소한다고 하는 콜라겐의 감소율을 크게 높임으로써 노화 진행 속도를 빨라지게 한다.

인체를 이루고 있는 세포는 산소가 없으면 기본적인 활동을 못하게 된다. 그래서 피부를 포함한 인체 곳곳에 산소가 분포되어 있다. 자외선이 침투하면 피부에 있는 산소는 자외선 에너지의 영향으로 일시적으로 흥분 상태인 유해산소로 변해 콜라겐을 파괴함으로써 피부에 주름을 만들고 결국 피부를 노화하게 한다.

다음에 자세히 설명하겠지만 화장품을 파는 사람들을 위해 전문적으로 정리하면 자외선으로 인해 유해산소가 발생하면 빠른 속도로 돌아다니다 콜라겐에 붙어서 콜라겐의 전자 구조에 영향을 준다. 이로써 콜라겐은 정상적 구조를 벗어나게 되어 기능이 떨어지게 된다 .이때 인체는 비정상적인 콜라겐을 분해하려는 시도를 하게 되고 그 결과 프로테아제의 활동 증가로 이어져 콜라겐이 감소해 주름이 발생한다.

다음으로 수분 과다를 살펴볼 것인데 이는 매우 드문 현상이다. 여름철에는 땀을 많이 흘려 피지막이 물에 씻겨 내려가게 되어 pH(수소

이온 농도)가 낮아져 약산성을 유지하지 못하게 된다. 그래서 먼지나 세균으로부터의 면역력이 떨어지므로 피부 트러블이 발생할 가능성이 높아진다.

끝으로 피지 과다 부분을 보면(20대~30대 초반) 피부트러블이나 여드름 발생 확률이 높고 모공 확장이 일어나 피부 결이 거칠게 보인다. 하지만 인간의 한평생을 본다면 피지 과다를 그리 걱정할 문제는 아닌 것 같다.

이유는 단순하다. 피부는 U존(뺨, 턱) 부분은 30대 후반, T존(이마, 코) 부분은 40대에 들어서면서 급격하게 분비량이 떨어진다. 천연 피지막 형성에 문제를 일으키게 되어 노화에 속도가 붙게 되기 때문이다.

다시 말해 30대 후반 이후는 안 나와서 탈이기 때문이다. 그러나 선천적으로 너무 과다하게 피지가 분비되는 체질일 경우에는 각질이 덩어리로 발생하는 지루성 피부가 될 가능성이 있다.

이는 정도 이상의 피지 분비가 각질 분해효소(프로테아제, Protease)의 기능을 현저히 떨어뜨려서 나타나는 현상이다.

지금까지 조금 복잡한 내용들을 다루었는데 피부 문제점의 원인과 개선점은 무엇이며 내가 사용하고 있는 화장품에 대해 정확히 알고 이해하는 시간이 되었기를 바란다.

각질, 너를 물속으로 보내주마

지금부터 피지막 손상으로 인하여 피부에 육안으로 나타나는 대표적인 5가지 피부 문제점의 직접적 원인과 화장품 회사들이 일반적으로 접근하는 개선 포인트에 대해 본격적으로 알아보기로 하자.

각질은 앞에서도 살펴보았지만 모든 피부 문제점 중에서 가장 먼저 육안으로 보이게 되며 그로 인해 줄줄이 다른 문제들로 발전하는 가장 큰 원인이 된다. 하지만 물로 씻기만 하면 금방 없어졌다가 물기가 마르면 또 나타나기 때문에 어떤 사람들은 피부에서 일어나는 자연스러운 현상 정도로 가볍게 생각하기도 한다.

그러나 각질 제거는 피부 관리에서 매우 중요하다. 지나가는 사람들을 붙잡고 각질 발생의 직접적 원인에 대해 물으면 아마도 대 다수가 모두 수분 부족이라고 대답할 것이다. 정답이다.

이번 장에서 알아볼 피부 핵심 문제점(기미, 각질, 모공 확장, 여드름, 주름)에서 무엇보다 먼저 밝히고 싶은 것은 "여러 유형의 피부 문제점에 영향을 끼치는 것이 내·외부적 요인이다."라는 것이다.

하지만 여기서는 범위를 조금 더 좁혀서 직접적으로 영향을 주는 부분만을 추려서 알아보고자 한다.

먼저 각질의 직접적 원인을 알아보자. 우선 피부 속에 분포된 수분을 함유하고 있는 천연 보습 인자가 정도 이하로 부족해지면 수분 부족이 된다. 천연 보습인자란 단어는 화장품 용어로 피부학계에서도 일부 사용하고 있으나 의학이나 생물학계의 정식 학명은 아니다. 이 책의 근본 목적이 피부 관리와 노화 지연을 위한 사람들의 일반적 이해를 높이는 것을 목적으로 하기 때문에 학문적으로 분석하지는 않겠다. 피부에서 수분을 끌어당기고 있어 피부를 싱싱하고 탱탱하게 하는 것 정도로 이해하면 될 것이다.

다음에 설명할 세포 간 지질도 엄밀한 의미에서 천연 보습인자로 본다.

천연 보습인자도 세포 간 지질이라고 볼 수도 있으나 여기서는 각질 세포 사이사이의 지질만으로 한정하기로 하자. 각질 세포들 사이를 마치 건설 현장에서 흔히 볼 수 있는 벽돌 사이 사이의 시멘트와 같은 것으로 이해하면 쉽다.

세포간 지질은 콘크리트가 모래, 자갈, 시멘트, 물 등이 잘 섞어져야 힘을 발휘하듯이 지질, 콜레스테롤, 세라마이드가 잘 어우러져야 한다. 이 중에서 가장 부족하기 쉬운 세라마이드가 부족할 때 세포와 세포를 끈끈히 붙여주는 점도가 약하게 되어 수분 증발이 쉽게 일어난다.

다음은 직접적으로 노폐한 각질 세포를 떨어져 나가게 하는 효소 프로테아제의 기능이 저하되어 표피에 붙어서 각질이 되는 경우이다. 하지만 사실 기능이 떨어지는 주된 이유는 수분이 부족하여 효소가 제 기능을 못하기 때문이다.

그럼 어떻게 하면 각질을 개선할 수 있을까. 크게 4가지 정도로 포인트를 잡을 수 있다. 첫째 상당히 어렵고 모호한 이야기지만 인체 스스로 내. 외부적 요인들을 잘 조절하여 천연 보습 인자의 생성을 촉진시키는 방법이 있다. 이는 스트레스를 적게 받고 몸을 편안하게 하는 등의 노력이 필요하다.

둘째로 표피층 각질 세포 사이의 지질 점도 강화를 위해 부족한 지질성분을 보완해 세포와 세포가 촘촘히 붙어 있게 함으로써 수분 증발을 막아서 각질이 발생하지 않도록 하는 방법이다

셋째는 미네랄 오일, 올리브 오일 등과 같은 보습제를 이용하여 피지막을 보완하여 더 이상의 수분 증발을 막는 방법이 있을 수 있다.

끝으로 가장 직접적인 방법으로는 스크럽 크림을 이용하여 세안 시에 물리적으로 제거하거나, 각질 분해 성분을 포함하고 있는 화장품을 사용하여 제거한다거나, 다이아몬드와 같은 기구를 이용하여 물리적으로 각질을 제거하는 방법이 있다.

하지만 이와 같은 방법은 신진대사에 직접적으로 관여하여 각질 세포를 분해하여 새로운 세포의 생성을 촉진하지만 예민한 피부를 자극할 수도 있어 적당한 강도와 횟수가 매우 중요하다.

모공아, 멈추어라

모공 확장의 원인은 20대와 30대 이후가 각각 다르다. 20대는 대부분이 각질과 피지가 원인이다. 앞에서도 언급했지만 각질이 쌓이면 피부 표면의 피지 분출구인 모공이 막히는데 이와 상관없이 모공 아래에서 지속적으로 피지가 분비됨으로써 모공이 넓어지게 된다. 또한 20대에는 모공 입구가 각질로 막히지 않았다 해도 피지 분비량이 너무 많아서 모공이 확장될 수도 있다.

30대 중반 이후가 되면 피지 과다 분비로 인한 모공 확대가 심한 지성 피부인 경우를 제외하고는 거의 나타나지 않으나, 급격하게 U존(볼

과 턱)의 피지 분비량이 떨어져 모공 주변에서 모공을 지탱하던 세포의 수가 줄어듦으로써 모공이 넓어지는 경우가 대부분이다.

모공 확대에 대한 개선 포인트도 20~30대 중반까지는 각질 제거와 피지 분비량 조절에 초점을 맞추어야 한다. 30대 중반 이후는 근본적으로 노화 진행에 따라 모공 벽을 지탱하던 세포의 수의 감소가 주원인이므로 개선 포인트는 피부 관리에서 제일 난이도가 높은 주름 개선 방법을 이용하여 모공 벽의 세포 생성을 촉진시키는 것이 포인트다.

피지 분비 억제를 위해서는 유기 게르마늄과 같은 성분이 도움이 된다. 피지 분비가 증가하는 데는 정신적, 생리적 영향이 매우 크다. 피지 분비 증가 요인을 정리하면 다음과 같다.

피지는 온도가 높아지면 자동적으로 분비량이 증가한다. 호르몬(안드로겐, 테스토스테론, 에스트로겐, 프로게스테론)의 과다 분비로 인한 불균형이 일어났을 때나 식생활에서 과도하게 당이나 지방을 섭취할 경우, 특히 자주 스트레스를 받는 경우에도 피지 분비량이 증가할 수 있다. 효과적인 피부 관리를 위해서는 20대에서 30대 중반까지는 피지 분비량을 증가시킬 수 있는 요인을 가급적 피하는 지혜가 필요하다. 30대 중반 이후 모공 주위의 세포 수가 현저히 줄어듦으로써 발생하는 모공 확장은 세포의 생성을 촉진하는 방법이 유일한데 다음에 다루게 될 주름 부분에서 자세히 알아 보기로 하자.

여드름, 청춘의 심벌?

여드름 발생 원인은 아토피 피부의 원인과 유사하게 오묘한 인체의 여러 작용들이 복합적으로 작용하여 일어나므로 1+1=2와 같이 명확하지는 않다.

대부분 부모가 젊어서 여드름 때문에 고생한 경험이 있다면 대부분 자녀들도 거의 여드름 때문에 고생하는 경우가 70~80%를 차지한다. 그만큼 다른 어떤 피부 문제점보다 여드름의 원인은 유전적 형질에 영향을 많이 받는다. 날 때부터 각질 세포를 분해하는데 관여하는 효소인 프로테아제의 기능이 부족하여 각질 발생 확률이 높다거나 피지 분비가 왕성한 지성 피부인 경우에 여드름이 발생하기 쉽다.

우선 여드름 형성 과정을 이해하기 쉽게 살펴보기로 하자. 여드름은 모공에서 생성된다. 각질이 펄럭이다 피지와 엉켜서 모공을 막으면 막힌 모공은 계속 분비되는 피지로 가득 차게 된다. 이렇게 되면 자연적으로 박테리아들이 기승을 부리게 되고 피지(유분)를 인체에 유해한 지방산(Free Patty Acid)으로 분해하게 된다. 이 유리 지방산 등이 피부 조직에 영향을 끼치게 된다. 일반적으로 각질은 4주 정도의 주기를 갖고 있으나 여드름 피부는 4주 이내(각질 세포 생성 주기가 단축됨)로 빠르게 각질이 밀려 나온다. 이렇게 밀려 올라온 각질과 과잉 분비된 피지가 서로 엉키는 악순환이 계속되면서 피부에 염증을 유발하게 된다. 여드름의 직접적 원인은 과각질(과도한 각질 발생), 피지 과잉 분비, 여드름균으로 정리할 수 있다. 여드름의 개선 포인트는 화장품으로 접근하기에는 다소 무리가 있다. 따라서 여기서는 개선 포인트에 따라 일반적 성분만을 다루고, 화장품과 피부관리에서 여드름 피부를 어떻게 관리하는 것이 발생 확률을 줄이고 발생된 여드름을 개선할 수 있을까 하는데 초점을 맞추어 다루고자 한다.

개선 포인트는 각질 제거로 모공이 막히지 않게 함으로서 산소결핍을 막아 무기성 박테리아 들이 서식하지 못하도록 하는 것이다. 일반적으로 유효한 성분은 살리리실산, 과일산(AHA), 레틴-A 등을 들 수 있다. 다음은 피지 과잉 분비를 막아 박테리아가 피지를 유리 지방산(인체에 유해한 지방산)으로 분해하지 못하도록 하는 것이 중요하며 일반적인 성분으로는 유기 게르마늄을 들 수 있다. 이는 의약품으로 해결하는 것이 옳다.

다음은 과각질이나 과잉피지 분비로 인해 무기성 박테리아가 번성하는 것을 막는 항균이다. 여기에는 일반적으로 모공에 산소를 공급하고 박테리아를 살균하는 기능이 높은 과산화물인 과산화 벤조일(Benzoyl Peroxide)이 대표적이며, 유황도 여드름균 제거에 가장 오래된 성분이다.

끝으로 여드름 발생 확률을 낮추고 이를 개선하는데 효과적인 피부관리 포인트에 대해 알아보기로 하자.

여드름 피부 관리의 핵심은 무엇보다 노폐각질을 제거하여 모공이 막히지 않도록 하는 것이다. 또한 피지가 과잉 분비될 수 있는 호르몬 불균형을 막기 위해 스트레스를 덜 받고 피임약 상복을 피하며 박테리아균이 서식할 수 없도록 피부를 깨끗하게 하는 것이 무엇보다 중요하다.

피부에 자극을 주지 않는 것도 중요하다. 쉬운 예로 세안 후 물기를 제거할 때 수건으로 얼굴을 문지르는 것도 피부에 자극을 주어 피지 분비를 촉진함으로써 여드름균의 먹이를 만드는 셈이 된다.

음식에 관한 학설은 의견이 분분하지만 요오드를 함유한 식품은 피하는 것이 좋다는 데는 필자도 동의한다. 요오드를 함유한 해초류, 조개류 등을 즐겨 먹는 사람은 여드름 발생 확률이 높은 것으로 알려져 있다. 튀김이나 피자, 아이스크림 등 지방이 많이든 음식이 영향을 준다는 의사들도 있으나 근거가 미약하다.

마지막으로 피부 문제점에서 빠질 수 없는 자외선은 여드름에도 적이다. 따라서 자외선을 피하든가, 그렇지 않으면 필히 자외선 차단제를 사용하라고 강권한다.

기미야, 난 너 없이도 잘 살 수 있거든

기미와 주근깨 발생의 원인과 그 개선 방법에 대해 다루기 전에 먼저 기미와 주근깨의 차이에 대하여 알아보기로 하자. 기미는 후천적인 영향이 강하고 멜라닌 세포에서 생성되어 점차 넓게 분포하기 때문에 색이 옅다. 주근깨는 선천적으로 타고나는 경향이 높아 확산이 미미하여 뭉쳐서 존재하므로 좁게 분포하고 색도 짙게 보이는 특성이 있다.

기미도 다른 문제점들과 마찬가지로 내, 외부적 요인들의 영향으로 천연 피지막이 손상되어 발생한다. 차이가 있다면 다른 문제점들은 피부손상인 반면 기미는 자외선으로부터 피부를 보호하기 위해 피부 내부에서 취하는 보호기능이라는 정도이다.

내, 외부적 요인으로 자외선, 호르몬 불균형, 건강 이상이 핵심적으로 기미 발생에 영향을 끼친다. 여기서 또한 알아 두어야 할 점은 일반적으로 기미 하면 멜라닌세포를 떠올리는데 멜라닌 세포에서 생성되는 검은색소도 각질 세포와 마찬가지로 표피층 밑(기저층)에서 만들어져 25~30일간의 주기로 피부표면으로 올라가 탈락되게 된다.

과도한 자외선 노출은 표면뿐만이 아니라 아래쪽인 진피층으로도 확산되어 잘 없어지지 않는 고질적인 문제로 발전하기도 한다.

기미의 직접적 발생 원인은 자외선이다. 인체는 자외선을 받으면 태양열에 의한 피부 손상을 막기 위해 자외선에 강한 검은 색소가 만들어지게 된다.

두 번째 원인으로는 호르몬의 불균형을 들 수 있다. 평상시 인간은 100조 개나 되는 세포들이 호르몬과, 효소들의 조절에 의해 인체를 정상적으로 운영한다. 그런데 어떤 원인에 의해 비정상적으로 인체가 운영될 경우에 인체는 자외선으로부터 스스로를 보호하기 위해 멜라닌 색소를 만들게 된다. 남자든 여자든 성별에 관계없이 몸 속에 적절하게 일정한 양의 남·여성 호르몬을 동시에 분비하여 인체를 운영한다. 남성은 남성 호르몬, 여성은 여성 호르몬만 분비되는 것이 아니다. 분비량의 차이는 있지만 한 인체에 남성, 여성의 두 가지 호르몬이 동시에 분비된다. 이와 같이 평상시 적절하게 균형을 이루어 분비되는 호르몬이 어떤 요인에 의해 비정상적으로 분비될 경우 호르몬 불균형이라고 하며 곧 기미, 주근깨의 원인과 연결된다.

임신을 하게 되면 여성 호르몬(에스트로겐)을 평상시보다 많이 분비하게 되며, 또한 경구 피임약을 사용하면 인위적으로 임신을 막으려 할 때 난자 생산을 막으려 여성 호르몬의 분비가 평상시보다 낮아지는 경우 이러한 예에 해당한다. 흥분했을 경우 신경에 관계된 갑상선 항진이 오거나 스트레스를 받았을 경우에 남성 호르몬(안드로겐)의 분비가 높아진다. 앞에서도 설명했지만 인체가 약해진 상황을 극복하기 위해 동물적 보호 본능의 일환으로 자외선을 방어하기 위해 검은 색소를 만들게 된다고 이해하고 넘어가자.

노인들의 검버섯도 기미의 일종이다. 이것은 멜라닌 세포의 변성(인체에 해롭지 않은 양성 종양의 일종)으로 보여지는데 주로 자외선에 많이 노출된 부위에 발생하게 된다.

또한 앞에서 설명했듯이 일시적으로 각질 탈락이 원활하게 이루어지지 않았을 경우에 색소가 노폐각질과 함께 피부 표면에 붙어 있게 되면 피부가 거무칙칙해진다. 각질을 제거하면 같이 없어지므로 일시적 기미 현상이다.

그럼 이렇게 발생된 기미를 개선하기 위해 화장품 회사에서 집중하는 포인트는 무엇인가?

먼저 일시적으로 각질과 함께 생기는 기미는 노폐각질을 제거하는 쪽으로 방향을 잡으며 일시적 기미가 아닌 것은 색소가 생성되어 가는 과정이 더 이상 진행되지 않도록 하는 데 포인트를 잡거나 아니면 미백과 같이 이미 형성된 검은 색소를 없애는 데 집중한다.

첫 번째 포인트는 원천적으로 자외선을 차단하는 것이다. 기미에는 이보다 더 좋은 화장품은 없다.

두 번째는 자외선으로 인해 멜라닌 생성 촉진 호르몬(MSH)이 분비되어 멜라노 싸이트(Melanocyte)의 티로시나아제라는 효소를 자극하게 되면 멜라노 싸이트는 타이로신(Tyrosine)을 합성하여(타이로신 → 도파 → 도파케논) 멜라닌 색소를 만드는데, 이 과정에서 멜라닌 색소가 만들어지기 시작하는 단계, 즉 티로시나아제의 생성을 억제하는 것에 포인트를 두는 경우가 많다.

세 번째는 미백 성분으로 많이 알려져 있는 알부틴(Albutin)과 같이 타이로신(Tyrosine)이 합성되어 가는 과정, 다시 말해 색소가 짙어가는 과정을 방해하는 것에 포인트를 두는 경우가 많다.

네 번째로 검게 변한 색수를 희게 만드는 데 포인트를 둔다. 수많은 화장품 회사들은 나름대로 효과를 극대화할 수 있는 성분을 찾아 사활을 걸고 있다.

끝으로 일반 소비자들에게 기미관리에 대해 조언을 한다면, 피부가 검어지고 난 다음 화장품을 찾는 것은 참으로 어리석은 일임을 명심해야 한다. 자외선은 기미의 주범이기도 하지만 노화의 1등 공신이기 때문이다. 그렇기 때문에 자외선 관리가 되지 않아 기미가 생겼다면 기미보다는 노화가 더 큰 문제라는 것이다.

이미 기미가 생겼다면 화장품을 이용하여 개선하는 노력을 해야겠지만 기미가 생기기 전에 자외선을 피하든가, 선크림을 이용하여 방지하는 것이 기미 관리의 핵심이며, 동시에 노화 지연의 열쇠다. 기미 개선을 위해 화장품을 사용할 계획이라면 잘 알려진 성분인 나이아신아마이드가 좋다고 권하고 싶다. 화장품 원료는 제조일자와 알려진 정도에 따라 가격차이가 난다. 따라서 가능한 너무 싸고 제조회사에 대한 신뢰성이 검증되지 않은 제품은 피하는 게 좋다.

주름, 싫다 싫어!

부자가 되고 싶은가? 오늘 그 방법을 알려주고자 한다. 다음의 문제만 푼다면 누구나 단번에 빌 게이츠를 능가하는 세계 최고의 갑부가 될 것이라고 확신한다.

다름아닌 성형 수술과 같이 인위적인 방법 외에 주름을 근본적으로 치료하여 사람을 10년 전으로 돌아가게 할 수 있는 약 또는 화장품을 만들 수 있는 방법을 알아내는 것이다.

주름에 대한 설명을 시작하면서 처음부터 말도 안 되고 우스꽝스러운 이야기를 꺼내는 것은 주름을 잡을 수 있는 확실한 방법에 대해서는 아직까지 알려진 바가 없기 때문이다.

누구나 주름을 필연적으로 찾아오는 인생의 계급장 정도로 여기며 주름과 더불어 살아가는 것 같다.

한 평생을 화장품과 함께 살아온 화장품장이인 나도 왜 주름이 생기고 늙는지 정확하게 대답할 수 없으니 한심하다고 할 수 있다.

여러 학자들이 많은 학설들을 발표하고는 있지만 어느 하나 믿음이 가는 것이 없는 게 사실이다. 그렇기에 여기서 필자는 인체는 제쳐두고 단순하게 피부에 생기는 주름 관리에 대해 미용학적으로 접근하고자 한다.

물론 하나 확실한 것이 있기는 하다. 다름아닌 피부 미용학적으로 주름(노화)을 치료하는 데는 한계가 있지만 노화를 지연시킬 수는 있다는 것이다.

이 말에 대한 확실한 증거들은 주위에서 쉽게 찾을 수 있다. 시골에서 농사를 짓는 사람과 서울에서 장사를 하는 사람을 비교해 보자. 시골사람이 서울 사람보다 피부가 검고 주름이 대체로 많은 것을 알 수 있다. 이것은 미용학적으로 너무도 당연하다. 시골 사람들은 자외선에 노출되는 시간이 많고 피부 관리를 위한 화장품 사용이나 세안, 마사지, 팩 등 피부 관리에 대한 관심이 서울 사람보다 평균적으로 적기 때문이다. 같은 서울 사람이라도 일반인과 연예인을 비교해 보면 연예인들이 훨씬 주름이 적고 피부가 맑다는 것을 알 수 있다. 같은 이유인데 그만큼 피부 관리에 투자하는 시간이 일반인들보다 많기 때문이다.

너무나 당연하고 일반적인 인과관계라고 할 수 있다. 중요한 것은 이렇게 너무나 당연한 것을 연예인만큼은 아니더라도 어느 정도 관심을 갖고 실행에 옮기는 사람이 그리 많지 않다는 것이다. 관리만 잘하면 주름을 어느 정도 지연시킬 수 있다는 것을 알면서도 말이다.

이제 미용학적으로 주름이 생기는 원인을 찾아보고 아울러 개선 포인트에 대해서는 일반적으로 주름 개선 화장품들이 집중하고 있는 처방 중심으로 정리해 보도록 하겠다.

먼저 주름이 생기는 과정을 살펴보자. 젊어서 생기는 실주름은 주로 표피층에 존재하나 이 주름들이 가는 주름, 굵은 주름으로 진행되면서 진피층까지 영역을 확장하게 된다. 피부에 주름이 생기는 현상은 고무풍선에서 바람이 빠져 쭈글쭈글해지는 것과 같다. 젊어서 탱탱할 정도로 수분을 끌어안고 있던 피부가 수분을 빼앗기면서 주름이 생기는데, 피부에 수분은 독자적으로 존재하는 것이 아니라 각질 세포와 더불어 표피층에 존재하며, 또한 콜라겐과 함께 진피층을 구성하고 있다. 나이를 먹거나 자외선에 오랫동안 노출되었을 경우 피부를 구성하고 있는 각질 세포나 콜라겐의 숫자가 줄어들게 되며, 이로 인해 각질 세포와 콜라겐이 끌어안고 있던 수분도 함께 빠져나가게 됨으로써 쭈글쭈글 주름이지게 된다.

이와 같이 주름 생성의 원인은 연령과 유전형질이지만 피부 미용학적으로 볼 때 직접적 원인은 다름아닌 각질 세포와 줄어드는 콜라겐의 수이다. 30대 이후 모공 확장의 주원인이 모공 주위 각질 세포나 줄어드는 콜라겐 세포의 숫자였듯이 주름도 마찬가지로 주름 주위의 각질 세포와 콜라겐세포의 수가 줄어들어서 발생하고 깊은 주름으로 발전하게 되는 것이다.

첫 번째로 꼽는 원인은 각질 세포의 생성과 탈락이 원활하지 못하기 때문이다. 각질 세포가 생성되어 탈락되기까지의 기간을 각질 대사 주기라고 하는데 젊고 정상적인 사람일 경우 각질 세포는 표피층 아랫부분에서 생기기 시작하여 생기기까지 대략 2주, 생성된 후 피부 맨 위 피부 표면까지 점점 퇴화되어 올라가는 데 약 4주 그리고 피부 표면에 머무는 기간이 약 2주 정도이다.

이와 같이 젊고 정상적인 사람일 경우 대략 8주 정도의 주기를 갖게 되는데 나이가 들어 노화가 진행될수록 이 주기가 10주 이상 많게는 16주 이상이 된다. 결론적으로 표피층 아래층(기저층)에 존재하는 핵을 갖고 있고 수분을 60~70% 이상 포함하고 있는 싱싱한 각질 세포가 빠르게 재생되지 못하는 것이 표피층 주름 발생의 원인으로 연결된다.

또 하나의 원인은 콜라겐 수 감소로 진피층 수분 저장 창고인 콜라겐은 10년에 8~10% 정도 줄어든다는 논문이 있다. 이와 같이 나이를 먹어감에 따라 과다한 자외선 노출 또는 정신적으로 스트레스를 많이 받거나 불규칙적이거나 장기간의 불건전한 생활습관, 균형적이지 못한 영양 섭취, 운동 부족, 뜻하지 않은 인체 내 질병 등 수많은 요소들이 복합적으로 작용하여 콜라겐의 수가 줄어드는 속도와 양을 조절하게 된다.

화장품 회사들이 일반적으로 주름을 개선하기 위해 연구하는 포인트는 크게 두 부분으로 나누어 볼 수 있다. 하나는 피지막 보완을 위해 정상적인 유·수분 밸런스 조절하여 각질 세포나 콜라겐과 같은 피부 세포의 생성을 촉진하는 것이며, 또 하나는 자외선으로 인한 피부 손상을 해결하는 것이다.

먼저 유·수분 밸런스 방법에 대해 살펴보자. 첫 번째로 피지막 손상을 보완하기 위해 수분이나 유분을 공급하여 밸런스를 조절하는 것을 들 수 있다. 두 번째로 각질 대사 주기를 바르게 관리함으로써 싱싱한 각질 세포의 생성을 돕는다거나 각질 세포의 생성을 촉진하는 성분을 들 수 있다. 세 번째는 진피층의 콜라겐 생성을 촉진하는 성분을 공급해 줌으로서 콜라겐의 생성 촉진을 돕도록 하고 있으며, 네 번째로 효과는 경미하지만 콜라겐 원료를 직접 공급해 주기도 한다.

자외선 방어 방법으로는 첫 번째는 자외선 차단제를 사용하여 자외선 노출을 원천적으로 봉쇄하는 것과 마지막으로 자외선에 의해 발생하는 유해산소를 줄이기 위해 비타민 등의 항산화제를 공급하는 것을 들 수 있다.

지금까지 각질에서부터 주름까지 피부 문제점의 발생원인과 개선을 위한 포인트에 대해 알아보았다. 사실 이 내용들은 전문가들 조차도 이해하기가 어려운 부분이다. 따라서 대부분의 독자들에게는 좀 어렵게 느껴질 수도 있다. 사실 처음에는 문제점에 대한 핵심 개선 포인트별로 화장품 회사들이 나름대로 효과가 있다고 주장하는 성분들도 함께 다루어 보려고 했으나, 개선 포인트만 다루어도 충분할 것으로 판단돼 이 정도로만 정리하기도 했다.

개선 포인트별로 주요 화장품 회사들이 내놓은 성분들을 모두 다루었을 경우 실로 방대한 양이기도 하지만 각각의 성분들에 대한 기능의 객관적 평가도 사실 불가능하기 때문이다. 그리고 그렇게 했을 경우 발생할 수 있는 가장 큰 문제는, 이 책이 앞에서부터 일관적으로 주장해 오고 있는 "화장품을 이용해 피지막을 얼마나 지속적이고 장기적으로 보완하느냐 하는 것이 중요하다."라는 논리에 대한 오해의 소지가 발생 할 수 있다는 것이다. 기능성과 같은 개념으로 이해가 될 소지가 있기 때문이다.

여기서 다룬 내용들은 화장품 업계에 종사하는 사람들에게 피부 문제점이 발생했을 때 해당 문제점을 개선하기 위해 어떤 포인트를 개선해야 하는가를 정리함으로써 화장품의 기능성을 공부하는 데 도움을 주고자 한 것이다.

끝으로 노화를 지연하기 위해 일반 소비자가 항상 신경 써야 하는 부분에 대하여 정리해 보자.

실제로 사람이 늙는다는 것은 하루아침. 한두 달, 1~2년 사이에 일어나는 것이 아니다. 앞에서도 이야기했지만 콜라겐은 10년에 대략 8~10% 정도 없어진다고 했는데, 그렇다면 1년에는 0.8~1%, 한 달에는 0.08~0.1% 정도 노화가 진행되고 주름이 생긴다는 결론이 나온다.

이것을 보더라도 한가지 분명해지는 것은 노화는 매우 장기적으로 진행되기 때문에 노화 지연에 대한 관리도 최소한 몇 년에 걸쳐 장기적으로 해야 효과를 볼 수 있다는 사실이다.

몇 달 좋은 화장품 쓰면서 피부 관리에 신경을 썼다고 해서 피부 상태가 완전히 나아지지는 않는다. 피부는 수분을 머금고 있는 동안에는 도톰하게 부푸는 특성을 갖고 있기 때문에 피부 관리 좀 받고 좋은 화장품을 사용하는 동안에는 다소 탱탱하게 보일 수 있다. 하지만 수분이 부족해지면 언제든 바로 문제를 일으킬 수 있다. 따라서 피부를 보호하고 있는 천연 화장품인 피지막의 유·수분 중 부족한 부분을 보충하여 항상 번들거리지 않으면서 촉촉한 상태를 장기적으로 꾸준히 유지해야 한다는 사실을 잊지 않도록 하자.

또 하나 중요한 것은 노화 지연의 가장 중요한 핵심이 자외선을 피하는 것이라는 점이다. 자외선은 수분을 증발시키고 콜라겐을 파괴하거나 유해산소를 만들어 피부를 괴롭히는 최대의 적이므로 평생을 살면서 가능한 피하고 피할 수 없으면 자외선 차단제를 바르는 것을 생활화하는 것이 너무나도 중요하다.

피부 관리의 끝은 건강 관리이다

피부 관리의 끝은 건강 관리이다. 제대로 된 피부 관리는 결국 건강 관리로 귀결된다는 이야기다. 이제 피부 관리와 건강 관리를 따로 할 필요가 없다. 피부 관리하는 것이 곧 건강 관리하는 것이다. 머지않아 먹고 움직이고 생각하고 바르는 것을 통합적으로 관리해 주는 회사가 화장품 업계를 리드해 갈 것이라는 조심스런 전망을 해 본다. 우리들은 살아오면서 피부 관리라고 함은 어떤 좋은 화장품을 사용한다던가 아니면 피부 관리숍에서 어떤 형태의 관리를 받는 것이라고 무의식 중에 각인되어 있는 것이 사실이다. 하지만 피부는 인체의 한 기관이기 때문에 아무리 좋은 화장품이든 관리 방법이든 간에 외부로부터의 관리에는 한계가 있을 수밖에 없고 실제 효과적인 피부 관리는 먹는 것(식생활), 움직이는 것(운동), 생각하는 것(스트레스, 호르몬), 그리고 바르는 것(화장품, 피부 관리)이 종합적으로 관리되었을 때 효과가 극대화되고 노화를 지연할 수 있다는 사실이다. 이번 장에서는 저자가 책을 쓰는 궁극적인 목적인 피부 관리에 대한 새로운 접근이 왜 필요하고 어떤 이유로 무엇에 집중해야 하는지에 관하여 알아보기로 하자.

당신 피부가 정말 맑아졌어요!

2015년 3월 4일, 난 이날을 잊을 수가 없다. 앞에서도 이야기했지만 난 올해 초 협심증으로 갑자기 입원하여 수술을 받고 이틀간의 중환자실 경험을 하고 의사 선생님으로부터 술, 담배 금지령을 선고받았다.

청천벽력이 아닐 수 없었다.

35년 이상을 소주와 담배를 삶의 일부분으로 살아온 사람에게 술 담배를 끊으라는 것은 정말 사형 선고나 다를 바 없었다.

하지만 사람이란 것이 어찌 술, 담배 안 하고 세상을 살 수 있단 말인가. 그리고 큰 조직을 끌고 가면서 그리고 사람들을 설득하는 것이 주 업인 영업부서에 근무하기 때문에 담배는 가능하지만 술은 업무에 지장을 준다는 생각에 그로부터 담배는 끊었지만 술도 정말 중요한 술자리 외에는 가능한 금주를 실행에 옮기고 있다. 그리고 입으로 들어가는 것, 다시 말해 먹는 것에 대해 어느 정도 정리 수순을 밟았다.

몸에 이롭지 않은 것은 철저히 피하고 몸에 이로운 것을 먹기 위해 생활패턴을 완전히 바꾸었다. 짜고 맵고 기름진 것은 가능한 입에 넣지 않으려고 한다. 그리고 몸에 좋은 것은 찾아다니는(?) 버릇이 생겼다. 철저하게 고단백(살코기, 생선, 두부)과 저칼로리(채소) 그리고 다양하게 고루고루 섭취(견과류)하는 것을 실천하고 있다. 그리고 운동이다. 운동은 완벽하지는 않았지만 지속적으로 해온 터라 실천하는 데 어려움은 없었다. 일주일에 4번, 30분 정도 물속에서 걷는 운동과 하체 근육 운동을 하고 가능하면 왕복 40분 정도를 걸어서 출퇴근하는 것으로 운동을 대신하고 있다. 움직이는 것, 즉 운동과 피부에 대해서는 뒤에서 더 자세히 다루겠지만 피부에 탄력을 공급하는 데 단연 으뜸이라고 강조하고 싶다. 그리고 스트레스에 대응하고자 좀 너그럽고 여유 있게 사물을 보고 판단하려고 노력한다. 그래서 인위적이나마

스트레스를 안받으려고 정신적으로 집중하고 있으며 가능한 긍정적으로 생각하고 마음의 근육을 만들기 위해 아침마다 3~5분 정도의 명상으로 하루를 열고 있다.

새로운 발견을 이야기하기 위한 서론이 너무 길어진 것 같지만 이해해 주기 바란다. 나로서는 28년 동안 연구해 오던 것에 대한 매우 커다란 실마리를 찾았기 때문이다. 다름아닌 피부를 아름답게 하는 방법에 대한 해답을 찾았기 때문이다.

중환자실에서 귀중한 체험을 하고 며칠 동안은 상당히 심난한 가운데 의사 선생님께서 이야기하시는 대로 생활해가고 있었다. 술 담배에 대한 그리움과 먹는 것에 대한 절제와 싸우고 있을 때, 아내가 한마디를 던졌다. "당신 피부가 정말 맑아졌어요"

실제 거울을 보니 정말 놀라우리만큼 맑아진 피부를 발견 할 수 있었다. 원래 술과 담배를 상상을 초월할 정도로 먹고 피웠기 때문에 정말 남 부끄러울 정도로 피부톤이 검고 거칠었다. 내가 봐도 다른 사람 같다는 생각이 든다. 술 담배를 끊고 식생활과 운동 그리고 스트레스를 관리하고부터 피부가 획기적으로 변할 수 있다는 사실을 깨닫고는 그날 이후 심장병에 대한 두려움과 술, 담배에 대한 그리움보다 나를 사로잡은 것은 다름아닌 점차 맑고 탱탱해져 가는 피부의 획기적 변화에 대한 궁금증이었다. 반평생을 피부 개선을 위한 화장품을 팔고 살아 왔고 남보다 내 일에 대한 관심이 많아서 피부 관련 책도 출간한 터라 직접 피부 개선을 하루하루 실감하는 것은 온몸에 전율로 다가왔다. 화장품, 피부 관리 전문가로서 지금까지 바르는 화장품만을 강조해 왔지만 진정한 피부 관리의 접근은 먹고 움직이고 생각하고 바르는 것을 종합적으로 통합하여 관리해야 한다는 것이라는 것을 실제 체험으로 알게 되었다. (물론 제 피부가 다른 사람들에 비해 좋지 않기 때문에 개선 되어도 좋은 사람에 비하면 아직 가야 할 길이 멀지만…)

정리하면, 피부 관리에 대한 개념을 외부로부터의 바르는 것에서 내부와 외부를 아우르는 먹고 움직이고 생각하고 바르는 것으로 확대하여 정리하는 것이 올바른 피부 관리법이라는 사실을 기억해 주기 바란다.

내가 먹는 것

인체는 평생 동안 움직이고 활동하며 신체의 기능을 유지하기 위해 음식물을 섭취하게 되며 음식물은 영양분으로 전환되는 대사 과정을 거쳐서 피의 형태로 온몸에 퍼져있는 혈관을 통해서 세포들이 제 기능을 할 수 있도록 공급되게 된다. 이런 이유에서 추상적으로 피라고 생각하기보다 앞으로는 영양 덩어리로 이해하자. 우리는 주위에서 정신적으로든 육체적으로든 건강한 사람을 보면 "피가 좋은가 보다."라는 말을 하는 것을 종종 듣는다. 아마도 그리 틀린 말은 아닌 듯싶다. 난 한 달에 7~8번 정도 피부 개선에 대한 강의를 진행한다. 그때마다 청중들에게 인간의 몸은 무엇으로 구성되어 있을까요? 라는 질문을 꼭 한다. 대부분 물이요, 세포요, 등등 많은 이야기들을 하는데 정작 수소(H), 산소(O), 탄소(C) 등과 같은 원소를 이야기하는 사람은 많지 않다. 인체는 이와 같이 원소들로 이루어진 수 십조 개의 세포들로 이루어진 집합체다. 대략 60조에서 100조 개 이상의 세포들이 각자 맡은바 기능과 역할을 수행하기 때문에 인간은 뛰고 달리고 보고 자고 놀고 생각하고 하는 수많은 동작과 사고를 하며, 그러다 힘이 떨어지면 음식물을 먹고 에너지를 만드는 참으로 오묘하고 신비한 동물이다. 전기를 발생시켜서 심장을 뛰게 하고 고도의 전자 원리와 비슷한 신경이란 것을 가지고 여러 감각들을 감지하여 반응하게 한다거나 정밀한 화학적 반응을 이용하여 음식물을 섭취하여 그 영양으로 기관의 수많은 세포를 재생하고 움직이고 생각하고 느끼는 데 필요한 에너지를 발생시킨다. 또한 알 수 없는 고도의 자체 제어 기능을 이용하여 항상성을 유지토록 하여 수많은 세포들의 기능을 항상 정상적인 상태로 유지되도록 하며, 고도의 의학적 면역 기능을 갖추고 외부의 바이러스로부터 몸을 보호하는, 한마디로 신비한 전기, 전자, 화학, 에너지 공장이 바로 인체이다. 그리고 그 오묘한 인체를 감싸고 있으며 육안으로 인체의 상태를 가름할 수 있는 중요한 단서를 제공하는 것이 피부다.

먹는 것을 이야기하면서 이렇게 장황하게 인체에 관하여 설명하는 이유가 무엇이겠는가?

다름아닌 먹는 것의 중요성을 강조하기 위함이다. 신기하고 오묘한 인체를 구성하고 있는 성분이나 인체의 상태에 직접적인 영향을 주는 것이 바로 먹는 것이다.

다시 말해 단백질과 지방으로 구성된 피부도 인체의 한 부분으로 화장품과 같은 바르는 것보다 먹는 것에 직접적으로 영향을 받는다는 이야기를 하고 싶은 거다. 한번 더 강조하지만 피부는 바르는 것보다 먹는 것에 더 많은 영향을 받는다는 사실을 기억하고 인스턴트 식품과 가공 식품 섭취보다 양질의 탄수화물, 지방, 단백질을 포함하고 있는 재료들을 이용한 식탁을 꾸리도록 하자. 다음은 세부적으로 들어가 전체적으로 단백질 지방 탄수화물과 같은 3대 영양소와 무기질과 비타민과 같이 미량이지만 화학, 전기 전자 반응과 같이 인체를 유지해가는 중요한 반응에 관여하는 것까지 알아보도록 하자.

먼저 어떤 영양소가 어떤 식품에 많이 들어 있는가와 아주 기본적인 영양 관리 방법에 대하여 알아보도록 하자. 영양 관리는 굉장히 단순하여 생활습관화하려는 마음만 먹는다면 충분히 가능하다. 가장 먼저 해야 될 것이 자신의 식생활을 점검하여 칼로리와 영양소를 분석하고 부족한 영양소를 보충할 수 있는 식단을 개발하는 것이 중요하며 소량을 자주 규칙적으로 먹는 것과 같은 좋은 식습관을 습관화하는 것도 중요한 포인트다.

그럼 지금부터 어떤 식품에 어떤 영양소가 들어 있으며 인체에는 어떤 영향을 끼치는가를 간단하게 알아보기로 하자. 먼저 주의할 것은 여기서 언급하는 식품 외에는 해당 영양소를 포함하는 식품이 없다는 것이 아니라 식품에 따라서 여러 영양소를 포함하고 있으나 일반적으로 해당 영양소를 섭취하기 위해서는 특정 식품을 먹음으로써 충분히 섭취할 수 있다는 정도로 이해하고 중요한 것은 자신의 입맛에 맞는 식품만을 고집해서는 특정 영양소가 결핍될 수 있으므로 음식을 가리지 말고 골고루 먹음으로써 몸에 필요한 영양소를 두루 섭취할 수 있다는 것이다. 먼저 3대 영양소를 먼저 알아보면 대표 영양소인 탄수화물을 살펴보면 탄수화물은 인체를 유지하는 에너지원이므로 이것이 부족하면 일단 배가 고프다. 배가 고프다는 것은 일반적인 인체를 운영하는 에너지가 없다는 것을 의미하므로 매일 섭취하는 영양분의 55~60% 가까이를 탄수화물로 섭취해야 한다. 주로 곡류에 많이 들어 있다. 그런데 여기서 곡류도 껍질과 눈을 완전히 제거한 흰 쌀밥이나 흰 빵보다 눈이 남아 있는 현미가 영양소가 더 많으므로 가능하면 현미로 식사를 하는 것이 좋다. 지방은 축적 에너지로 일반적으로 영양공급이 떨어지면 인체는 피부 밑이나 내장 등에 저장해둔 지방을 가져와 에너지로 활용한다. 지방은 고기와 생선에 많고 하루 음식 섭취량의 20~25% 정도 섭취한다.

단백질은 세포를 구성하는 물질이며 피와 살을 만드는 역할을 하므로 인체에는 매우 중요하다. 주로 우유나 달걀, 고기, 생선 등에 많고 식물성으로는 콩에 많이 들어 있는데 단백질이 인체를 구성하는 중요한 역할을 한다고 고기나 달걀 등의 동물성을 많이 섭취하면 단백질 외에 과도한 지방을 섭취하게 되므로 비타민도 풍부한 식물성 단백질인 콩을 많이 섭취하는 지혜가 필요하며 단백질의 하루 섭취량은 전체의 15~20% 정도를 차지한다.

다음은 필수 영양소는 아니지만 인체 운영에는 필수적인 비타민에 대하여 알아보면 비타민은 단백질과 같이 세포의 구성 성분이나 피를 만드는 등의 역할을 하는 것은 아니나 기본 영양소들이 제 기능을 하도록 도와주고 세포들이 제대로 맡은바 역할을 할 수 있도록 하는 매우 중요한 기능을 한다. 그렇기 때문에 미량 필요하지만 없으면 안 되는 것으로 그 중요한 특성은 열에 약한 것은 물론이고 하물며 비타민이 풍부한 채소를 믹서기에 갈기만해도 상당량이 손상되는 성질을 가지고 있다는 것을 이해하고 영양 관리에 참고로 하면 훨씬 좋은 효과를 낼 수 있다.

그러면 비타민 A부터 하나하나 알아보면 비타민 A는 세포의 생성과 분해에 작용하고 소화, 순환, 피부 등의 상피 기관을 튼튼하게 하는 작용을 하며 피부의 탄력과 관계가 있고 항 산화, 항암 작용을 하는 것으로 알려져 있다. 그리고 독자들께서 많이 들어본 화장품 성분인 레티놀이 바로 비타민 A의 알코올 형태를 말한다. 실제 비타민 A 유도체인 레티노익산(Retinoic Acid)은 각질 제거와 세포의 생성과 분해에 직접 작용을 하는 것으로 FDA의 승인을 받았으며 피부의 각질 제거에 효과가 우수하고 각질 세포의 신진 대사를 돕는 작용을 하고 진피층의 콜라겐의 생성을 촉진함으로써 주름과 탄력 증진에 직접적으로 영향을 주고 멜라닌 합성을 저하시켜 기미 예방효과도 큰 것으로 알려져 있다. 하지만 화장품 원료로 사용되는 알코올 형태의 레티놀(Retinol)은 비타민 A 유도체인 레티노익산(Retinoic Acid)보다 효과는 상당히 떨어지므로 레티노익산은 의약품이고 레티놀은 비교적 안전성이 높으므로 화장품 원료로 널리 사용된다.

비타민 A를 포함하고 있는 식품은 뱀장어, 당근, 달걀, 동물의 간, 피망, 쑥갓, 시금치, 버터, 치즈 등이다. 비타민 B1은 세포의 에너지원인 탄수화물의 흡수에 도움을 주며 또한 다른 비타민이 기능을 수행하는 데 도움을 준다. 비타민 B1을 많이 포함하고 있는 식품은 간, 콩, 살코기를 들 수 있다. 또한 비타민 B2도 중요한 역할을 하는데 스트레스를 낮추는 항스트레스 작용을 하고 비타민 B2가 부족하면 면역력이 떨어지고 일광 반응도가 높아지며 혈액 순환이 나빠져 피부에 영양 공급이 원활하지 못해 피부가 거칠어진다. 비타민 B2를 포함하고 있는 식품은 간, 달걀, 살코기, 시금치, 부추 등에 많이 포함되어 있다.

비타민 B5인 판테놀(Panthenol)은 피부세포를 자극하여 활성화시키는 작용을 하며 염증을 억제하는 역할을 하기도 한다.

비타민 C가 피부에 좋다는 것은 삼척동자도 다 알고 있듯이 어제 오늘의 이야기가 아닌데 특히 자외선으로부터의 광 손상에 의한 기미에 효과가 높고 아미노산의 대사에 관여함으로 콜라겐의 생성을 촉진하여 피부의 주름 개선에 역할을 하며 유해산소의 발생을 억제하는 항산화 작용을 함으로서 피부 노화 지연에 직접적으로 영향을 준다.

또한 철분의 흡수에 관여하고 비타민 E와 함께 사용하면 효과를 상승시킨다. 비타민 C를 많이 포함하고 있는 식품은 고추, 토마토, 시금치, 자몽, 딸기, 브로콜리, 레몬, 오렌지, 귤, 감자 등의 과일과 야채에 많이 들어 있다. 비타민 D는 피부가 자외선을 받아 합성하기도하고 음식물로 섭취하기도 한다. 뼈의 발육을 돕고 부족 시에는 피부가 건조해진다. 포함하고 있는 식품은 간, 생강, 달걀, 버섯 등에 포함되어 있다. 비타민 E에 대하여 알아보면 생식기능과 깊은 관련이 있으며 피부에 수분을 공급하고 수분 손실을 막는 지방산을 향상시키는 역할을 하며 함유하고 있는 식품은 콩, 고구마, 간, 토코페롤 등에 많이 함유되어 있으며 세포의 산소 소비량을 많게는 40% 이상 절약하기도 하므로 결국 세포의 기능활성화에 기여한다고 보아야 한다.

다음은 마지막으로 무기질을 알아보기로 하자. 비타민과 함께 인체의 정상적 운영에 필요한 것이 무기질로서 뼈와 피의 형성에 역할을 하고 인체를 운영하는 호르몬이나 효소의 원료로도 사용되기도 하고 인체 전체의 약 2% 정도를 차지하면서 무기질을 많이 함유하고 있는 식품은 우유, 간, 멸치와 같은 작은 물고기 등에 많다.

영양분에 대한 이야기를 장황하게 읽다 보면 마치 잘못하여 영양 섭취를 게을리하다가는 큰 병에 걸리지나 않을까 하는 걱정이 앞서는 것도 사실이다. 하지만 비타민과 무기질은 소량 필요하기 때문에 편식이나 장기간 패스트푸드와 같은 간편한 종류의 식사를 하지 않는다면 그리 크게 걱정할 일은 아니다. 이것 저것 가리지 말고 자주 소량 섭취한다면 걱정하지 않아도 된다.

살갗에 관심이 많은 사람들을 보면 정제를 복용한다거나 야채나 과일을 약처럼 주식으로 하는 경우가 많은데 그리 나쁜 것도 아니지만 그렇다고 그리 권장할 만하지도 않다는 것을 밝혀둔다. 극히 소량 필요할 뿐만 아니라 오히려 비타민 A나 E 같은 것은 지용성으로 과다하게 복용하면 간에 쌓여서 건강을 해치는 경우도 있으므로 특별한 경우가 아니면 정제보다는 자연식품에서 섭취하는 것이 합리적이다.

내가 바르는 것

지금까지 일반인들은 피부 관리하면 씻거나 얼굴에 무엇을 바르거나 문지르는 3가지 행위를 연상하는 것이 사실이다. 좁은 의미로 보면 그렇게 보는 것이 틀린 것은 아니지만 필자가 주장하는 넓은 의미의 피부 관리 측면, 다시 말해 "피부 관리의 끝은 건강 관리다."라는 측면에서 보면 많이 부족할 수밖에 없다. 단기적으로 결혼식이나 면접 등으로 피부 관리가 간절히 필요할 때 최소한의 방법이니 참조하기 바란다.

우리들은 가끔 자동차가 고장 나면 정비업소에 가는 경우가 있는데 대부분의 정비 업소는 정문에 "닦고 조이고 기름치자."라는 구호가 붙여져 있는 것을 흔히 볼 수 있다.

필자는 그 구호를 볼 때마다 살갗을 떠올리게 된다. 너무나 딱 들어맞는 표현이기 때문이다.

뭇 남자들을 무아지경으로 몰고 가는 백옥처럼 희고 톡 건들기만 하면 금방이라도 물이 쏟아질 것 같이 탄력 있고 촉촉한 여자, 생각만 해도 즐거워진다. 아름다운 살갗의 필요충분조건은 하얗다 못해 분이 나도록 뽀얗고, 탱탱하다 못해 터질 것 같이 탄력 있으며 촉촉하다 못해 섹시하게 젖어 있는 상태라는 것이다. 이와 같은 필요충분조건을 갖추기 위해서 닦고 조이고 기름을 쳐야 한다는 것이다. '닦고'는 세안으로 이해하면 되고 '조이고'는 마사지와 팩 등과 같은 피부 관리에 해당하며 '기름치자'는 인공 보호막인 화장품이라는 기름을 적당하게 쳐야 한다는 것이다.

그럼 먼저 잘 닦는 것의 세안부터 알아보면, 전체적으로 피부를 깨끗하게 세정하면서 어떻게 하면 피부를 보호하는 피지막 성분을 씻어 내지 않고 보호할 것인가 하는 것인데 사실상 매우 어려운 이야기다.

그렇기 때문에 상황에 따라서 깨끗이 세정할 필요가 있을 경우에는 세안 후 화장품으로 피지막을 보완하는 것을 잊어서는 안되고 반대로 영양분인 피지막 성분 유지가 더 중요한 경우에는 세정 성분이 약한 세안 제를 쓰거나 물 세안(물로 퍼팅)을 하는 것이 바람직하다. 그러나 일반적으로 색조화장은 누가 머래도 피부에는 이물질이므로 이중 세안으로 철저히 지우는 것이 중요하고 비누는 가급적 자제하고 과 지방 비누나 합성세제 비누(pH 조절 가능 비누)를 사용하는 것이 좋다. 그리고 자극을 줄이는 노력도 필수적으로 필요하기 때문에 세안할 때 문지르는 것은 자제하고 세안 후 물기를 제거할 때도 수건으로 문지르지 말고 물기를 찍어 낸다는 기분으로 실시하며 수분 증발을 막기 위해 세안 후 화장품으로 정리하는 것을 잊지 말자.

다음으로 잘 조이는 것의 대표적인 방법은 마사지와 팩이다. 먼저 마사지는 가장 큰 목적이 노폐각질 제거와 혈액 순환이다. 대부분 마사지 크림을 사용하지만 좀 더 효과를 극대화하기 위해서는 마사지 크림을 이용하는 것이라는 생각에서 벗어나 경제적으로 무리가 없다면 고보습 영양제를 사용하면 마찰열에 의해 모공이 열리므로 유효 성분의 피부 흡수 효과가 높아지며 또한 마사지 후 팩을 실시하면 피부 관리 효과가 배가 된다. 피부 타입 별로 적정한 마사지 횟수를 알아보면 건성과 정상 피부는 2주에 1~2회가 적당하고 지성 피부는 1주에 1~2회 해도 무방하다. 팩은 가급적이면 오이나 감자 등 관리실에서 쓰는 자연팩도 좋지만 부직포를 이용한 패치 형태의 품질이 우수한 제품 팩을 권한다. 이유는 위생적인 면에서의 안정성과 몇몇 우수한 제품 팩들이 시중에 나와 있기 때문이다. 팩도 마사지와 같은 빈도로 실시하면 된다. 마사지와 팩의 효과는 성분의 우수성에서 나오는 효과도 있겠지만 물 만난 피부에서 이야기한 피부와 수분 과의 관계 때문에 효과가 극대화 된다고 봐야 한다.

다음의 기름치자는 화장품으로 어떻게 기름을 칠 것인가의 문제다. 아직 화장품 회사 부문장으로 재직하고 있기 때문에 화장품 회사와 제품에 대한 호불호를 이야기하는 것은 적절치 못하기 때문에 제품에 있어서 원론적인 부분만을 다루고자 한다. 화장품은 두 가지를 염두에 두고 사용해야 한다는 것이다. 첫 번째는 자신의 피부에 맞는 화장품을 써야 한다는 것이다. 아무리 비싸고 효과가 있다고 소문난 화장품이라도 자신의 피부에 맞는지를 확인하고 사용하여야 한다는 것인데 샘플을 먼저 사용해 보고 제품을 바꾸는 것이 중요하다는 것이다. 그리고 선크림은 어떤 경우에서도 필수적으로 사용 할 것과 가능하면 제품력이 검증된 회사의 것을 권한다. 이유는 앞에서도 이야기했지만 화장품 중에서 FDA에서 효과가 있다고 인정한 것은 선크림이 유일하기 때문에 가능하면 좋은 제품을 사용할 것을 권한다.

내가 움직이는 것

내가 움직이는 것은 바로 운동을 이야기하는 것이다. 운동은 피부와 몇 가지 측면에서 매우 중요한 역할을 한다. 첫 번째가 내가 먹는 것에서 만들어진 세포들의 일용할 양식인 피의 상태와 그 피를 인체의 전 기관에 보내는 물류 역할이다. 물론 피부도 인체의 한 기관으로 운동을 통한 혈액 순환은 피부 상태를 결정짓는 중요한 변수임이 틀림이 없다. 특히나 피부는 인체를 감싸고 있다 보니 인체의 최전방, 그러니까 가장 바깥 부분에 위치하므로 자칫 운동이 부족하면 영양

덩어리인 피를 공급받는데 다른 장기보다 쉽지가 않다는 사실을 기억해야 한다. 그 중요한 일을 돕는 것이 운동이다. 그리고 운동은 피의 상태를 정상적으로 만들어 주는데, 다시 말해 끈적이지 않고 맑은 상태를 유지하도록 하여 최하위 모세 혈관까지 원활하게 흐르게 하여 피부가 영양을 한껏 머금은 아름다운 상태를 유지하게 하는 것이 운동이다. 두 번째는 정신적인 측면에서의 도움으로 먼저 운동을 하게 되면 심신이 상쾌해져 스트레스를 줄여 줌으로써 살갗이 생기를 머금게 된다. 또한 운동을 함으로서 근육이 발달하게 되어 쓸데없는 지방이 차지할 공간을 줄여 주어 몸매를 아름답게 하여 외무에 대한 자신감으로 표출되어 정신적인 측면에서도 생활이 즐거워짐으로써 엔도르핀 생성이 활발해져 살갗세포도 제 기능을 하게 되고 살갗은 촉촉함과 윤기를 더하게 된다. 운동이 살갗에 끼치는 영향 세 번째는 "내가 먹는 것"에서 보았듯이 신기하고 오묘한 인체 전체의 기능을 원활하게 하며, 나아가 노화를 지연 시키는 대단한 기능을 한다. 강의할 때 마다 이야기하는 것이지만 우리는 참 단순한 동물이구나 하는 생각을 할 때가 있다. 날씨가 좀 좋은 주말이면 시내 공원이나 천변에 가면 모두들 얼굴 전체를 덮는 마스크를 쓰고 열심히 걷는 여성분들이 많다 못해 치여서 넘어질 지경이다. 우리들은 TV에서 무엇이 좋다고 하면 너도 나도 아무 생각 없이 따라하는 것이 트렌드가 되었다. "아름다워지기 위해서 운동을 해야 한다면 어떤 운동이 좋다고 생각하십니까?" 하고 질문하면 모두들 동시에 "걷기요!"라고 동시에 대답한다. 필자는 옳고 그름을 떠나 그렇게 뭐가 좋다고 하면 우루루 몰려다니는 모양새가 그냥 좀 못마땅하다. 반 정도 맞히지 않았나 생각한다. 유산소 운동 중에서 가장 효과적인 걷기 운동은 현재의 상태를 최선의 상태로 유지하는 데 최고의 운동이다. 다시 말해 유산소 운동은 인체의 모든 기관들이 잘 운영되도록 호르몬과 효소의 분비를 자극하고 적당한 열과 운동 효과로 혈액 순환을 도와 인체를 최적의 상태로 유지하게 한다. 그러나 노화를 지연시키는 측면에서는 무산소 운동이라고 하는 근육운동이 보완되어야 최고의 운동이 되는 것이다. 간혹 TV를 보다 보면 어떤 사람은 실제 나이가 50세인데 신체 나이는 55세이고 어떤 사람은 신체 나이가 45세라고하는 것을 종종 볼 수 있다. 실제 나이는 알겠는데 신체나이는 어떻게 측정한단 말인가? 다름 아닌 근육의 양으로 가름하는 경우가 많다. 대략 연령대와 체중별로 근육량에 대한 정보를 평균하여 놓고 측정자의 연령과 몸무게 대비 근육량으로 신체 연령을 측정하게 되는 것이다. 그만큼 근육량은 노화에 직접적으로 영향을 준다. 예를 들어 어르신들의 움직임이 상대적으로 젊은 사람들 보다 느린 것은 힘줄과 근육이 약하기 때문이다. 어른들도 근육량을 보완하면 상당히 움직임이 민첩해지는 경우를 많이 봐왔다. 젊어지기 위해서는 유산소 운동인 걷기는 현재의 상태를 최적으로 운용되도록 하는데 필요하고, 정말로 노화 지연에 직결되는 것은 다름 아닌 무산소 운동인 근육운동이라는 사실을 명심하고 유산소 운동인 걷기와 무산소운동인 근육 운동을 함께 병행해야 함을 다시 한번 강조하는 바이다. 근육 운동을 해야 한다고 하니 모두 어느 휘트니스 센터에 가야 하나 고민하시는 분들이 많은데 그럴 필요 없다. 어디서 무엇을 어떻게 대한 근육 운동에 대한 정보는 인터넷에 흘러 넘친다. 중요한 것은 어떻게 시간을 내서 운동을 실제로 하느냐이다. 하루에 최소 15분 정도는 투자해야 하지 않을까 생각한다.

그리고 끝으로 운동이 피부에 이로운 경우만 있는 것이 아니라, 실외 운동일 경우 피부 최대의 적인 자외선을 비롯하여 먼지, 바람, 추위 등에 노출된다는 점에서 이에 대한 충분한 대책이 필요하고 처음부터 너무 의욕적으로 접근하여 오히려 건강을 해치는 경우가 있는데 어리석은 일이다. 처음에는 그냥 하루 5분도 좋다. 그렇게 운동 쪽으로 습관이 들게 몸뚱어리를 움직이는 것이 중요하다.

정리하면 전신 운동도 되고 인체에 무리도 주지 않는 빨리 걷기를 하루 40분 정도 일주일에 4회 정도 실시하는 것과 병행하여 하루 20분 정도의 근육 운동을 하는 것을 강권하고 싶다. 그리고 위에서도 언급했지만 실외 운동일 경우 자외선, 먼지, 추위 등에 대한 대비와 처음 시작하는 분들은 의욕보다는 습관을 잡으라고 다시 한번 강조한다.

내가 생각하는 것

어떤 사람들은 필자를 보고 의사도 아닌 사람이 인체에 대하여 많이도 안다고 치켜세운다. 사실 나는 피부를 연구하면서 하나의 커다란 믿지 못할 사실을 발견했다.

다름아닌 '정신이 육체의 모습을 만들어간다.'는 사실에 대해 강한 확신을 갖게 되었다. 예를 들어 보기로 하자. 사람에게 이성이 생겼을 때를 생각해 보면, 확실히 얼굴에 생기가 흐르고 애써 행복을 숨기는 모습이 역력하다. 다시 말해 정신적으로 행복하면 그것은 고스란히 얼굴에 반영된다는 것이다. 피부학적으로도 행복에 겨우면 행복에 겨운 모습을 연출할 수 있게 피지 분비량이 늘어 피부가 기름지게 보이는 것은 단적인 예다. 더 단적인 예는 여고생의 피부 상태와 대학에 들어가 남자 친구가 생긴 여대생을 관찰해 보면 바로 고개가 끄덕여 질 것이다. 고등학교 다닐 때는 공부 스트레스에 탄수화물 흡입으로 인하여 대부분의 고3 여학생은 살이 찌는 경우가 많고 피부도 이팔청춘이지만 그리 매력적이지 못한 경우가 많다. 그러나 대학에 가고 남학생들과 보내는 시간이 많아지고 하물며 남자친구라도 생기면 인체는 동물적 특성을 그대로 반영하면서 종족 유지를 위한 전초 작업으로 피부에 꽃을 피우게 된다. 그만큼 여성으로서의 아름다움이 피부에 나타나게 된다는 것이다. 또한 이성 관계가 없더라도 심리적 영향으로 피부 상태의 변화를 경험한 분들이 계실 것이다. 간혹 일이 잘 안 풀린다고 생각되면 왠지 피곤하고 피부가 푸석푸석해지는 것을 말이다. 특히 얼굴의 피부는 정신의 상태를 그대로 반영한다. 그러므로 항상 즐겁고 긍정적인 정신을 가지려고 노력하면 피부도 항상 긍정적인 정신 세계를 반영하려고 하는 시도를 하게 된다는 것이다.

행복하지 않은데 어떻게 행복한 척을 하며, 일이 잘 안 풀리는데 어떻게 잘 풀린다고 생각하느냐는 문제가 생기게 마련이다. 한가지 방법은 있다. 반대의 개념인데 육체적으로 피곤하면 정신도 피곤하기 때문이다. 잠을 제대로 못 잤다든가, 먹는 것을 제대로 못 먹었다든가, 심한 육체 노동을 했다든가 하면 만사가 귀찮고 정신적으로도 매우 피곤하게 된다.

이와 같이 분명한 것은 육체의 활동 기능, 즉 인체 생리 리듬이 원활하게 유지되면 정신적으로 편안한 상태가 유지되기 때문에 결론적으로 피부를 아름답게 하기 위해서는 인체의 생리 리듬을 바르게 유지함으로써 정신적으로 안정이 유지됨으로써 이 정신적인 안정이 얼굴에 그대로 반영되게 하는 것이다. 길게 이야기했는데 먹고 배설하고 운동하고 수면을 취하는 행위들에 대한 강도와 주기를 제대로 제때에 해결하는 것이 역으로 정신을 건강하고 긍정적으로 가져가는 데 도움이 된다는 이야기다.

정리하면 잘 자고(최소 6시간. 2~4시는 필히 수면. 깊게), 잘 먹고(인스턴트 식품을 피하고 양질의 3대 영양소와 과일 채소를 자주, 소량, 골고루), 잘 배설하고(변비는 병으로 치료가 빠를수록 좋다), 몸에 맞게 운동하고(1주에 4회 정도. 유산소 운동은 30분, 무산소 운동은 15분 이상, 체력에 맞게, 규칙적으로), 낙천적으로 사는 것이 고차원적인 피부 관리 방법이다.

피부는 인체의 거울이기 때문에 정신적 만족을 위한 투자도 게을리하지 말자. "당신의 정신은 당신의 육체를 다스릴 수 있다."는 것은 진리다. 그리고 끝으로 내가 생각하는 것에서 매우 중요한 부분을 차지하고 있는 스트레스에 관하여 정리해 보자.

스트레스는 만병의 근원이라는 말은 건강이나 의학에서는 빼놓을 수 없는 화두가 된 지 오래다. 사람이 스트레스를 받으면 어떻게 될까. 요약하여 설명하면 인간은 스스로가 자신을 보호하는 면역(System)이나 어떤 상황을 극복하기 위해 모든 운영체계를 집중화함으로써 그 상황을 극복하는 오묘한 방법을 갖고 있다. 살갗을 예로 들면 자외선이 따가우면 자외선을 막기 위해 피지분비량이 늘어난다거나 골치 아픈 일이 있으면 남성 호르몬 분비량이 늘어나는 경우가 있는데 그 상황을 극복하려면 힘이 필요하다고 인체가 인식하는 것 같다. 이렇게 피지분비량이 늘어나면 모공 확장을 일으켜서 피부가 거칠게 보이고 남성 호르몬 분비량이 늘어나면 호르몬 불균형이 일어나게 되어 기미, 주근깨가 생기거나 피부톤이 검게 된다. 이것으로 상대를 제압할 수 있다고 몸은 생각하는 것 같으며 결국 피부에는 악영향을 끼친다.

또한 스트레스를 받으면 소화기 계통으로 들어가는 혈류의 양이 줄어든다는 보고가 있는데 이는 영양분을 피부 각 기관에 배달하기 위해 영양분을 최초로 흡수하는 체계가 원활하게 이루어지지 못하게 하여 피부에 영양분 공급이 부족하게 된다고 볼 수 있다. 그리고 스트레스를 받게 되면 인체의 면역을 담당하는 세포의 수가 줄어들게 되어 면역성이 떨어져 살갗이 민감해지거나 약해지게 된다. 이와 같이 살갗에 해로운 스트레스는 술, 담배와 마찬가지로 피부에는 백해무익하나 삶 자체가 고통이라고 이야기하는 사람들이 있듯이 살아가면서 전혀 스트레스를 받지 않을 수는 없는 노릇이기 때문에 스트레스를 관리하는 자기만의 방법이 필요하다. 자기만의 스트레스 관리법은 간단할수록 좋은데 대부분의 사람들은 스트레스를 술, 담배로 푸는 경향이 있는데 살갗에는 참지 못할 이중 고통을 주게 된다는 것을 잊지 말고 종교활동을 열심히 하는 것도 방법이 될 수 있고 명상을 생활화하여 자율 신경계를 스스로 조절하여 벗어나는 것도 좋은 방법이다. 필자는 올해 들어 아침에 일어나면 가능한 자신을 낮춘다는 의미에서 108배는 아니지만 부처님에 대한 절을 하고 조용하게 앉아서 명상을 하는 시간을 갖는데 얼마 되지는 않았지만 상당한 효과를 보고 있다. 많이 차분하고 안정적이 되지 않았나 한다. 그리고 매번 스트레스 해소 방법에서 나오는 이야기지만 자기가 좋아하는 운동이나 취미생활을 하는 것이 가장 좋기는 하나 그것이 마음먹은 대로 잘되지 않으면 그것 자체가 스트레스로 다가오니 참으로 답답할 노릇이다. 그러나 어쩌면 살아가면서 자기가 좋아하는 취미를 하나 정도 갖고 살아가는 것은 자신의 삶에 대한 최소한의 예의 아니겠는가.

마지막으로 다시 한번 부탁한다.

당신의 육체나 정신의 상태는 마음먹기 나름이다

행복에 겹다고 주문하면 실제 인체는 행복이 넘치게 되고 살갗은 그 행복을 반영한다.

그리고 웃자. 또 웃자

누가 뭐래도 "하하하!" "하하하!" "호호호!" "호호호!"

당신은 행복하고 행복하기 위해 미친 사람이다.

GOOD LUCK!